Über dieses Buch Sehr zu Recht lautet der Untertitel des Buches »Ein Beitrag zur Diskussion um die menschliche Zukunft«. Damit wird signalisiert, wie aktuell die Denkansätze und prinzipiellen Ansichten der Steinerschen Anthroposophie heute wieder geworden sind. Der Reiz dieses Bandes besteht darin, daß man wichtige Passagen aus dem Werk Rudolf Steiners auf diese Aktualität hin überprüfen kann. Probleme, die sich durch die gegenwärtige Situation jedem von uns stellen, werden skizziert und mit Aussagen Steiners verglichen. Es geht dabei um die Frage nach den Autoritäten, also den Leitbildern, nach der Sinnlosigkeit der Zufallswelt und nach der Sozialidee, der die Pädagogik heute verpflichtet sein sollte. Getragen sind diese Überlegungen von der Überzeugung: Nur andere Menschen können andere Verhältnisse schaffen.

Der Autor Walter Abendroth (1896–1973), Komponist, Kulturkritiker und freier Schriftsteller, Studium der Musik in Berlin und München, nach 1945 Feuilletonchef der *Zeit* in Hamburg, später Kulturkorrespondent dieser Zeitung in München.

Walter Abendroth

Rudolf Steiner und die heutige Welt

Ein Beitrag zur Diskussion um die menschliche Zukunft

Fischer Taschenbuch Verlag

Perspektiven der Anthroposophie

Herausgegeben von
Johannes M. Mayer und Wolfgang Niehaus

Ungekürzte Ausgabe
Fischer Taschenbuch Verlag
April 1982
Umschlaggestaltung: Jan Buchholz/Reni Hinsch
Umschlagfoto: Philosophisch-Anthroposophischer Verlag,
Dornach/Schweiz
Fischer Taschenbuch Verlag Frankfurt am Main
Mit freundlicher Genehmigung
der Rudolf-Steiner-Nachlaßverwaltung Dornach, Schweiz,
sind einige vollständige Schriften Rudolf Steiners
in das Buch aufgenommen.

Gesamtherstellung: Hanseatische Druckanstalt GmbH, Hamburg
Printed in Germany
980-ISBN-3-586-25513-9

Inhalt

Die * neben einzelnen Zeilen kennzeichnen die Stellen, die vom Autor im Anhang, S. 154–179, mit Anmerkungen versehen sind.

Dieses Buch möge in der Weise gelesen werden, daß die Lektüre des Haupttextes laufend durch die Kenntnisnahme von den im Anhang »Nachweise, Hinweise und Abschweifungen« gegebenen Mitteilungen ergänzt wird. Daß der sensible Leser zwischen der Haltung und dem Stil des Autors einerseits, der Originaltexte Rudolf Steiners andererseits eine gewisse Divergenz verspüren wird, möge weder als Zufälligkeit noch als Mangel der Komposition gesehen werden. Vielmehr handelt es sich um einen ebenso unvermeidbaren wie bewußt gewollten Kontrast, in welchem sich die aggressive Absicht des Autors wie die meditative Erkenntnisart und auch in der Auseinandersetzung bedachtsame Darstellungsweise Steiners spiegeln. Zugleich drückt sich darin der volle Gegensatz dessen, was heute »ist«, und was heute »not täte«, aus. Endlich kann man die Gegensätzlichkeit, stilistisch genommen auch musikalisch verstehen: als Satzfolge unterschiedlichen Tempos und Ausdrucksgehalts. W. A.

»Und überall, was ist es, und was soll es? – Gott hat sich nach den bekannten imaginierten sechs Schöpfungstagen keineswegs zur Ruhe begeben, vielmehr ist er noch fortwährend wirksam wie am ersten. Diese plumpe Welt aus einfachen Elementen zusammenzusetzen und sie jahraus, jahrein in den Strahlen der Sonne rollen zu lassen, hätte ihm sicher wenig Spaß gemacht, wenn er nicht den Plan gehabt hätte, sich auf dieser materiellen Unterlage eine Pflanzschule für eine Welt von Geistern zu gründen. So ist er nun fortwährend in höheren Naturen wirksam, um die geringeren heranzuziehen.«

Goethe zu Eckermann
(11. März 1832)

Schichtwechsel der Autoritäten

Der Verfasser dieser kritischen Zeit- und Zukunftsbetrachtung hat das vorstehende Goethe-Zitat schon einmal einem * Buche als Motto mitgegeben. Damals wurde es gewählt, um dem Führungsanspruch einer zur Staatsmacht aufgestiegenen politischen Gruppe, die sich anmaßte, als *rassische Elite* aufzutreten, die wertsetzende, vorbildgebende Bedeutung der geistig und sittlich qualifizierten schöpferischen Persönlichkeiten entgegenzustellen. Heute wird es wiederum herangezogen, weil seine Aussage nicht weniger als in jenen Tagen zur Besinnung auffordert gegenüber den vorherrschenden Tendenzen der Gegenwart.

Die Frage, welche das Goethe-Wort anrührt, ist nämlich aktuell geblieben und hat, trotz aller Verschiebung ihrer Voraussetzungen, aller Veränderung der äußeren Verhältnisse, an Gewicht und Dringlichkeit nur noch zugenommen. Auch die Reichweite ihrer Aktualität ist um vieles größer geworden. Die Frage geht jetzt nicht mehr ein oder das andere Volk an, sondern die ganze Menschheit. Denn in aller Welt hat sich inzwischen ein neuer, ausschließliche Geltung heischender Führungsanspruch durchgesetzt: der Führungsanspruch des *Fortschrittsgedankens*, unter dem jedoch einzig das Bestreben verstanden wird, den Lebenstatsachen und Daseinsproblemen mit stetig gesteigerten, ständig verbesserten Mitteln der *Wissenschaft*, der *Technik* und der *Organisation* von außen beizukommen. Und es liegt im Wesen dieser drei: der in wachsendem Maße zweckgebundenen Wissenschaft, der ohnehin dem Zweckdenken entsprungenen, ihm immer verpflichtet bleibenden Technik und der zweckmäßig ordnenden Organisation, daß in ihren Bereichen nur die rein materiellen Interessen Platz haben und ihre Begriffswelt immer mehr nur das Kollektive umfaßt, immer weniger das Individuelle einbezieht. Daher sie alle drei auch zunehmend weder im Menschlichen noch im Sachlichen Rangunterschiede anerkennen, mit alleiniger Ausnahme des ein für alle Male feststehenden *Vorrangs der Nützlichkeit, der Rentabilität, des*

Profits, des Erfolgsstrebens. Eine tiefergreifende Interpretation des Fortschrittsbegriffes wird kaum noch irgendwo angetroffen, und der Gedanke einer *geistigen und sittlichen Höherentwicklung des Menschengeschlechts,* wie ihn seine edelsten Exemplare einmal hegten, ist unserer Zeit so fern gerückt, daß jüngere Generationen wohl gerade noch von ihm sagen hören als von einer verjährten Träumerei unaufgeklärter Köpfe, sogenannter »Idealisten«, mit denen, wie gemeint und gelehrt wird, die Welt, aufs Ganze gesehen, mehr schlechte als erfreuliche Erfahrungen gemacht habe. Demgemäß genießt denn auch der sichtbarste Vertreter entwickelter Individualität und »höherer Natur«, das Genie (in welchem Friedrich Hebbel das »Bewußtsein der Welt« verkörpert sah), genießen »große Menschen« (nach desselben Dichters Definition die »Inhaltsverzeichnisse der Menschheit«) keineswegs mehr besonderes Ansehen, geschweige denn Vertrauen. Es wird ihnen, wie in einer Art kindischen Trotzes, schon nicht mehr nur die frühere Verehrung vorenthalten, sondern, je länger, desto radikaler, jeglicher Respekt verweigert. Die bloße Existenz des Außerordentlichen überhaupt in Menschengestalt verursacht unseren Zeitgenossen schon Unbehagen; seine Überlegenheit, sein Anders- und Mehrsein, wo es fühlbar wird, erweckt Widerwillen, ja Haß, und ruft Abwehrinstinkte hervor. Dies nicht allein aus beleidigtem Selbstgefühl der »Geringeren« oder aus uneingestandenem Minderwertigkeitsbewußtsein. Vielmehr wirkt stärker als diese Motive die einfache Bequemlichkeit. Das ungewünschte Vorbild ist den Leuten lästig. Wo alles so schön fortschreitet, der allgemeine Fortschritt in seinem Schlepptau jeden mitzieht zum immer »höheren Lebensstandard«, will man in seinem Behagen an einem derartig angenehmen Laufe der Welt nicht gestört sein durch den Anblick irgendwelcher Einzelgänger, denen diese ganze Herrlichkeit wenig zu bedeuten scheint, die gar ein Haar in der schmackhaften Speise finden und einem womöglich einreden möchten, es gebe andere, wichtigere Anliegen, es stehe Ernsteres auf dem Spiel.

Immer einmütiger wird der Widerstand der »modernen Menschen« gegen solche Störenfriede; und die gewohnheitsmäßige Proklamation der Gleichheit meint immer unmißverständlicher: Einebnung der natürlichen Rangunterschiede nicht mittels Heraufbildung der unteren, sondern mittels Absetzung der höheren Ränge. Und so fehlt nicht viel, daß man, den Goethe-Ausspruch umkehrend, behaupten darf, in unseren Tagen sei der Zeitgeist fortwährend in den geringeren Naturen wirksam, um – koste es, was es wolle – die höheren herabzuziehen. Von den Piedestalen der Autorität jedenfalls, auf welche vielleicht übertriebene Ehrfurcht sie einmal erhoben hatte, sind die »führenden Geister« heruntergestiegen.

Allein: nirgends, wo Plätze geräumt werden, bleiben sie leer. Den entthronten echten Autoritäten sind die falschen, aber um so despotischeren auf dem Fuße gefolgt. Sie beherrschen bereits unsere Gegenwart, und ihnen – da sie keinerlei Rangabzeichen zeigen, überhaupt gern anonym bleiben und so tun, als verwürfen sie jeglichen Autoritätsglauben – wird gern gefolgt, wird willig gehorcht.

Muß es sein, daß ihnen die Zukunft gehört?

Fakten, Diagnosen und Prognosen

Der Fortschrittsgedanke ist die Spitze der Autoritätenpyramide, welche unser Zeitalter überragt und beherrscht. Von dieser Spitze aus senkt sich die stetig verbreiterte Stufenfolge abwärts über Wissenschaft, Technik, Organisation bis auf das Fundament, das aus den mehr oder minder unlösbar zusammengemauerten Machtblöcken *Politik* und *Wirtschaft* besteht. Den Grund und Boden, auf dem das gesamte Gebäude ruht, bildet die weite Fläche des »praktischen Lebens«, wie es sich darstellt in dem verwirrend widerspruchsvollen Wirklichkeitsbilde der »modernen Zivilisation«. Ob die Menschheit als ganze noch Herr dieser von ihr geschaffenen Wirklichkeit ist oder bereits ihr wehrloser Knecht, ob sie nicht jedenfalls auf dem Wege in eine totale Versklavung unter dem Joch der Zivilisationsmächte ist – das muß heute gefragt, muß untersucht und geklärt werden. Fortschritt: ja – aber wohin? Die von der Gegenwart aus errechenbare Zukunft wird von den einen – den meisten, deren Verstand nur die äußere Sprache der Tatsachen, aber nicht ihren tieferen Sinn erfaßt – optimistisch gesehen; von den andern, deren Denken den Dingen bis in ihre letzten Folgerungen nachzugehen gewohnt ist, pessimistisch. Aber wenn somit auch die Schwarzseher durchaus in der Minderzahl sind: daß es Staaten gibt, in deren Bereich Pessimismus als Todsünde gilt (wie in den diktatorisch regierten) oder als schlechtes Benehmen (wie in den demokratisch gelenkten), hier wie dort also als ausdrücklich unerwünscht, während Optimismus zur förmlichen Bürgerpflicht erhoben ist – das spricht nicht für besondere Überzeugungskraft der positiven Aspekte. Offenbar bedarf es doch einiger künstlicher Nachhilfe, damit der Menschen Glaube, sie seien auf einem guten und richtigen Wege, nicht doch einmal in Anfechtung falle und wankend werde. Von allen Zweifeln frei ist er ohnehin nicht, da zu viele Begleiterscheinungen des immer rasenderen Fortschritts selbst den unbefangensten Gemütern, und gerade ihnen, Furcht einjagen und den Triumphgefühlen darüber, wie herrlich weit wir es doch gebracht haben, ein sich ständig mehrendes Quantum dumpfer Beängstigung beimischen. Doch davon abgesehen – hat der dingliche Fortschritt den Menschen denn einen entsprechenden Zuwachs an dauerhaften Lebenswerten gebracht, hat er sie glücklicher, zufriedener gemacht? Niemand wird in der Lage sein, darauf mit einem ehrlichen »Ja« zu antworten. Nicht allein, daß die konsequent materialistische Weltansicht, aus welcher Wissenschaft, Technik und Organisation ihre stärksten Fortschrittsimpulse schöpfen, im Verein mit Vermassung und Entpersönlichung den Einzelmenschen mehr und mehr entgeistigen, entseelen, aushöhlen: ein beträchtlicher Teil der sozialen Fortschritte, auf die wir uns soviel zugute halten, konnte nur durch Aufstachelung der Unzufriedenheit, Schürung von Neid- und Haßinstinkten errungen werden; und wie das moderne politische Leben überhaupt seine Energien weitgehend aus der organisierten Wachhaltung und Aktivierung solcher oder ähnlicher Regungen zieht (gewisser, weniger aus wahren sittlichen Antrieben als aus wechselseitiger Vergeltungsfurcht, aus Zweckmäßigkeitserwägungen also geborener entgegengesetzten Tendenzen unerachtet), so ist das moderne Wirtschaftsleben, zumal das permanente Wachstum der modernen Industrie, auf ständige Anreizung der allgemeinen Begehrlichkeit gegründet, die ja auch eine Spielart – und nicht die schmerzloseste – der Unzufriedenheit ist. Es kommt hinzu, daß von der Wissenschaft aus das freilich ihr gemäße Prinzip der »Wertfreiheit«, das Prinzip des Betrachtens, Feststellens und Folgerns unter striktem Ausschluß jeglicher Gefühlsregung, jeglichen Wertens und Unterscheidens nach Maßstäben der Sensibilität, der Moralität oder der Verantwortlichkeit – das Prinzip mithin der bedingungslosen Objektivität sich längst auch auf die Reaktionsweise der Allgemeinheit gegenüber den Umwelteindrücken übertragen hat; wodurch sowohl alles Erleben schlechthin wie insbesondere das menschliche Verhältnis zu eben jener Um- und Mitwelt um vieles kühler, gleichgültiger, liebloser, oberflächlicher und – ärmer geworden ist. Indessen auch im Handgreiflichst-Praktischen der heutigen Daseinsform wirkt sich der Fortschritt nicht eben eindeutig beglückend aus: die unausgesetzte Steigerung der Schnelligkeit in der Überwindung des Raumes und dadurch dessen beständige Schrumpfung brachte den Menschen weder einen Gewinn an »Zeit« noch freiere Beweglichkeit im Raum. Der Mensch ist heute »zeitloser«

denn je, und der Erdenraum wurde nur immer enger, nicht offener. Wird vollends nach der Möglichkeit des »Glücks« gefragt, das die Fortschrittsapostel aller Gebiete für die menschliche Zukunft versprechen, so dürfte in diesen Zusammenhängen kaum eine andere Auskunft so viel Wahrscheinlichkeit für sich haben wie die des Dichters Tennessee Williams: »Bald wird es gleichgültig sein, ob man glücklich oder unglücklich ist, weil man für keines von beiden mehr Zeit haben wird.« Woran, wohlgemerkt, aller Voraussicht nach auch das Zeitalter der totalen Automation nichts ändern wird.

Eine Prognose wie diese sagt eigentlich schon genug. Es gibt jedoch schlimmere, gewichtigere und genauere.

Seit geraumer Zeit mehren, seit kurzem häufen sich die Stimmen kritischer Beobachter, die, indem sie lediglich die heute als fortschrittlich geltenden Lebensprinzipien, Gesinnungen, Bestrebungen und Verhaltensweisen zu Ende denken, für die Zukunft der Menschheit die düstersten Voraussagen machen. Sie errechnen mit unwiderlegbarer Logik aus der Bewegungsrichtung moderner Zivilisationstendenzen und -praktiken das damit angesteuerte Ziel und beschreiben dieses als einen Zustand, der das Menschenwesen, infolge beispielloser Vergewaltigung und Verfälschung seiner gesamten Natur, als vollständiges Gegenteil von allem zeigt, was einmal unter dem Begriff der Gottesebenbildlichkeit verstanden sein wollte. Die Prognostiker decken rücksichtslos die grausamen Realitäten auf, die hinter den fortschrittstrunkenen Schlagworten »Industriegesellschaft«, »Konsumgesellschaft«, »Leistungsgesellschaft« usw. lauern. An ihrer Betrachtungsweise ist besonders bemerkenswert, daß sie die, den vermeintlichen Realisten heute noch so bedeutsam erscheinende, Spaltung der Welt in »diktatorische« und »demokratische« Staatssysteme nebst den ihnen zugrunde liegenden politischen Hypothesen als etwas für die Lebenstatsachen der Zukunft kaum noch Entscheidendes annehmen. Sie sehen den Untergang der Menschheit keineswegs mehr an die Voraussetzung der physischen Vernichtung – etwa mittels der Wasserstoffbombe – oder der gewalttätigen Unterdrückung – mittels brutaler Gesetze – gebunden. Sie sehen nicht mehr auf der einen Seite Schreckensherrschaften die Menschen daniederhalten, auf der andern angebliche Freiheitsordnungen sie herrlichen Zeiten entgegenführen. Sie sehen diese Polarität allmählich, vielleicht auch ziemlich schnell, sich aufheben in der Begegnung beider Systeme auf dem Boden der ihnen gemeinsamen – nur heute noch unterschiedlich organisierten (oder auch kostümierten und phraseologisch redigierten) *Massenmanipulation.* Der Treffpunkt und die künftige gemeinsame Existenzsphäre wird eben jene unheilige Dreieinigkeit der »Industrie-, Konsum- und Leistungsgesellschaft« sein.

Daß Diktatur und Demokratie durchaus keine einander für immer ausschließenden Gegensätze sind, daß vielmehr zwischen ihnen zwar methodische Unterschiede, im übrigen aber, unter der Oberfläche der scheinbaren Unvereinbarkeit, wesentliche Übereinstimmungen und sogar Kausalzusammenhänge bestehen, ist schon vielen unbestochenen Köpfen bewußt geworden. Am Beginn des modernen Zeitalters, um die Mitte des 19. Jahrhunderts, sprach bereits Alexis de * Tocqueville von der Möglichkeit, daß aus der demokratischen Massengesellschaft eine neue Art von Despotie hervorgehen könne. Eine Entwicklung der Demokratie sei vorstellbar, unter welcher die geistige Freiheit völlig erstickt werde. Die Majorität werde dann Ansichten und Meinungen liefern, und die Autorität der Mehrheitsmeinungen werde schließlich »gerade die gepriesene Vernunft in enge Grenzen sperren, engere, als für das Menschengeschlecht wünschbar ist«. Natürlich werde diese »öffentliche Meinung« dem Fortschrittsglauben blindlings ergeben sein. An Tocqueville anknüpfend, weist unser Zeitgenosse Carl Jacob Burckhardt darauf hin, * wie »der einzelne immer schwächer« werde, »isolierter«, wirkungsloser und infolgedessen gleichgültiger gegenüber einer stets stärker »zentralisierten und unerbittlichen Staatsgewalt«, der er es »schließlich überlasse, für ihn zu denken und zu handeln«. Den neuzeitlichen Menschen kennzeichnen »Sekuritätsbedürfnis, Streben nach Versicherung und Rückversicherung, die man von der abstrakten Allgegenwart der Verwaltung erhofft, begleitet von der zunehmenden Bemühung, gegenüber einem anonymen Souverän nicht mehr aufzufallen, sich gleichzuschalten. Viel Worte über Menschenwürde, an Stelle der sich zur Wehr setzenden Würde des einzelnen – mit dem Verlust des persönlichen Ehr- und Unabhängigkeitsgefühls und damit unweigerlich mit dem Verlust einer Freiheit, die flüchtiger ist als der Gedanke, weil sie, wie er, ein geistiges Wesen ist«. Ähnliche Worte finden wir bei Egon Friedell, wo er ausführt, daß (gegenüber dem *

Absolutismus) »die sogenannte freiheitlichere Regierungsform« (Demokratie) »fast immer das einzelne Individuum unfreier macht«. Friedell zeigt die hauptsächlichen Übereinstimmungen zwischen Demokratie und Despotismus am Vergleich Amerika-Rußland auf. In beiden Ländern herrsche »dieselbe Anbetung der Technik und Verachtung der Ideologie«; die amerikanische Monopolwirtschaft der riesigen Trusts, Syndikate, Kartelle habe »in der *Form* die größte Ähnlichkeit mit dem Staatssozialismus«; die offizielle Sowjetphilosophie, die »Reflexologie« des Professors Pawlow, decke sich vollkommen mit der amerikanischen Philosophie des »Behaviourismus« des John Watson, nach welchem »Bewußtsein = mechanisch-chemischen Reaktionen, Denken = Wortgewohnheiten, Wille = eine Kette von Handlungen, ein Verhaltenszyklus« sei. Diese Gleichheit der materialistisch-mechanistischen Erklärung des geistigen und seelischen Wesenskerns der Menschennatur ist wohl die wichtigste von allen Übereinstimmungen; denn *aus ihr* ergeben sich beiderseits sämtliche – logischerweise gleichartigen – Konsequenzen für die Zukunft. Bedenkt man, daß im demokratischen Westen wie im diktatorischen Osten der also weltumspannende, einzig unumstrittene, jeglichen anderweitigen Glaubensinhalt in die zweite oder auch letzte Instanz verweisende oder ihn geradezu diffamierende Leitgedanke der *schrankenlose Fortschrittsoptimismus* ist, so muß die angedeutete, auch hierdurch bestätigte eigentliche Einheit hinter der äußeren Zwiegesichtigkeit doch diesen Fortschritt ebenso verdächtig machen wie den ihm verpflichteten Optimismus. Dazu sei noch die Stimme eines modernen Soziologen gehört, der nur das Trennende im Auge hat, den ernstgemeinten Sozialismus, vor allem den marxistischen mit seiner klassenkämpferischen Aufhetzung zum Bürgerkrieg, »eine der schlimmsten Quellen des Unheils« nennt und demgemäß die grundsätzliche Unvereinbarkeit von Marxismus und Demokratie behauptet (was ja auch zutrifft, solange man sich an die phraseologischen Gegensätze hält und solange im Machtbereich marxistischer Diktaturen die rohe Gewaltausübung mit Einkerkerung und
* Mord an der Tagesordnung bleibt). Wilhelm Röpke setzt sich mit dem Begriff der »Volkssouveränität« auseinander. Diese Vokabel, eine jakobinische Errungenschaft, dient ja nun aber nicht nur den marxistischen Staaten zur Rechtfertigung ihrer Diktatur, sondern auch den demokratischen zur Idealisierung

ihres Wahl- und Parteiensystems. Somit kommt also auch dieser Urteiler unwillkürlich auf ein Gemeinsames, das er als einen »gefährlichen Mythos« charakterisiert, der »den Weg zur ärgsten Despotie freigebe und die Möglichkeit der Errichtung einer totalitären Regierung durch Mehrheitsbeschluß einschließe«. Gegen den nicht minder gefährlichen Zukunftsoptimismus wendet sich Röpke mit der eindringlichen Begründung, daß »ein solcher falscher Optimismus noch nicht erkannt hat, wie tief die Übel unserer Zeit verwurzelt sind« und daß »er einem Arzt gleicht, der für eine harmlose Dermatose hält, was Syphilis ist...«

Den pessimistischen Prognostikern, deren Berechnungen jetzt unterbreitet werden sollen, ist solcher diagnostische Leichtsinn – oder solcher Dilettantismus – wahrlich nicht nachzusagen. Ihre Zukunftsvisionen wirken vielmehr derart schonungs- und hoffnungslos, daß es nötig sein wird, sie gegen den Vorwurf hypochondrischer Schwarzmalerei durch den Nachweis der heute sichtbaren Symptome, aus denen sie gefolgert werden können – oder müssen –, abzuschirmen. Dabei wird sich zeigen, *wie eindeutig* schon in heutigen Tatsachen angelegt, wenn nicht bereits eingewöhnter gegenwärtiger Sachverhalt ist, was in jenen Unheilsverkündungen so erschreckend vor das Bewußtsein unvorbereiteter Leser tritt.

Die Reihe der Urteiler, welche dem heraufkommenden Zeitalter der totalen Entmündigung des Menschen klarere Umrisse zu geben versuchen, eröffnet der alte Jacob Burckhardt; ebenfalls ein großer Warner vor dem Irrlicht des gedankenlosen Fortschrittsoptimismus. Was er als dicht bevorstehend gesehen und geschildert hat, ist für uns Heutige inzwischen Erfahrung geworden: der Zusammenprall des »entsetzlichen Kapitalismus von oben und des begehrlichen Treibens von unten«, die »militärisch umgestaltete Staats- und Verwaltungsmaschine« und der »Militärstaat als Großfabrikant« mitsamt seinen disziplinarischen Begleiterscheinungen. Hier ist für uns von besonderem Interesse, daß Burckhardt das Stadium der bloßen maßlosen Gewalttätigkeit als vorübergehend betrachtet, bis zum Entstehen einer »wirklichen Gewalt«, die sich vollends über alle Rücksichten hinwegsetzen werde. Die Unterscheidung zwischen Gewalttätigkeit und wirklicher Gewalt ist von Bedeutung im Hinblick auf die jüngeren Voraussagen des Paradoxons einer ungewalt-

samen Vergewaltigung, die das Merkmal der künftigen Mas-
* senmanipulierung sein wird. Darüber weiß neuerdings Aldous
Huxley Genaueres auszusagen. Er prophezeit eine »künftige
* Diktatur«, die »ein gut Teil weniger brutal als die von Orwell
so brillant porträtierte« sein werde. Da Verhaltensforschung
erbracht hat, »daß Bestrafung unerwünschten Verhaltens auf
die Dauer ein weniger wirksames Beherrschungsmittel ist, als
Belohnung (und durch sie Verstärkung) erwünschten Verhal-
tens, und daß ein Terrorregime im großen und ganzen weni-
ger gut funktioniert als ein Regime gewaltlosen Manipulie-
rens der Umwelt und der Gedanken und Gefühle individuel-
ler Männer, Frauen und Kinder«, werden Furcht, Strafe,
Gewaltanwendung, also auch KZ und ähnliches ausfallen,
weil nämlich alle glauben werden, *freiwillig* zu handeln, indem
sie ihrer Manipuliertheit gemäß denken, reden und tun. Die
Methoden der Manipulation werden eingehend beschrieben:
Organisation, Propaganda, Gehirnwäsche, Chemische Über-
redung, Unterbewußte Überredung, Hypnopädie (Sugge-
stion im Schlafzustand) usw. Und das Ziel?: *Menschen nach
dem Ebenbild von Termiten zu schaffen.* Der Eventualfall des
Fürnötighaltens nicht so ganz schmerzloser Hilfsmittel bleibt
dabei allerdings nicht völlig ausgeschlossen: »Da die Beherr-
scher der übervölkerten und überorganisierten Welt von
morgen noch nicht imstande sein werden, Embryos geneti-
sche Gleichförmigkeit aufzuzwingen, werden sie versuchen,
den Erwachsenen und deren Kindern soziale und kulturelle
Gleichförmigkeit aufzuzwingen. Um diese zu erzielen, wer-
den sie (wenn nicht daran gehindert) Gebrauch von allen
ihnen zur Verfügung stehenden gehirnmanipulierenden Ver-
fahren machen und nicht zögern, diese Methoden nichtratio-
naler Überredung durch wirtschaftlichen Zwang und Dro-
hungen mit körperlicher Gewalttätigkeit zu verstärken.«

In dieser Prognose sind eine ganze Reihe von Möglichkei-
ten erwähnt, deren Aktualität keineswegs erst von morgen ist.
Zunächst wäre zu klären: Wer sind die »Beherrscher«, die
»Manipulierer«, die *Subjekte* der Vergewaltigung? Es sind die
entsprechend weiterentwickelten Nachfahren der faktisch
schon heute weltbeherrschenden Minderheit, in deren Hän-
den dann buchstäblich alle Macht nebst deren Ausübungsmit-
teln vereinigt sein werden; zur Überlebensgröße ausgewach-
sene Manager, gottähnliche Omnipotenzen, in Einem Herren
der Politik wie der Wirtschaft und vor allem der Wissenschaft

mit ihren sämtlichen Ergebnissen und Erzeugnissen; Giganten der *Planung* und der *Züchtung*. Die Macht »des Menschen« über die Naturkräfte – Krone und Gloriole dessen, was eben unsere Zeitgenossen, von Stolz förmlich geschwollen, den unaufhaltsamen Fortschritt nennen – diese Macht wird im Besitz einer verhältnismäßig kleinen Anzahl von Menschen sein, die, wie ein anderer Denker, der englische Philosoph Clive Staples Lewis sehr überzeugend dargetan * hat, es den anderen Menschen erlauben oder auch nicht erlauben können, davon Nutzen zu haben. Nach Lewis' Zukunftssicht wird selbst innerhalb eines einmal Wirklichkeit gewordenen Weltstaates die Macht prinzipiell von Minoritäten über Majoritäten ausgeübt werden (konkret von der Regierung über »das Volk«), und das wird im dann erreichten Entwicklungsstadium der Dinge bedeuten, daß faktisch die früheren Generationen im voraus die späteren übermächtigen. Die Eroberung der Natur durch den Menschen schließt ja die Eroberung des Menschen in sich ein; das wird realiter heißen: die Herrschaft von einigen Hunderten von Menschen über »Billionen und Billionen«. Die Macht des Menschen, mittels Eugenik, vorgeburtlicher Planung, Erziehung und Propaganda auf der Basis konsequent praktizierter Psychologie unbegrenzte Macht über sich selbst auszuüben, die Macht des Menschen, mit sich selbst anzustellen, aus sich selbst zu machen, was ihm beliebt, wird sich in Wirklichkeit darstellen als die *Macht einiger Menschen, aus allen anderen das zu machen, was ihnen für ihre Zwecke erwünscht ist.*

Woraus aber läßt sich denn schließen, daß die Objekte dieser Vergewaltigung sich tatsächlich so widerstandslos werden manipulieren lassen? Um das kurz vorwegzunehmen: Gerade der fest eingewurzelte Fortschrittsglaube wird die Menschenmassen gefügig machen; und er tut es schon heute in erstaunlichem Maße. Dieser Glaube treibt ja den »modernen Menschen«, die Eroberung der Natur durch »ihn selbst« begeistert, ohne die geringsten Vorbehalte, zu bejahen und somit eifrigst mit an den Ketten zu schmieden, die ihn einmal binden werden. Und schon heute merkt er nicht mehr, daß seine Einbildung, darin aus vollem freien Willen zu denken, zu fühlen und zu handeln, bereits suggeriert, manipuliert, gemanagt ist. Wie ihm ja durchaus nicht bewußt ist, wieweit er schon entpersönlicht, wieweit er schon gleichgeschaltet, eingeebnet, vermaßt ist.

* Den Vorgang der Vermassung erläutert wieder Wilhelm Röpke sinnfällig genug, indem er ihn mit der »Auflösung aller echten Gesellschaft« gleichsetzt und schreibt: »Die sich daraus ergebende einfache Aggregation der nunmehr auf sich selbst gestellten Individuen ist das, was wir Vermassung nennen. Es ist die Einebnung der Gesellschaftspyramide, ihre Atomisierung und die damit einhergehende Verklumpung der Individuen. Die aus der Gemeinschaft herausgesprengten Individuen sehen sich einer chaotischen Beziehungslosigkeit ausgesetzt und werden zu umherirrenden Nomaden, die nicht mehr recht wissen, wo sie hingehören und welches ihr Platz in der Gesellschaft ist, mehr und mehr losgelöst von den Banden der Familie, des Berufs, der Nachbarschaft, der Natur und Gemeinschaft.« Im Rahmen dieser Erklärung wird verständlich, daß – wiederum nach Röpke – »die Verachtung des von ihm so genannten ›Spießbürgers‹« ein »besonders verräterisches Kennzeichen des Massenmenschen« ist, der »in seiner Lösung von Tradition, Kontinuität, Verwurzelung, in seinem Antikonservatismus« »von herdenhafter Konformität« erscheint. In diesem Sinne decouvriert sich auch der sogenannte »Intellektuelle« (nicht zu verwechseln mit dem Schopenhauerschen »Selbstdenker«, der geistgeprägten, geistbewußten Persönlichkeit) als konformer Massenmensch, im Besitz einer »bloßen Gescheitheit«, »die den Kontakt mit der Wirklichkeit verloren hat, die nicht abzuwägen und nicht das Ganze zu umfassen weiß, die daher des bon sens ermangelt und nur eine andere Form der Beschränktheit ist«. Es hat freilich Publizisten gegeben, die es besonders gescheit fanden, die »Masse« – Phänomen und Begriff – als Hirngespinst strafwürdiger »Kulturpessimisten« zu denunzieren. Spätestens seit Le Bon erübrigt sich jede Auseinandersetzung mit einer so plumpen Anschauungsweise, nach welcher »Masse« nichts als die Summe vieler Einzelmenschen sei; während beispielsweise schon die Wirkung aller politischen Brandreden beweist, wieviel anders der Einzelne als Bestandteil der Masse denn eben als Einzelmensch reagiert. In der Masse – die überhaupt kein bloß quantitatives Phänomen, sondern eine Sache des Gruppen-, Herden- und Hordentriebes, eine Gegenbewegung gegen den Individualismus, und deren Wesen es darum ist, »konform«, »genormt«, »gleichgestimmt« (nämlich gleichgeschaltet) zu sein – hat die eigenständige, freie geistige Persönlichkeit (schlichter ausgedrückt: der unabhängige

Kopf) immer weniger Boden zum Existieren, immer weniger Luft zum Atmen. *Mit der Persönlichkeit aber erstickt allmählich das in ihr verkörperte schöpferische, sittliche und verantwortungsfähige Menschliche überhaupt.*

Auf den Endeffekt gesehen, ist es gleichgültig, mit welchen Methoden die Meinungsgleichschaltung der Masse durchgeführt wird. Das Tatsachenbild der Gegenwart zeigt unabweisbar: Genau wie in den diktatorisch regierten Staaten Millionen die ihnen von der politischen Propaganda vorgeschwatzten Meinungsklischees – einschließlich des dazugehörigen klischierten Vokabulars – nachplappern und sich einbilden, sie sprächen eigene Gedanken aus, genau so plappern in den demokratisch regierten Ländern Millionen die ihnen von der politischen »Information« und von der Industriereklame vorgeschwatzten Meinungen, Urteile und Redensarten nach und bilden sich ein, sie sprächen ihre eigenen Erfahrungen und unbeeinflußten Entscheidungen aus. Schon heute ist also, bei Licht besehen, die *geistige Unmündigkeit* hier wie dort annähernd die gleiche. Daher würde auch eine Demokratisierung der totalen Regime den Menschen keine wahre geistige Freiheit bringen, und auch die mögliche Annäherung beider Systeme auf dem Boden der Industrie-, Konsum- und Leistungsgesellschaft wird es nicht tun.

Diese Annäherung, für welche wir schon so viele Hinweise geben konnten und noch weitere geben werden, deutet sich übrigens heute bereits auch in einem gewissen realpolitischen Faktum an: im kommunistischen Lager geht, einstweilen noch mit Mißtrauen betrachtet, aber gestützt auf konkrete Entwicklungstatsachen das Gespenst der Konvergenztheorie * um; einer Theorie, die das Marxsche Gesellschaftskonzept für überholt erklärt, da die technische Entwicklung auf eine strukturelle Angleichung von Kapitalismus und Sozialismus ziele. Als Symptom ist das schon mehr als bloße Theorie; vielmehr der Beginn eines Prozesses, welcher wohl zunächst einmal niedergeschlagen, aber zweifellos nicht für immer unterbunden werden kann. Indessen haben wir hier noch gründlicher, als bisher geschehen, auf die weltweite, keine Systemgrenzen kennende moderne Massenmanipulation einzugehen, weil ihr das allergrößte Gewicht für die Glaubwürdigkeit der zitierten Zukunftsprognosen zukommt. Da hinsichtlich der Diktaturen niemand die teils gewaltsame, teils psychologische und psychotechnische Menschengleichmacherei bezweifelt oder bestreitet, auch zahlreiche dokumentarisch belegte Beschreibungen der dabei angewandten Methoden von der körperlichen Folter bis zur »Gehirnwäsche« bekannt geworden sind, so mag die allen massenbeherrschenden Machtsystemen – insbesondere den großen Industriestaaten als den unwiderstehlichsten Machtballungen schlechthin – gemeinsame *Entmündigung des Menschen und Schablonisierung des Geistes* jetzt am Beispiel der USA, die doch den Freiheitsbegriff für sich förmlich beschlagnahmt haben, illustriert werden.

Von einem New Yorker Public-Relations-Mann wird das gelassen ausgesprochene Wort berichtet: »Die Meinung der Welt wird von neun, höchstens zehn Männern gemacht. Wer dagegen auftritt und gefährlich zu werden droht, fällt nach kurzer Zeit!« Ob der Kernspruch authentisch ist oder nicht: Leichter würde seine Wahrheit zu beweisen sein, als Widerspruch dagegen zu begründen. Wer irgend jemals in die inneren Zellen der »Informationszentren« eingedrungen ist und die Funktionsweise ihrer Organe kennengelernt hat, weiß das; und wenn er redlich ist, wird er nicht versuchen, jenen Zyniker der bloßen Großsprecherei zu zeihen. Dies ist mithin der Stand der Dinge schon in unseren Tagen! Ein Wunder, wenn es anders wäre. Denn aus den Mitteln, durch welche das geschilderte Resultat erreicht wurde und immer wieder, immer vollkommener erreicht wird, machen die Manipulierer ja nicht einmal ein Geheimnis. Die Manipulierten selbst wissen – ohne darin etwas Bedenkliches zu finden – von den Künsten der psychologischen und psychotechnischen Massenbeeinflussung auf den Wegen der Publizistik, insonderheit der Reklame. Mit ihrer raffinierten, wissenschaftlich durchdachten, total durchorganisierten Suggestionstechnik ist diese moderne amerikanische »Werbung« ein nahezu unfehlbar wirkendes Instrument der Einschläferung des persönlichen Denkens, des Abschaltens der individuellen Urteilskraft und der Gewöhnung an die Aneignung vorgekauter, eingetrichterter Vorstellungen, Wertungen, Behauptungen. Hinsichtlich solcher systematischen Entmündigung ist völlig belanglos, daß es sich – wenigstens bis zu einem gewissen Grade – »nur« um die »Meinung« über Industrieprodukte handelt. Auf den *Anlaß* der geistigen Freiheitsberaubung kommt es durchaus nicht an, sondern allein auf den Vorgang selbst: die gezielte Ausübung eines weder zeitlich noch räumlich mehr

begrenzten psychischen Zwanges *zwecks Gefügigmachung der Massen* und *Hinlenkung ihrer Gedanken, Interessen, Wünsche und Begierden auf bestimmte Objekte.* Mit dieser Hinlenkung ist zugleich eine gewissenlos mit in Kauf gegebene Verdummung der Opfer verbunden. Denn, um einander in der Wirksamkeit ihrer Anpreisungen zu überbieten, kleiden die Manipulanten ihre Werbungen in so kindische, so bodenlos alberne, hochtrabende, grotesk pathetische Sprüche, Deklamationen und Schaustellungen, daß darüber zum Einfaltspinsel werden *muß*, wer es ohne Protest hinnimmt und sich daran gewöhnt. Will aber jemand dafür garantieren, daß nicht auch in den Freiheitsparadiesen der demokratischen Welt gelegentlich die politische »Information« ebenso »gezielt« *
und zielsicher verabreicht wird wie die Industriereklame? Daß nicht auch sie gegebenenfalls auf Suggestion, Imprägnation, Manipulation hinausläuft? Der auch abseits seiner fachterminologischen Bedeutung gebrauchte Begriff »Informationsimpuls« ist immerhin verdächtig: Er verrät die hinter der »Wahrnehmung des Informationsbedürfnisses« stehende Absichtlichkeit, die Zielstrebigkeit, die Zweckbestimmtheit des Informationsinhalts. Daß so gut wie alle Information über Kulturelles heute kulturpolitisch ausgerichtet und somit tendenziös gefärbt, meinunglenkend präpariert und frisiert ist – in Europa vielleicht noch konsequenter als in Amerika –, steht einwandfrei fest.

Es bedarf keiner ausschweifenden Phantasie, um sich auszumalen, in welche Breiten- und Tiefendimensionen diese Massenmanipulation noch hineinwachsen wird, wenn eines Tages zu den bisher entwickelten Beeinflussungsmethoden noch diejenigen ganz unverhohlen treten werden, die vorerst noch nur theoretisch in Betracht gezogen, experimentell abgetastet, probeweise eingesetzt, man weiß nicht, wieweit schon insgeheim hier oder da doch tatsächlich mehr oder minder vorsichtig praktiziert werden. Was diesbezüglich heute bereits teilweise erschreckliche Gegenwartswirklichkeit, teilweise alarmierende Nächsterwartung ist, entdeckt den schaudernden Lesern ein Buch von Theo Löbsack unter dem *
Titel: »Die manipulierte Seele. Von der Gehirnwäsche zum gesteuerten Gefühl.« Um ganz zu ermessen, ein wie großes Interesse in der Managerwelt schon jetzt daran besteht, die in jenem Buche dargelegten psychologischen und psychotechnischen Vergewaltigungsmittel mehr und mehr anzuwenden,

muß man zur Kenntnis nehmen, daß den »Werbefachleuten« die Beeinflußbarkeit der potentiellen Konsumentenschaft immer noch nicht ausreichend erscheint; daß sie bereits mit der Erkundung des »am besten auf Werbung ansprechenden * *Bevölkerungsmodells«* (!) beschäftigt sind und auf die Internationalisierung funktionell perfektionierter Werbekampagnen mit zunehmender Ausdehnungstendenz auch in Richtung sozialistischen Oststaaten sinnen. Es gibt keinerlei Anhaltspunkte für die Annahme, irgendwelche Hemmungen könnten die hier zur Erörterung stehende Menschenart davon abhalten, das ihren – gleichviel (das kann nicht oft genug wiederholt werden) ob wirtschaftlichen oder politischen – Zwecken gefügige »Bevölkerungsmodell«, wenn es einmal erkundet, bearbeitet und bewährt, aber auch dann noch nicht restlos »ansprechend« befunden wird, unter Ausnutzung aller verfügbaren wissenschaftlichen Manipulationsmethoden schließlich einfach *herzustellen.* Wieweit Gesetze dem entgegenstehen, ist keine Grundsatz-, sondern eine Terminfrage, die von der wandelbaren Divergenz oder Kongruenz der politischen und wirtschaftlichen Interessensphären abhängt. Von den vielerlei Möglichkeiten, die »Seele zu manipulieren«, sei es durch psychologische Tricks oder durch direkte chemische Eingriffe in die Ordnung der Körperorgane (auf dem Umwege über konservierte Lebens- oder über Genußmittel ein leichtes!) hat Löbsack erschöpfende Beschreibungen gegeben. Es ist daraus ersichtlich, daß diese Möglichkeiten heute schon kaum noch übertrieben gesehen werden können, besonders seitdem die planmäßige Anreizung, Lenkung und Spezialisierung jeweils gewollter Wünsche, Leidenschaften, Begierden, Triebe, Handlungen usw. noch gesteigert und auf *Dauer* eingestellt werden kann durch elektrische Gehirnbehandlung, welche nach Wahl bestimmte Denk-, Gefühl- und Funktionszentren gänzlich auszuschalten oder auch sie zu einseitiger und übermäßiger Aktivität zu veranlassen vermag. Die »wertfreie« Wissenschaft hat es fürwahr dahin gebracht, den Menschen in die tiefste Erniedrigung stürzen, das Leben in seiner Tiefe verwüsten und die Welt in eine Hölle verwandeln zu können – und mit dieser Möglichkeit bereits in gefährlicher Weise zu spielen. Und das geschieht keineswegs nur bei den bösen Volksunterdrückern des Ostens, sondern ebenso und noch mehr bei den westlichen Menschlichkeitsaposteln, in deren Staatsverfassungen die »Ehrfurcht vor dem

Leben« und die »Unverletzlichkeit der Person« an erster Stelle steht. Man muß sich eben, je länger, desto bestimmter, abgewöhnen, von der Gegensätzlichkeit der Phraseologien, mit welchen die »totalitären« (kommunistischen oder faschistischen) Regime dort, die »demokratischen« hier ihre Machtausübungsweise legitimieren wollen – man muß sich abgewöhnen, von der Gegensätzlichkeit also der beiderseitigen Sozialtheorien und Staatslehren eine ein für alle Male ebenso gegensätzliche Art des Sich-Verhaltens gegenüber der menschlichen Individualität und dem »Leben« überhaupt zu erwarten. Die »Freiheit« zu meinen geben sie *alle* vor. Wie sie es jedoch in der Tat mit der Respektierung derselben halten, das zeigt unmißverständlich die Praxis der systematischen *Umerziehung,* welcher heutzutage jede im »heißen« oder im »kalten« Kriege obsiegende Macht die besiegte zu unterwerfen pflegt, sich anmaßend, ganze Völkermassen zwangsweise nach dem eigenen Bilde zu formen. Die eklatantesten bisherigen Fälle solcher, expressis verbis auf Veränderung ganzer »Volkscharaktere« berechneten Umerziehung, fußten auf den Methoden einer in den USA aus der Verschmelzung verschiedener anthropologischer, psychoanalytischer und psychohygienischer »Erkenntnisse« entwickelten politischen Heilslehre; eines politisierten »Neufreudianismus«, auf Grund dessen die umzuerziehenden Massen geradezu als überdimensionale Patienten behandelt wurden. Der Schriftsteller Caspar Schrenck-Notzing, der als erster über das Was * und Wie dieser Völkermanipulierung einen detaillierten Dokumentarbericht vorlegte, schließt seine Schrift mit den lapidaren Sätzen: »Noch läßt sich die Natur des Menschen nicht zu beliebiger Verwendung umbauen; dazu wären unsere sentimentalen Liberalen auch nervlich gar nicht in der Lage. Und doch wird ... als großes Problem zurückbleiben, daß es nunmehr nicht ausgeschlossen ist, die Menschen mittels sozialpsychologischer Techniken zu beliebigen Zwecken, auf ihnen undurchsichtige Weise und zu ihnen unbekannten Zielen hin zu steuern. Das Wissen um diese Möglichkeit wird auf dem Teil der Menschheit, der sich mit den intellektuellen Planern nicht identifiziert, wie ein Alptraum lasten.«

Nun, was alle diese Möglichkeiten etwa im einen oder andern Punkte nicht zuverlässig oder noch nicht umfassend genug erscheinen lassen möchte, werden die (ebenfalls schon mehrfach berührten) Bemühungen der garantiert »wertfrei«

* forschenden »Eugeniker« und »Genetiker« ohne Zweifel ergänzen. Ihnen geht es ja um nichts Geringeres als um die Realisierung einer *zweckmäßigen Menschenzüchtung im großen und auf weite Voraussicht.* Die damit befaßten Wissenschaftler sind keine Phantasten, keine spekulierenden Ideologen; es sind denkbar nüchterne, so vorurteils- wie wohl auch vorbehaltlose Gelehrte der Nobelpreisträgergarnitur. Man wird sie ernst zu nehmen haben. Und der Ernst, der hier angebracht scheint, ist nun wirklich ein äußerster und letzter ... Diese Züchtungsplaner gehen von der Überlegung aus, daß der Mensch für gewisse Aufgaben, welche ihm künftig zufallen werden (z. B. Weltraumflug), schlecht organisiert sei. Um diese teils rein körperlichen, teils auch nervlichen und psychischen »Mängel« zu korrigieren, werde es nötig sein, entweder das Erbgut zu verändern oder die Beschaffenheit der Embryonen mittels Drogen zu beeinflussen. Die eugenischen und genetischen Züchtungsmethoden, an deren Vervollkommnung eifrigst und erfolgssicher gearbeitet wird, sollen einen biologisch neu organisierten Menschen herstellen, wie die Bewältigung und Gestaltung der technischen Welt ihn erfordern. Maßstab für die Geartetheit dieses »neuen Menschen« ist die ihm zugedachte funktionelle Rolle im Rahmen des »Bewältigungs«- und »Gestaltungs«-Programms. Mithin werden keinesfalls einfach alle menschlichen Lebewesen im gedachten Sinne »veredelt«, bzw. auf eine allgemein angestrebte Höchstform präpariert; vielmehr wird die Planung wahrscheinlich ein Stufensystem höher und niedriger organisierter Menschentypen opportun erscheinen lassen und es also dem jeweiligen Planungsteam anheimgestellt bleiben (auf diesem Faktor willkürlicher Exekutive liegt der Akzent der Sache!), die Züchtungsergebnisse von Fall zu Fall zu spezialisieren, zu fixieren und zu limitieren. Die Wissenschaft – gleichviel, welche Vorstellungen sie mit den Folgen ihrer »wertfreien« Anstrengungen um die hingegen sehr wohl Wertunterschiede voraussetzende, sogar sie vorplanende und künstlich produzierende Züchtung der Zukunftsmenschen verbindet – arbeitet somit an der *völligen, restlosen und endgültigen Unfreiheit des menschlichen Individuums,* an seiner nun wirklich *totalen Manipulierung,* und geht zugleich auf die Herstellung einer neuen Art von Rangordnung aus; aber nicht einer individuellen, sondern einer spezialistisch-kollektiven, kastenmäßigen, um nicht zu sagen *insektenhaften;* einer

weder nach geistigen noch gar moralischen Gesichtspunkten, sondern allein nach Erwägungen der Praktikabilität regulierten; einer *organisierten Rangordnung der gewollten Brauchbarkeit.* (Ein drastisch-ironischer Beweis für die Doppelzüngigkeit unserer Zivilisationsmanipulanten ist die Tatsache, daß es in einigen nordamerikanischen Staaten und in der Schweiz schon eine eugenische Gesetzgebung gibt, die – vorerst jedenfalls – natürlich nur den rein medizinischen Aspekt der Anwendung eugenischer und genetischer Korrektionsmethoden für den Kampf um die Volksgesundheit gegen minderwertige und gefährliche Erbanlagen zum Gegenstand hat; während jedoch in Deutschland die Pflege dieser Wissenschaftszweige nur schüchtern betrieben werden kann, da sie durch Hitlers entsprechende Tendenzen als »Menschenunwürdigkeit«, als Unterwerfung des Menschen unter Prinzipien der »Viehzucht« diffamiert sind. Man macht dabei glauben, die Hitlersche *Rassen*zucht sei das einzig Verabscheuungswürdige an der Sache; doch gilt hier wiederum, daß *kein* vorgegebener Zweck, er sei so »einleuchtend« wie er wolle, das verbrecherische Mittel: die *Erniedrigung des entgeistigten und entseelten Menschen zum willenlosen, willkürlich nach beschlossenen Mustern fabrikmäßig angefertigten Planungsojekt* zu entschuldigen vermag.

Es braucht nicht unterstellt zu werden, die Gelehrten seien mit Bewußtsein verantwortungslos; sie sind nur – und das ist ja eine Berufskrankheit des »wertfreien« Forschertums, die mit dessen bester Eigenschaft, dem unstillbaren Wissensdurst zusammenhängt – phantasielos hinsichtlich der gerade aufgrund jener Forschungsergebnisse voraussehbaren Zukunftswirklichkeit; sie schauen nicht über die Mauern ihres Spezialistentums hinaus und sind, indem sie vermutlich sogar noch glauben, menschenfreundlich zu wirken, ihrerseits die blindesten Opfer des wahnhaften Fortschrittsoptimismus. Schließlich haben sie ja auch frisch-fröhlich die Atom- und Wasserstoffbombe nebst den chemischen und bakteriologischen Kampfmitteln erfunden, um, wie sie sagen, gerade dadurch künftige Kriege zu verhüten (ein gewagtes Rechenkunststück zumindesten!). Daß der Mensch im übrigen auch *darf*, was er *kann* – daran zu zweifeln käme der großen Mehrzahl von ihnen kaum in den Sinn. Und daß sein Handeln mehr und mehr von der *Vernunft* geleitet sein, daß die »Vernunft« selbstverständlich stets der allein-seligmachenden Fortschrittsidee immer besserer Daseinsorganisation gehorchen werde – das eben ist der unerschütterliche Aberglaube dieser Laboratoriumsträumer. Sie halten zwar weder den Geist noch die Seele mehr für Wirklichkeit, wollen aber trotzdem die »Vernunft« bemühen und spekulieren somit auf regulierende Kräfte, welche einzig und allein aus lebendigem Geiste und lebendiger Seele entspringen könnten. Dieser naive Wunderglaube läßt sich auch nicht durch die Erfahrung stören, daß aller tatsächliche wissenschaftliche und technische Fortschritt *keine* wirkliche Höherbildung der Menschheit, *keine* geistige und *keine* sittliche Höherentwicklung gebracht; daß er diese Aufwärtsbewegung vielmehr nicht nur aufgehalten, sondern sie in eine offensichtliche *moralische Rückbildung* zurückgebogen hat; so daß in der ganzen Welt heute die un- und untermenschlichen Instinkte losgelassen erscheinen und, von den Errungenschaften der Wissenschaft aufs wirksamste unterstützt, sich überall austoben. Fast alles, was in unseren Tagen geschieht, geschieht den ohnmächtigen Vernunfteinwendungen zum Trotz und, nicht einmal unwissend, *wider* alle Vernunft. So fortschrittsgläubig und zukunftstrunken die Menschheit sich gebärdet, so kompaßlos, unruhesüchtig, streit-, besitz-, beute-, machtlüstern zeigt sie sich allerorten, wo die Maske der zivilisatorischen Gesittung von ihrem wahren Gesicht abfällt und die schönen Redensarten von Friede, Freiheit, Toleranz und Menschenverbrüderung jählings verstummen; so jeder Art von Grausamkeit zugeneigt, so unersättlich, haltlos, herzlos und hemmungslos, gleichgültig gegen millionenfaches fremdes Elend; als gelte es zu beweisen, daß das zweibeinige Tier eben doch das gefährlichste aller Raubtiere ist. Und, um es wieder und wieder zu sagen: Die Stimmen der »Vernunft« erweisen sich demgegenüber bei jeder ernsthaften Probe aufs Exempel immer wieder als völlig machtslos; ihr Wort hat längst kein wirkliches Gewicht mehr. Woher sollte das auch kommen, da die Legitimation der Vernunft durch einen höheren Ursprung, als auf welchen die wissenschaftlich legitimierte Fortschrittsideologie sich berufen kann – nämlich den so offenkundig erfolgbewährten platten »praktischen Verstand« –, ihr seit langem nicht mehr abgenommen wird. Es wäre wahrhaftig ein unfaßbares Wunder, wenn eine so beschaffene und inzwischen entsprechend präparierte Menschheit nicht eines Tages den geschilderten Möglichkeiten physischer wie geistig-seelischer

Selbstvernichtung anheimfallen würde; und sei es aus reiner Dummheit. Jener höheren Dummheit nämlich, die sich so gut mit der gewitztesten Alltagsintelligenz verträgt und welche nichts mehr davon weiß, daß neben und im Verein mit klarem Denken *auch Gefühl, Vorstellungskraft und Ahnungsvermögen legitime Erkenntniskräfte* sind.

Dies bedacht, begreift sich freilich auch leicht, daß die im Vorstehenden von den verschiedensten Seiten angegangenen Zukunftsaussichten, weit davon entfernt, nur Schauder zu erregen, auch ihre entschiedenen Fürsprecher finden. Eben jene Fortschrittsoptimisten, die an der gegenwärtigen Situation der Welt nichts zu beklagen finden als den Umstand, daß die in ihr sich abzeichnende Zukunft industrieller und kommerzieller Herrlichkeit immer noch auf gedankliche Hindernisse aus der Richtung einer angeblich überholten, »hinterweltlichen« Philosophie stößt, die da von lauter Dingen redet, welche es nicht mehr geben sollte, da sie dem Fortschrittsgeschäft à tout prix den Weg verstellen. Für diese vermeintlichen Realisten ist allererste Vorbedingung der Fortschrittlichkeit die Einsicht, daß dem Leben und dem gesamten physischen Universum keinerlei immaterieller Anlaß zugrunde liege; daß im eigentlichsten Wortsinne »nichts dahinter« sei (wie auch von solcher Denkweise selbst gesagt werden darf, daß nichts dahinter ist ...). Einer der wortgewandtesten Vertreter dieser simplen Anschauungsart polemisiert aufs heftigste gegen die »Miserabilität« der deutschen Philoso- *
phie; er findet, insbesondere in Deutschland (wo ihm noch nicht ausschließlich genug eitel Jubel über alle Erscheinungen des Fortschritts herrscht), die Intelligenz »falsch programmiert«. Er fordert daher »richtige« Programmierung; jedenfalls: *Programmierung,* also *Lenkung, Ausrichtung, Manipulierung.* Sein ganzer leidenschaftlicher, aggressiver Haß gilt den, allen tieferen Denkern aller Zeiten und Kulturen gemeinsamen, menschliche Maßstäbe setzenden traditionellen Wertbegriffen, denen er vorwirft, über das »gemeinsame Arbeitskonzept der Forscher in Ost und West«, nämlich das materialistische, eine rückschrittlich orientierte Zensur auszuüben. Die besorgten Betrachtungen eines Friedrich Georg Jünger über den Raubbau, den die Technik mit den Schätzen der Erde und den seelischen Kräften der Menschen treibt, die apokalyptische Sicht dieser Problematik überhaupt, tut er mit einer hochmütigen Handbewegung als »Dilettantismus« ab

(als ob es modernen Fachgelehrten – heute ein wenig übertrieben »Fachidioten« genannt – gegeben sein könnte, über den engen Horizont ihres Spezialwissens hinaus zu schauen und zu denken!). Gegen möglichen künftigen Mißbrauch der »unheimlichen Möglichkeiten« Löbsacks empfiehlt er »gesellschaftliche Kontrolle«; selbstverständlich mit dem unausbleiblichen Appell an die »Vernunft«. Bleibt auch unklar, wie jene kontrollierende Gesellschaft aussehen wird (es scheint so etwas wie eine Wissenschaftselite, eine akademische Technokratie, eine – »fachidiotische« Oligarchie gemeint zu sein), so versäumt der enragierte Monist und Kybernetiker doch nicht, anstelle der verworfenen altgültigen Wertbegriffe neue »Wertsysteme« einzusetzen. Diese sollten »dem menschlichen Leben dienen«, »den Realitäten semantisch gerecht werden« und »in einem historischen Prozeß praktikabel gemacht werden können«. Wohl im Bewußtsein, damit nichts recht Verbindliches gesagt zu haben, fügt der umwertungsfreudige Programmierer (der übrigens auch für eine Erziehungsmethode der »programmierten Instruktion« plädiert) hinzu: »Zukünftige Wertsysteme müssen sehr konkret formuliert werden, sie müssen leichtverständliche Anweisungen zu praktischem Handeln ermöglichen und haben nichts zu tun mit Kalendersprüchen etwa der Art: ›Edel sei der Mensch.‹« * Man sieht: die Abneigung gegen philosophisches Denken hat ihren guten Grund...

Fast noch entwaffnender dokumentiert sich der unphilosophische Primitivismus des Denkens bei dem Amerikaner * Marshall McLuhan. In seinem Buch über den Siegeszug der Elektrizität und der Elektronik interpretiert er die modernen Kommunikationsmittel als Erweiterung der menschlichen Sinne und Fähigkeiten. Sein Hauptthema ist die Auswirkung der Massenmedien auf das Leben selbst, ihr Einfluß auf die Entwicklung des einzelnen, das Erziehungswesen, die Freizeitgestaltung, die Politik usw. *Der Mensch als Objekt seiner Erfindungen,* könnte man sagen. Deutlicher noch: die »Entwicklung« des Menschen nach dem Willen der von ihm konstruierten Mechanismen und der von ihm vermeintlich in Dienst genommenen Kräfte! Nach McLuhans Meinung werden mittels der elektronischen Automation die Menschen künftig »anstatt selber automatisiert zu werden – bestimmte Aufgaben und Funktionen zugewiesen zu bekommen –, was ja die Tendenz während der Mechanisierung war«, »immer stärker in verschiedene parallel laufende Aufgaben und in die * Lernarbeit und in das Programmieren von elektronischen Rechnern einbezogen« ... Der Mensch (das heißt hier: seine *Arbeitskraft*) wird also im »elektronischen Zeitalter« nicht automatisiert sein; dafür aber desto vollständiger sein Verhältnis zum *Denken* als geistigem Vorgang, soweit von einem solchen dann noch die Rede sein kann. *Geistig automatisiert, seelisch mechanisiert* – das wird als menschliche Zukunft prognostiziert, ohne Entsetzen; selbst ohne auch nur ein Zeichen des Bedauerns. Sofern auch dieses Zukunftspanorama noch die Spekulation auf »Vernunft« einschließen sollte, könnte es sich wohl lediglich um einen längst depotenzierten, von den Managern beschlagnahmten und verwalteten Restbestand dieser Himmelsgabe handeln ...

Man sieht: die Voraussagen differieren in Einzelheiten; wie sich halt verschiedenartige Perspektiven aus den Blickpunkten der fachwissenschaftlichen Spezialinteressen ergeben. Dieser Abweichungen ungeachtet, bleibt, auf das Vorstellungsbild von der freien, selbstverantwortlichen menschlichen Persönlichkeit bezogen, das *Tatsachenbild* der aus den Gegebenheiten der Gegenwart errechenbaren Zukunft nach sämtlichen Darstellungen und Deutungen, gleichviel auch, ob pessimistisch oder optimistisch koloriert oder aus denkerischer Inkonsequenz und mangelnder diagnostischer Präzision widersprüchlich interpretiert (wie beispielsweise bei dem Kultursoziologen Alfred Weber), dasselbe. Wer es ehrlich und ernst mit der *Freiheit des Menschen,* der *Höherbildung des Menschengeschlechts* meint und der von so vielen unbestochenen Beobachtern protokollierten Wirklichkeit ohne Wunschgedanken ins Auge schaut – wie kann der sich eigentlich noch dem Eindruck der schon begonnenen und immer weiter um sich greifenden allgemeinen Entmenschlichung verschließen?

Viele Jahre früher als die oben zu Wort gekommenen scharfsinnigsten Unheilsverkünder Huxley und Lewis, zu einer Zeit, die den größten Teil der Fakten, von denen jene ausgehen, noch gar nicht zur Verfügung hatte, stellte in bestimmten Zusammenhängen auch Rudolf Steiner eine Reihe von Prognosen, welche, soweit sie sich nicht seither schon bewahrheiteten, den gleichen Grad schwer abzuweisender Wahrscheinlichkeit für sich haben wie die zitierten. Freilich:

vor dem Bewußtsein der heutigen Öffentlichkeit dürfte Steiner neben allen Genannten am wenigsten »Autorität« besitzen. Was weiß man denn schon heute, mehr als fünfundfünfzig Jahre nach seinem Tode, von ihm; oder vielmehr: was glaubt man von ihm zu wissen? Gewiß ist nur, daß in unserer Zeitgenossenschaft wohl kaum ein Fünkchen Ahnung davon lebt, *welche Aktualität sein Lebenswerk für unsere Gegenwart und die in ihr enthaltenen Entscheidungsmöglichkeiten haben könnte,* wenn man es nur einmal ernsthaft zur Kenntnis nehmen wollte.

Obwohl es sich von selbst versteht, sei vorausgeschickt, daß natürlich auch Rudolf Steiner nicht im entferntesten daran dachte, den wissenschaftlichen und technischen Fortschritt an und für sich zu bestreiten, ihn auch nur verkleinern und das Rad der Geschichte zurückdrehen zu wollen. Hat er sich doch selbst zur Zeit der Weltanschauungskämpfe um die Jahrhundertwende nachdrücklich für den Monismus gegen den absurden Dualismus, gegen die Vorstellung einer gespaltenen Wirklichkeit bekannt. Allerdings verstand er die wissenschaftsgemäße monistische Weltinterpretation um einiges folgerichtiger als deren akademisch akkreditierte Verfechter. Insonderheit sah er das Menschenwesen als geistig-seelisch-leibliche *Ganzheit,* die gerade mittels der durchaus willkürlichen, keineswegs logisch zwingenden Gleichsetzung monistischer mit materialistischer Denkweise wieder zersprengt
* wird. (Daß der Mensch, »so wie er uns in der äußeren physischen Welt entgegentritt«, sich aus Geistigem, Seelischem und Körperlichem zusammensetzt, hindert ihn nicht, ein »Monon« zu sein; wie beispielsweise das Wasser ein »Monon« ist, obwohl es sich aus Wasserstoff und Sauerstoff zusammensetzt. Ganz ebenso, wie Wasserstoff und Sauerstoff aber getrennt werden und sich dann mit andern chemischen Elementen verbinden können, geht das Geistig-Seelische, wenn es sich im Tode vom Physisch-Leiblichen trennt, andere Verbindungen ein; nämlich »Verbindungen mit einer rein geistigen Welt«.) Das Miß- und Unverständnis des Geistes und der Seele als bloßer Absonderungen der physischen Körperlichkeit erkannte Steiner in seiner ganzen zerstörerischen Auswirkung als Motor einer verhängnisvollen *Fehlentwicklung,* bei welcher der *eigentliche* Mensch, *das im selbstbewußten Ich zentrierte geistig-seelisch-leibliche Lebewesen,* verkümmert und, seiner wertvollsten Aufstiegskräfte beraubt,

auf der Strecke bleibt zugunsten eines scheinbar über die Schöpfung triumphierenden, doch am Ende restlos entpersönlichten, entgeistigten und entseelten Zerrbildes dessen, was »der Mensch« nach Maßgabe seiner höchsten Anlagen hätte sein, was er noch hätte werden können und sollen. Vor dieser Fehlentwicklung wieder und wieder zu warnen und ihr nach bestem Vermögen mit Gedanke, Wort und Tat entgegenzuwirken: das war Rudolf Steiners Lebensleistung. Deshalb ist er auch der einzige unter allen Vorausdenkern, insbesondere unter allen vom Fortschrittsoptimismus unverblendeten Prognostikern, der seinen unheilverkündenden Zukunftshinweisen auch eine *überzeugende Gegenmöglichkeit* hinzuzufügen hatte. Die oben herangezogenen Prognostiker, die pessimistischen wie die optimistischen, bauen sämtlich auf lauter Trost- und Rettungsgründe, deren Unglaubwürdigkeit, Längsthinfälligkeit und Nichtmehrwirksamkeit ja gerade erst die Dinge bis an den heute erreichten Punkt der albtraumhaften Grauenhaftigkeit gebracht haben; sie * setzen auf die illusionäre Macht der »Vernunft«, auf eine imaginäre neue Moral, auf Rehabilitierung der alten Wertbegriffe, auf einen gemeinschaftsbewußten Altruismus als Antrieb erneuerten Verantwortungsbewußtseins usw. usw.; aber keiner verrät, mittels welcher Zauberei diese jahrzehntelang so erfolgreich ausgehöhlten ehemaligen menschlichen Gaben, Tugenden und Kräfte bei gleichbleibender materialistischer Grundgesinnung plötzlich sollten wiederbelebt werden können. Daß nur ein *völliger Umschwung des Denkens, Fühlens und Wollens* etwas »Rettendes« zu bewirken vermöchte, hat wirklich *allein* Rudolf Steiner mit der nötigen Entschiedenheit erkannt, begründet, vertreten und – praktiziert. Er allein bietet einen Ausweg an, der jedem vorurteilsfreien, zu radikalen Konsequenzen bereiten Denken annehmbar erscheinen kann. Dies unterscheidet ihn von allen sonstigen Analytikern und Kritikern der modernen Zivilisation.

Bevor auf das, was man das große Angebot Steiners nennen darf, in sinnvoller und womöglich überzeugender Weise eingegangen werden kann, sind noch einige vorbereitende Überlegungen unumgänglich. Doch zunächst, zur Abrundung der pessimistischen Prognosen, ein paar der Steinerschen Voraussagen, die »mit ein bißchen anderen Worten« diejenigen der späteren Zukunftsdeuter vorwegnahmen und in mancher Hinsicht, vor allem in der Ursachenfeststellung, noch weit über sie hinausgreifen. Gerade in der Aufdeckung und Benennung des ersten und letzten Grundes der gesamten weltweiten Unordnung, der Unsicherheit und Bedrohtheit aller wahrhaft menschlichen Belange zeigt Steiner sich viel radikaler als die andern. Der *Abfall vom Geist,* der *geistfeindliche konsequente Materialismus* ist für ihn die *Wurzel aller Übel.* Denn die Trennung von seiner geistigen Daseinsmitte * macht den Menschen auf die Dauer krank. »Geradeso wie man das Leibesleben untergräbt, wenn man nicht in der richtigen Weise schläft, so untergräbt man das Seelenleben, wenn man nicht in der richtigen Weise wacht. Und man wacht nicht in der richtigen Weise, wenn man sich nur den äußeren Eindrücken hingibt, wenn man ohne ein Bewußtsein des Zusammenhanges mit der geistigen Welt lebt.« Die Entfremdung von seinem geistigen Quellgrund läßt obendrein das Denken unfruchtbar werden, dafür aber um so mehr zur * Selbsttäuschung geneigt: »Wenn die Menschen sich abwenden von der geistigen Welt, dann müssen sie es damit bezahlen, daß sie illusionsfähig werden, daß sie die Fähigkeit verlieren, zutreffende Begriffe über die äußere, physische Wirklichkeit und ihren Gang zu haben. Sie müssen auf einem anderen Gebiete phantasieren, weil sie an die Wahrheit – jetzt Wahrheit, ob sie nun auf das geistige oder physische Leben sich bezieht – sich nicht halten wollen.« Eines der drastischsten Symptome dieser materialistischen Illusionsfreudigkeit ist eben auch die Spekulation auf moralische Prinzipien, die irgendeinmal aus dem Nichts – in welches doch das materialistische Denken selbst sie hinabgestoßen hat – verjüngt und verstärkt wiederauferstehen sollen. Als brauchte man nur zu gegebener Zeit der Moral zu pfeifen, damit sie * wieder zur Stelle sei. Steiners Kommentar dazu lautet: »Der Moralprediger gleicht dem Menschen, der dem Ofen seine Pflichten vom Heizen und Wärmen vorpredigt, ihm aber keine Kohlen gibt. Man muß der Seele durch die Erkenntnis der Wahrheit Heizmaterial zuführen, man muß Moral *begründen.*«

Sein Wirklichkeitsblick erlaubte ihm keinen Selbstbetrug über einen etwaigen baldigen Wandel der Dinge. Und so sah er das Kommende in ungemilderter Schärfe und sprach es aus ohne beschönigende Umschweife. Inmitten des Ersten Weltkrieges, da niemand noch anders dachte, als daß, wenn dieses blutige Völkerringen einmal beendet sein werde, die erschöpfte Menschheit sich für immer in unverbrüchlichem Verständigungs- und Friedenswillen zusammenfinden werde, sagte Steiner für die Zukunft *»wie rhythmisch auftretende* * *kriegerische Verheerungsprozesse«* voraus, »von denen die gegenwärtige Kriegskatastrophe nur der Anfang« sei. Inzwischen haben wir den Zweiten Weltkrieg gehabt und brennt heute die Welt an allen Ecken, wurde ein dritter Weltkrieg bislang allein durch die Furcht vor der atomaren Totalvernichtung vermieden; womit gesagt ist, daß ein vertraglich vereinbarter allgemeiner Verzicht auf den Gebrauch von Atomwaffen, wie man ihn gegenwärtig anstrebt, falls er tatsächlich zustande käme, mit der Reduzierung des allseitigen Risikos auch eine Verringerung der Bedenken gegen einen neuen Waffengang der Großmachtblöcke bringen würde. Wer seit Jahrzehnten die von den – nur immer fürchterlicheren – Massenkriegen unterbrochenen Völkerverbrüderungen, Friedenssicherungsbemühungen und ebenso regelmäßig wiederkehrenden wie stets nur zu vorübergehenden Scheinerfolgen führenden internationalen Abrüstungsgespräche als bleibenden Hintergrund seines Erdendaseins erlebt hat und gegen den entsprechenden permanenten Wechsel zwischen pazifistischer oder militaristischer Phraseologie immun geworden ist, wird von dem schönsten Engelkonzert der Gewaltverzichtserklärungen ungerührt bleiben, solange die Vorsänger, obwohl sie die Macht dazu hätten, nicht das Geringste unternehmen, um den Waffenlieferungen in Unruhegebiete, der Ausrottung ganzer Eingeborenenstämme * durch Bakterienzuführung, dem massenhaften Hungersterben in verschiedenen Weltgegenden, dem in vielen Ländern wieder üblich gewordenen barbarischen Brauch der Gefangenenfolterung * usw. Einhalt zu gebieten. Nichts, aber auch gar nichts spricht *gegen*, vielmehr alles spricht *für* die Steinersche Prognose in einer Welt, die ihr unmenschliches Verhalten gegenüber jenen mörderischen Vorgängen lediglich von kalten Erwägungen der Rentabilität, Utilität, Kalkulation und Diplomatie bestimmen läßt. Denn – um es wieder und wiederum zu betonen: Nichts ist so gleichgültig wie der Text der jeweils dem politisch dirigierten Chorus vorgeschriebenen erbaulichen Gesangbuchverse. Von ihm nämlich gilt, was ein berühmter zynischer Ausspruch von der Sprache schlechthin behauptet: ihr Zweck sei, die Gedanken zu verbergen...

Andere Voraussagen Rudolf Steiners sind nicht weniger

schockierend; immer dabei bedacht, daß damals noch kaum greifbare äußere Daten sie dem normalen Auffassungsvermögen plausibel machen konnten. So beispielsweise die An- * kündigung einer Zeit, »wo man medizinisch behandeln wird diejenigen Menschen, die etwas anderes anerkennen als Staatssatzungen«; wo als Kranker behandelt und zwangsweise kuriert werden wird, wer »Gut« und »Böse« nach anderen als vom Staat festgesetzten Normen zu unterscheiden wagt; also einer Zeit der *zwangsweisen medikamentösen Demoralisierung*. Dazu erübrigt sich heute bereits jeder Kommentar. In den gleichen Zusammenhang der staatlich organisierten Entindividualisierung, der buchstäblichen gewaltsamen Ent- * Ichung, gehört das von Steiner prophezeite *Verbot für alles Denken;* »ein Gesetz, welches den Zweck haben wird, alles individuelle Denken zu unterdrücken«. Unerwarteterweise sieht Steiner dies (allerdings erst für eine noch fernere Zukunft angekündigte) Denkverbot, welches »den größeren Teil der Menschheit« treffen werde, von Amerika ausgehen. Von der Entwicklung, die zu dem Denkverbot führen werde, sagt er, sie zeige sich vorerst in »idealistischen Spuren«, in »sympathischen Anfängen« gegenüber dem, was da kommen werde, wenn eben diese westliche Entwicklung »immer mehr und mehr ihre Blüten treibt«. Nun – so ganz unbegreiflich kann diese Voraussage manchem Leser, der die Amerikanisierung der westlichen Welt und die mit ihr um sich greifende fortschreitende Uniformierung der Gesinnungen, Denkgewohnheiten und äußeren Lebensformen ohne rosenfarbene Brille beobachtet, nicht erscheinen. (Auch die dem amerikanischen Missionierungstrieb besonders geläufige »Umerziehungs«-Idee, wie immer sie sich begründe, schließt ja Gedankenverbote ein. Was vollends gerade amerikanische Gehirntechniker heute an Möglichkeiten elektronischer und chemischer Steuerung der Denkvorgänge ausarbeiten, läßt wenig Respekt vor der geistigen Freiheit der Persönlichkeit erkennen und geht im Effekt bereits weit über alles hinaus, was Verbote jemals bewirken könnten.) Der aufmerksame Betrachter der Vorgänge in der *östlichen* Welt mag aber auch nichts gänzlich Unwahrscheinliches mehr in der Voraussage * finden, es werde aus den dortigen Völkern (nicht aus den führenden Kreisen) einmal »eine ganz andere Art von Denken über den Menschen« hervorgehen, »eine ungeheure Hochachtung vor dem, was man Genialität nennt, ein Suchen nach der Genialität«; an dieser Entwicklung werde indessen nur »der geringere Teil der Menschheit« teilhaben. (Hier drängt sich, als gewiß nicht uninteressante Ergänzung zu dieser tiefer gelagerten West-Ost-Problematik, eine von Felix Mottl überlieferte Äußerung Richard Wagners auf: »daß das * Slawentum die größte Zukunft habe und die Kultur übernehmen werde, wenn das Germanische abgestorben sein wird«.)

Eine sinngemäß des öfteren wiederkehrende Erklärung Rudolf Steiners besagt: »Wir leben heute« (dies Zitat ist von * 1916) »noch in verhältnismäßig idealistischen, in spirituellen Zeiten gegenüber dem, was da kommen wird.« Immer wieder weist er hin auf Erscheinungen des menschlichen Niedergangs in der Gegenwart, die sich inskünftig nur noch verschlimmern und in die *Katastrophe des eigentlichen Menschentums* führen werden. Einmal heißt es da bei einer Vergleichung der Situation im 12. Jahrhundert mit der im 20.: »Das 12. * Jahrhundert hatte seinen Bernhard von Clairvaux, und unser Jahrhundert hat solche Gestalten wie Lenin und Trotzki. Wie * dort die Hinneigung zum Übersinnlichen wirkte, so lebt in diesen Gestalten der Haß gegen das Übersinnliche, wenn das auch in anderen Worten, in anderen Inhalten zum Ausdruck kommt... dort das Eingießen des Menschenwesens in das Göttliche, hier das Eingießen des Menschenwesens in das Animalische, das allein eine soziale Struktur erhalten soll.« Weiter verschärfen werde sich auch die materialistische »Un- * fruchtbarkeit des Denkens«, die schließlich zum »Zertreten und Niederdrücken« der höher Befähigten führen werde; zu einem Zustand der »alles niederdrückenden Macht der Unfähigen, welche sagen, sie wissen das Praktische« (»Selbstverständlich wissen sie es, aber wie?!« setzt Steiner hinzu). Sich stetig steigern wird auch die Macht der Autoritäten »hinter den Laboratoriumstischen, hinter den Seziertischen«, deren Arbeit natürlich als »äußerlich verdienstvoll« anzuerkennen sei, während jedoch der Geist, von welchem sie beseelt ist, dahin treibt, »daß allmählich unsere ganze Kultur, nicht nur unsere geistige, sondern unsere ganze Kultur, in Technizismus, das heißt in *Homunkulismus* übergeht«. Am erstaun- * lichsten aber muß die häufig wiederholte Vorhersage sich einstellender und immer mehr häufender epidemischer Nervenkrankheiten, ja, einer allgemeinen Geisteskrankheit als Folge der materialistischen Weltanschauung, will sagen: der inneren Entleerung, Verödung und Verstörung der Men-

schen durch ihre Abgetrenntheit von den geistigen Lebensquellen sowie der daraus hervorgehenden, durch kein Gegengewicht kompensierten Lebensformen anmuten. Zur Zeit der frühesten Aussprüche dieser Art klang das noch irritierend; es konnte auf Leute, denen Steiner keine Vertrauensperson war, wirken, wie die törichte Drohung eines Weltanschauungsstifters, der, gleich einem fanatischen Missionar, widerspenstigen Ungläubigen alle möglichen Schrecknisse ausmalt. Heute sieht es damit völlig anders aus. Die Ausbreitung der Nervenkrankheiten jedes Grades ist zu einem medizinischen Weltproblem geworden, über dessen Stand die Statistik laufend berichtet und dessen Bewältigung immer schwieriger erscheint. (Auf einem »Internationalen Kongreß für Sozialpsychiatrie« wurde schon 1964 die von anderen Wissenschaftlern freilich bestrittene Behauptung aufgestellt, 84 Prozent aller Menschen bedürften wegen ernster Defekte klinischer Behandlung!) Doch von der ständig anwachsenden Menge offenkundiger positiver Erkrankungen oder noch nicht behandlungsreifer geistiger und seelischer Störungen abgesehen –: wie viele Erscheinungen des gegenwärtigen Alltagslebens können unbefangener Beobachtung und gesund gebliebenem Urteil doch nur noch als Symptome eines zerrütteten Geisteszustandes verständlich werden! Da sind die Selbstmorde wegen der Niederlage einer bestimmten Fußballmannschaft oder wegen einer Programmänderung im Fernsehen; oder auch Mordtaten aus ähnlichen Anlässen (nicht hier erfunden, sondern aus Zeitungsmeldungen notiert); da ist bei zahlreichen Menschen die monomanische Versessenheit auf sexuellen und pornographischen Nervenreiz – eines der ergiebigsten Ausbeutungsobjekte des »Illustrierten«-Geschäfts und von diesem wiederum fortgesetzt angeheizt; da ist, besonders unter den Jugendlichen verbreitet, die Rauschgiftsucht, das Lärm-, Verkleidungs-, Rede-, Darstellungs-, alles in allem: das krankhaft ausgeartete *Geltungs*bedürfnis, das oft genug vor keinem Verbrechen zurückschreckt; da ist die allgemeine Diskontinuität des Denkens und Tuns; der ausge-
* prägte Infantilismus in vielerlei Gestalt; der alles Maß überschreitende Kult des Sports und des Schlagergesangs nebst der dazugehörigen sinnlosen, durchaus idiotisch wirkenden Körpermimik; da ist aber auch das geradezu tragische Phänomen der (in Amerika medizinisch diagnostizierten) häufigen Neurosen als Ergebnis kürzerer Arbeitstage und längerer

Ferien bei wachsender Unfähigkeit der Menschen, mit sich * selber und daher mit ihrer Freizeit etwas anzufangen.

Selbstverständlich glaubt man heute, diese Erscheinungen – soweit man nicht umhin kann, sie als Krankheiten anzuerkennen – auf die äußerlichsten Ursachen (Überarbeitung, Aufgabenzersplitterung, Reizüberflutung) zurückführen zu müssen und ihnen mit therapeutischen oder organisatorischen Mitteln allein beikommen zu sollen. Aber man würde dem wahren, dem tieferen Sachverhalt näherkommen, wenn man die Rauschgiftsucht als Schlüsselphänomen für alle übrigen begreifen wollte! Denn die ihr Verfallenen sprechen es ungehemmt aus, was sie, etwa im LSD-Rausch, suchen und zu finden meinen: die Überwindung der Leere, das überhöhte Leben, den Zustand der Zeit- und Raumlosigkeit, die Todeserfahrung, das »metaphysische Glücksgefühl«. Was ein in gesunder Geistigkeit wurzelndes Selbst- und Weltbewußtsein den Menschen geben würde, das versuchen sie sich zu ersetzen durch das genaue Gegenteil alles Notwendigen, indem sie sich in die unkontrollierbaren Abgründe der Bewußtlosigkeit, der Ekstase, der Benebelung, des pseudomystischen Nirwanatraums fallen lassen. Das Wort vom »pharmakologischen Guru« oder das banalere von der »Jenseitspille« verraten deutlich genug, wo die verheerende Sucht ihre Ursprünge hat und was ihr ersehntes Ziel ist; das *wirkliche* Ziel jedoch ist erst recht: ein zerstörtes Leben; ist progressive Nervenzerrüttung und Geisteskrankheit.

All das verkrampfte Sich-unbürgerlich-Gebärden, ohne doch die »gutbürgerliche« Ungeistigkeit überflügeln zu können, all diese Windmacherei ohne jegliches klare Wollen, alles Rocker-, Gammler- und Punker-Unwesen ist nichts als *Flucht ins Unvernünftige, ins Irrationale und Irreale; Flucht vor der Wirklichkeit,* vor dem Leben, nicht nur, wie es zu sein scheint, wie es sich den Menschen heute darbietet; sondern auch dem *Leben, wie es tatsächlich ist* – nämlich aus dem Geistigen stammend und zum Geistigen strebend. Und damit sind wir bei jener gewichtigsten Voraussage Steiners, deren Wahrheit sich heute bereits in ihrem vollen Umfange zeigt, aber sich zweifellos unaufhaltsam weiter und noch verhängnisvoller bestätigen wird: *daß die Menschen, wenn sie sich* * *nicht beizeiten wieder auf ihre Geistnatur besännen, mit dem Leben, wie es sich auf der Erde künftig gestalten werde, immer weniger fertig werden würden.* Auch diese Prophezeiung

bedarf schon lange keiner Rechtfertigung mehr: Gleichviel, welchen Grund man den Tatsachen unterstellen will – sie sind mit keiner intellektuellen Verklausulierung mehr aus der Welt zu schaffen oder auch nur zu verharmlosen und enthül-
* len die täglich zunehmende Ratlosigkeit der Erdenbewohner gegenüber ihren eigenen Werken. Eine Situation, aus welcher es keinen Ausweg geben kann, außer dem einen, den Steiner
* meint mit der Forderung: »daß die Gedanken wiederum groß werden«; will heißen: daß sie wieder lernen, sich wieder daran gewöhnen, über die physische Welt hinaus zu greifen und hinter den Gesetzen, welchen die sinnliche Wirklichkeit gehorcht, die übersinnlichen Kräfte zu suchen, in denen sie ihren Ursprung haben, aus denen sich ihre Ordnung erhält.

Die Sinnlosigkeit der Zufallswelt

Das »kurze« Denken, von dem Rudolf Steiner oft sprach, das Denken nicht über die materielle Welt hinaus, ist zwar, in der heute gegebenen extremen Ausprägung, vielleicht und hoffentlich nur eine epochale Erscheinung (Steiner selbst stellte * es als vorübergehend notwendige Entwicklungsphase dar). Es hat jedoch – wie alle seine Folgen, wie mithin auch alles, was oben als jetziger Zustand der Menschheit beschrieben wurde – seinen letzten Grund in der gleichsam a priori »kurzen« Perspektive, dem a priori engen, offenbar *zu* engen Horizont unserer seit vielen Jahrhunderten allein-gültigen und doch durch nichts als den oberflächlichsten Augenschein begründeten *Lebensvorstellung;* der Vorstellung, daß wir *nur einmal leben.* Man sagt nicht zuviel mit der Behauptung, daß auf der Basis dieser Vorstellung die Entwicklung der menschlichen Dinge gar nicht anders laufen konnte, als sie gelaufen ist und einstweilen weiterläuft. Und dies zwar ganz einfach deshalb, weil bei der Annahme nur einmaligen Lebens *eben diesem Leben schlechterdings kein Sinn für den einzelnen Menschen abzugewinnen ist.* Der Satz *»Man lebt nur einmal in der Welt«* steht wie ein unumstößlicher, unbeweglicher Block da; und er blockiert das Daseinsbewußtsein der Menschen wie nur die Einsicht einer unausweichlichen Naturtatsache das menschliche Denken, Fühlen und Wollen zu blockieren vermag. Allerdings enthält er trotz dieser blockierenden, dieser Grenzen setzenden, gewissermaßen lähmenden Wirkung ein Potential verschiedenartiger Folgerungen. Die natürlichste ist: das Bestreben, die kurze Zeitspanne so freudenreich, sorglos und unbeschwert, wie es eben gehen will, zu durchlaufen. Eine andere: die Bemühung, das Mögliche zu tun, um das Hiersein allen daran Teilhabenden so genießbar oder erträglich wie möglich zu machen. Eine dritte: die Unterordnung unter ein entweder angeborenes oder anerzogenes, entweder aus freien Stücken oder auf Befehl anerkanntes Pflichtgefühl. Eine vierte: die Wahrnehmung einer Gesinnung, die keinerlei Bindung, Pflicht oder Verantwortung akzeptiert. Und von diesen unterschiedlichen Einstellungen gibt es ebenso unterschiedliche Grade; sie können einerseits ins Kriminelle, anderseits ins Verstiegene ausarten. Indessen: beschaut man die Sache vom Standpunkte der materialistischen Weltansicht – und von ihr als der absolut zeitbeherrschenden haben wir immer wieder auszugehen –, dann sind alle jene möglichen Verhaltensweisen bestenfalls imstande, entsprechend glücklich veranlagten Einzelmenschen eine gewisse *subjektive* Befriedigung zu gewähren; aber keinesfalls, der ganzen aufgeregten und aufreibenden Veranstaltung irgendeinen annehmbaren *objektiven* Sinn zu verleihen. Da doch der Tod für den Einzelmenschen alles Erlebte, Geleistete oder Verschuldete mit einem einzigen Federstrich faktisch annulliert, so erscheint die schlechthin triebhafte, auf bloße Selbsterhaltung und Selbstbehauptung gerichtete Einstellung als die einzige realistische. Vor allem gibt das »nur einmalige« Leben *keine Grundlage für moralische oder auch nur soziale Postulate* her, denen nicht mit den schlagkräftigsten Argumenten widersprochen werden könnte. Denn für das einzelmenschliche Subjekt ist es nach dem Tode völlig gleichgültig, ob es seine Lebensfrist zwischen dem zufälligen Geborenwerden und dem endgültigen Nichtmehrsein als Wohltäter oder Schädling, Heiliger oder Verbrecher, Tatmensch oder Tagedieb absolviert hat. Am wenigsten läßt sich auf die Voraussetzung der »Einmaligkeit« irgendeine Verantwortlichkeit der heute Lebenden für die morgen Lebenden begründen; zumal da die moderne Wissenschaft wie die moderne Soziallehre und vollends die moderne Politik den Menschen nur noch als *Gattungswesen* begreifen und behandeln. *Verantwortlich gemacht werden kann doch allein das selbstbewußte Individuum:* Generelle, kollektive Verantwortlichkeit ist Kommandosache, ist Sklaverei. Es sollte überhaupt leicht zu verstehen sein, daß *Moral,* da sie dem bloßen Naturzustand des Lebens nun einmal keineswegs immanent ist und auch nicht befohlen werden kann, ohne ihren eigentlichen Wert dabei einzubüßen, einzig aus *übernatürlichen* Impulsen hergeleitet zu werden vermag. *Materialistisches Denken widerlegt sich selbst, wenn es Pflicht predigt, Verantwortlichkeit verlangt und sittliche Ordnungen durchsetzen möchte.* Das »nur einmal lebende« Individuum ist durchaus berechtigt, jeder entsprechenden Forderung das Argument entgegenzuhalten: es sei ohne seinen Wunsch in das Leben versetzt worden und werde ohne Folge (für es selbst) daraus verschwinden.

Betreffs der nicht-materialistischen, insbesondere der religiösen Lebensdeutung, die den Einzelmenschen von einer postmortalen überirdischen Gerichtsbarkeit her in Pflicht nehmen will, ist anzumerken, daß auch diese Lehre ihre Achillesferse gerade in der Vorstellung der Einmaligkeit des Menschenlebens hat. Denn im Rahmen dieser Vorstellung entbehrt sie nicht allein jeder Logik, sondern verstößt auch gegen die *Gerechtigkeit.* Der Richter selbst hat da seinen eigenen Geschöpfen die Eigenschaften mitgegeben, über die er nachher richtet; und hat ihnen obendrein die Bedingung bereitet, die Grenzen gesetzt, die unerhört ungleichen Chancen zugeteilt, mit den angeschaffenen Eigenschaften innerhalb einer kleinen Frist sich als »gut« oder als »böse« zu erweisen; auf Grund welchen Befundes er am Ende aber *ewige* Seligkeit oder *ewige* Verdammnis verhängt. Der dem Denken ausweichende Einwand »Gott werde schon wissen...«, der uns erst recht zu willenlosen Spielpuppen in der Hand einer hinter »Unerforschlichkeit« verschanzten Verfügungsmacht degradiert, verfängt nicht. Die ungleich verteilten Lose bleiben; die Rechnung geht in keinem Falle auf. Sie geht auch nicht auf, wo ein Sinn gefunden werden soll in der Idee einer *allmählichen Höherentwicklung* »der Menschheit«. Denn da erhebt sich die Frage: Was hat der *einzelne* davon, der in diesem Vorgang (ihn einmal als eindeutig anerkannt) lediglich eine Stufe ist? Eine Stufe der Trittleiter, auf welcher das Abstractum »Menschheit« irgendwohin hinaufsteigt, so daß die Letzten als Vollkommenste die Lebens-, Leidens- und Entwicklungsfrüchte aller Vorhergegangenen genießen werden? Eine empörende Vorstellung!

Übrigens ist die Ungleichheit der Lose, wie der angeborenen Eigenschaften und Möglichkeiten, von derselben, jede vernünftige Moralbegründung ausschließenden Bedeutung, wenn sie nicht *gottgegeben,* sondern *zufällig* sein soll – wie in materialistischer Sicht ja alles mechanisch Unerklärliche zufällig ist: von Zeit und Ort der Geburt angefangen über das Geschlecht, die Erbanlagen, die geschichtlichen Zeitumstände bis zur Todesursache und dem Termin des natürlichen oder gewaltsamen Abbruchs der Lebensbahn. Daß die auf materialistischer Weltauffassung fußenden Zivilisationsmächte, die wirtschaftlichen wie die politischen, den von ihnen beherrschten Menschen anstelle echter Moralbegriffe angeblich sie verpflichtende Verhaltensweisen diktieren, ist durchaus logisch: In der materialistisch interpretierten Zufallswelt ist *Moral gleich Interesse, Moral gleich Politik.* Zum Beispiel gilt schon heute und wird in der Zukunft der perfekten »Industriegesellschaft« noch nachdrücklicher gelten, daß Eigenschaften, die unverbogenes, natürliches Empfinden als menschliche Vorzüge, als »Tugenden«, also als moralische Kräfte versteht – zum Exempel Anspruchslosigkeit, Bescheidenheit, Sparsamkeit, Genügsamkeit –, zu strafwürdigen Lastern gestempelt werden, weil sie der permanenten Expansion des Konsums hinderlich sind. Selbstlosigkeit wird in Selbstsucht umgewertet; individueller Wert zu kollektivem Unwert. Die *politischen Meinungen* selbst werden, je nach augenblicklicher Erwünschtheit oder Unerwünschtheit, *moralisch* bewertet. Es gibt politische Rechtgläubigkeit und politische Ketzerei. In dem politischen Gewissenszwang (den die Demokratie, genau betrachtet, so gut kennt wie die Diktatur) ist, materialistisch umgedacht, das religiöse Mittelalter wiederauferstanden; hier wie dort wurden und werden den Einzelmenschen geistige Fesseln angelegt. Das konsequent materialistische Denken treibt die Sinnentleerung des einmaligen Lebens aber noch viel weiter. Es *löscht den Menschen als Menschen aus,* indem es das Hauptmerkmal des Menschseins, eben *die Individualität, die Unvertauschbarkeit des Einzelmenschen und seines Schicksals,* für die bedeutungsloseste aller Zufälligkeiten erklärt. Nur die *Gemeinschaft* soll einen Sinn, nur sie und sie ganz allein soll Daseinsrecht und sittliche, verpflichtende Bedeutung haben. So wird für seine knappe einmalige Lebensspanne das einzelne Menschenwesen auch noch auf die Ebene der Tierheit heruntergedrückt und damit sein Vorhandensein erst völlig sinnlos gemacht. Die selbstverantwortliche und überhaupt verantwortungsfähige *Persönlichkeit,* höchster Wert und höchste Würde des Menschentums, wird ausgelöscht zugunsten reibungsloser Funktion einer mechanischen Kollektiventwicklung auf das Ziel eines mittels organisierter Planung vermeintlich der Zufälligkeit enthobenen Gemeinschaftsparadieses für spätere Nutznießer hin. *Menschheitserlösung durch radikale Entmenschung* also! Eine widernatürliche Wahnidee; Triumph der äußersten Unsinnigkeit.

Man stelle es an, wie man wolle: *In das »nur einmalige« Leben ist kein Sinn hineinzubringen und zu -zwingen;* sein Entwicklungsgang in immer sinnlosere Unsinnigkeit entspricht vollkommen dem Gesetz dieser »Einmaligkeit«, die untrennbar ist von totaler Zufälligkeit. *Zufälligkeit und Sinnlosigkeit aber sind zweierlei Bezeichnung für denselben Sachverhalt.* Und innerhalb einer erwiesenermaßen sinnlosen Existenz ist die größte aller Sinnlosigkeiten eine »moralische« Lebensführung anstatt einer radikal egoistischen. Dieser Logik entspricht darum auch das Weltbeglückungskonzept des Materialismus aller Spielarten vollkommen, indem es darauf ausgeht, die vermeintliche Zufälligkeit der einzelmenschlichen Existenz durch Einzwängen derselben in ein kollektives Interessenprogramm mittels Planung, Organisation und Manipulation zu überwinden. Es sind die Gipfelerscheinungen des konzentrierten Egoismus – die Machtmenschen, Unternehmer, Wirtschaftsabenteurer großen Formats (bis zu Staatsdimensionen) –, welche die Masse der Einzelegoismen zunehmend in *lenkbare Kollektivegoismen* zusammenfassen und sie durch perfekte Programmierung ihren Einzelinteressen entfremden, um sie in den Dienst des eigenen Superegoismus zu zwingen. So werden mehr und mehr die menschlichen Termiten ihr Leben fremden Interessen hinzugeben haben, während sie glauben gemacht sind, sie opferten sich für ein goldenes Zeitalter ihrer Nachkommen oder – bei fortschreitender Automation – womöglich bereits für ein eigenes immer ausgedehnteres Freizeitglück. Aber schon läßt der verräterische Terminus »Freizeitgestaltung« auch diese Erwartung als eine schöne, buntschillernde Seifenblase erkennen, die schneller, als man ahnt, geplatzt sein wird. Von der Unfähigkeit der entpersönlichten Massenmenschen zur Selbstbeschäftigung war oben schon die Rede. Doch weder das von außen angeregte »Hobby« noch gar die organisierte »Gestaltung« führen den Menschen zu sich selbst zurück; sie setzen, im Gegenteil, nur die programmierte Selbst-Ablenkung über die Arbeit hinaus in das längst zur Selbsttäuschung gewordene »Privatleben« fort. Damit ist jedoch der Fragwürdigkeit, der Widersprüchlichkeit, der Unsinnigkeit noch nicht genug!: Auf der einen Seite wird der moderne »Leistungsmensch«, nachdem sein Kräftepotential ausgepumpt worden ist, immer früher zum alten Eisen geworfen; die Menge der Altersversorgungsansprüche wächst somit beständig. Die daraus entspringende wirtschaftliche Problematik hat schon manchen grüblerischen Kopf auf die gewagtesten Vermutungen betreffs der möglichen künftigen Lösung gebracht. Neben

Samuel Becketts dichterischer Vision von den Mülltonnen scheint dabei das Rezept des Baccalaureus – auf welches selbst Mephistopheles nur noch replizieren kann: »Der Teufel hat hier weiter nichts zu sagen« – an Boden zu gewinnen, * da sogar ein so humorbegabter Zeitbetrachter wie Sigismund von Radecki sich in einer Glosse über die dem »Konsumenten«-Ideal gemäße »Idee des Fortwerfens« der Mutmaßung nicht verschließen kann, diese Idee (und Praxis) werde »schwerlich aufzuhalten« und, »wie sie uns der Bienenstaat vorführt, indem die nach sechs Wochen abgearbeiteten Bienen von Sanitätstrupps ins Freie geschafft werden, damit die Kadaver nicht den Stock verpesten«, »bei der zunehmenden Insektierung der Menschheit noch zu großen Dingen berufen sein« ... Auf der anderen Seite bemühen sich die Mediziner mit zunehmendem Erfolge um eine Verlängerung der allgemeinen »Lebenserwartung«; ja, arbeiten Wissenschaftler sogar an dem Problem der *physischen Unsterblichkeit!* Die Todesbarrikade soll beseitigt und den Unsterblichkeitsaspiranten ihr Lebensraum schon vorbeugend zur Alleinbenutzung reserviert werden, indem durch die Geburtenkontrolle die Zahl derer bestimmt wird, die neu hinzugeboren werden dürfen. (So soll es auch ohne Unsterblichkeit geschehen im * Namen drohender Übervölkerung der Erde. Aber die Nahrungsquellen würden keineswegs unzureichend sein, wenn nicht ein Drittel der Menschheit verpraßte und vergeudete, was die hungernden andern zwei Drittel ebenfalls satt machen könnte. Außerdem ist die Wissenschaft neuen künstlichen wie natürlichen Ernährungsmitteln auf der Spur.) Allein nicht nur die endlich dem ruhelos vorwärtsdrängenden Intellekt als zu eng bewußt gewordenen Grenzen der *Zeit* sollen gewaltsam gedehnt, wenn nicht gesprengt werden; auch die des zusammengeschrumpften *Raumes.* Und so trachtet der volltechnisierte, selbst schließlich zu einem Maschinenteil zusammengeschmolzene Erdenmensch, nach anderen Planeten auszuweichen. Anscheinend wird aber von den instinktlosen Technikanbetern niemals daran gedacht, daß im Falle eines (natürlich begrenzten) Gelingens dieser »hochfahrenden« Pläne der Nutzen davon *unter allen Umständen nur einer verschwindend kleinen Schicht von führenden Menschheitsexemplaren zugute kommen wird,* in deren Händen dann schier *unermeßliche* Macht über die »Fortschrittsgüter« erzeugende Masse liegen wird. Wie es bis dahin um die von der

Industrie verseuchten und zersetzten Elemente stehen, wie der Atommüll sich inzwischen verhalten haben, was von den ausgeplünderten Erdenschätzen übriggeblieben sein und welche Auswirkungen das alles auf die Existenzfähigkeit der Erde selbst haben wird – darüber etwas Verbindliches auszusagen, ist heute ohnehin noch niemand in der Lage; und niemand liebt es, danach befragt zu werden. Zu eindringlich davon zu reden, verstößt gegen den guten Ton der Profittechnokratie. In diesem Punkte zeigt das sonst so zeitgemäße Vorausplanen eine offensichtliche Lücke. Und dabei geht es doch gerade hier um das Sein oder Nichtsein kommender Generationen! (Es ist inzwischen eine bekannte Tatsache, daß erst in 1000 Jahren die Erbschäden überwunden sein werden, welche bereits durch die bisherigen »friedlichen« Atomexperimente verursacht worden sind...)

Die Beschäftigung der Wissenschaft mit dem *Problem des physischen ewigen Lebens* (bei jener Zukunftssorglosigkeit nicht ins Auge gefaßt) läßt ja nun aber erkennen, wie der Superegoismus der Lebenden dieses Jahrhunderts darauf ausgeht, aus dem unangefochtenen Satz vom nur einmaligen Leben die ungeheuerlichste Folgerung zu ziehen; nämlich: *das eigene einmalige Dasein zu perpetuieren und das potentieller nachdrängender Menschengeschlechter zunächst einzudämmen, später vielleicht gänzlich abzuschneiden!* Wem diese Unterstellung phantastisch klingt, bedenke doch, wie phantastisch in der Tat jene (mit höchstem Nachdruck betriebenen!) wissenschaftlichen Anstrengungen sind. Und wie phantastisch jene theoretischen Überlegungen um die Möglichkeit – gleichsam als Zwischenlösung vor Verwirklichung der unbegrenzten Lebensdauer –, durch Einfrieren des Körpers die leibliche Existenz über wesentlich weitere Zeiträume hinweg auszudehnen, als sie der natürliche Tod zu gewähren pflegt. Freilich wurde immer wieder bestritten, daß es möglich sei, einen einmal derart »tiefgekühlten« Körper wieder zu pulsierendem Leben zu erwecken; mit dem Auftauen würde es hapern. Aber andere haben nicht aufgehört, mit diesem Gedanken zu experimentieren. Interessanter als die Zweifelsfrage, ob realisierbar oder nicht, ist hier *die Idee an und für sich: das eine Leben gleichsam durch künstliche Scheintode auf mehrere zu erweitern!* Dieser Einfall scheint den materialistisch-mechanistisch funktionierenden Gehirnen wie von einem göttlichen Ironiker oder mindestens einem gottähnlichen

Mephistopheles eingegeben! Mephistopheles lügt ja nicht; er kennt die Wahrheit des Lebens in allen seinen Dimensionen sehr genau, verzerrt sie nur gern ein bißchen und führt die Menschen damit an der Nase herum. *Und so stellt denn jener phantastische Einfall der seriösen modernen Wissenschaft eine groteske Karikatur desjenigen Sachverhalts dar, den man nur mit unvoreingenommenem Denken zu erfassen und als Überzeugung anzunehmen braucht, um zu sehen, wie unter seinem Aspekt das ganze verwirrte Netz von Widersprüchen, Unsinnigkeiten, Ungereimtheiten und Ungerechtigkeiten, in welches das Leben unlösbar verstrickt scheint, sich plötzlich entwirrt und das Ganze mit einem Schlage einen verständlichen, überzeugenden und zu bejahenden Sinn offenbart!* Man wird und kann diesen Sinn niemals finden, solange man ihn auf der falschen Fährte sucht. Auf der Fährte des von Generation zu Generation immerwährend nachgeplapperten Refrains: »Man lebt ja nur einmal in dieser Welt!« Greift man jenes Wunschgebilde der modernen Wissenschaft auf, jene mephistophelische Karikatur einer künstlichen Daseinsausdehnung über das Durchleben nur *einer* bestimmten Zeitspanne, das Miterleben nur *einer* bestimmten Lebens- und Welterfahrung hinaus, so braucht man nur anstelle des Scheintods durch Einfrieren den *wirklichen natürlichen Tod* zu setzen und anstelle der Wiedererweckung durch Auftauen ein *wirkliches, natürliches Wiedergeborenwerden;* und man hat, dieses Geschehen in gewisser rhythmischer Folge wiederholt gedacht, die Vorstellung eines *Entwicklungsganges des Menschenwesens durch wiederholte Erdenleben,* in dessen Lichte das jeweilige einzelne Leben seinen »Sinn« nicht mehr aus sich selbst (immer wieder vergebens) ergrübeln zu lassen braucht, sondern ihn – wahrhaft befreiend – aus einem *buchstäblich »überlebensgroßen«, kosmischen Zusammenhange* empfängt.

Erneuerung des Menschenbildes

Den meisten abendländischen Menschen ist seit langem nicht mehr bekannt, daß die Vorstellung von den wiederholten Erdenleben viel älter ist als die Verengung unseres Weltbildes durch den oberflächlichen Augenschein des »Nur-einmal-Lebens«. (Nach dem Augenschein steht ja auch unsere Erde still und dreht sich die Sonne mitsamt dem ganzen Himmelsgewölbe um sie.) Den alten orientalischen Religionen war die Wiederverkörperungslehre von jeher geläufig. Sie wurde in zweierlei Auffassung überliefert: Nach der einen sollte die individuelle Seele des Menschen sozusagen »als ganze«, ohne irgendwelche Veränderung an und in sich, in einen neuen Leib übergehen (Metempsychose); nach der anderen sollte sie sich im Tode gewissermaßen zersetzen, um sich für das nächste Erdenleben neu zu bilden (Palingenesie). In dieser letzteren Form wurde die Wiederverkörperung von der eigentlichen esoterischen Lehre des Buddhismus verstanden. Arthur Schopenhauer bezeichnete die Palingenesie – welche er mit seiner Lehre vom »metaphysischen Bestande des Willens« durchaus vereinbar fand – geradezu als »über das ganze Menschengeschlecht verbreiteten und den Weisen, wie dem Volke einleuchtenden Glauben«; und er behauptete, erst den jüdisch-christlichen Religionen sei es gelungen, »aus Europa und einem Teile Asiens jenen tröstlichen Urglauben der Menschheit zu verdrängen«. (Mit Recht nannte der unbestechliche Denker es »eine harte Aufgabe«, an die jüdisch-christliche Lehre einer »Schöpfung des Menschen aus dem Nichts« den »Glauben an eine endlose Fortdauer *a parte post* zu knüpfen«.) Trotz der Feindschaft der Kirchen gegen die Wiederverkörperungslehre können sie jedoch nicht verhindern, daß die jüdischen wie die christlichen heiligen Schriften selbst etliche Stellen enthalten, welche unwiderleglich beweisen, daß mindestens zur Zeit ihrer Abfassung die Wiederverkörperung noch ganz selbstverständlich geglaubt wurde. Ohne diese stillschweigende Voraussetzung nämlich hätten jene Stellen überhaupt keinen vernünftigen Sinn. So wird im Talmud erzählt, Abels Seele sei in den Leib der Seth und dann in den des Moses gewandert. Und im Neuen Testament ist an zwei Stellen (Matthäus 16, 13–17, und Lukas 9, 18–19) davon die Rede, daß die »Volksscharen« oder »die Leute« Jesus für den (bereits enthaupteten) Täufer Johannes oder für Elias oder für Jeremias »oder einen anderen Propheten« halten. Matthäus 17, 9–13, und Markus 9, 11–13, deutet Jesus selbst an, Johannes der Täufer sei der wiedergekehrte Elias gewesen. Mit welchen Schwierigkeiten nachmals die Kirche zu kämpfen hatte, um die Lehre vom nur-einmaligen Leben durchzusetzen, geht aus der Tatsache hervor, daß (worauf ebenfalls Schopenhauer hinweist) »die meisten Ketzer, z.B. Simonisten, Basilidianer, Valentinianer, Marcioniten, Gnostiker und Manichäer« ... »eben jenem Urglauben zugetan« waren. Zur Annahme der Wiederverkörperung neigten (laut eindeutigen Äußerungen) immer wieder einzelne hervorragende Denker, wie Giordano Bruno, Gotthold Ephraim Lessing, Georg Christoph Lichtenberg, David * Hume, vor allem Goethe, Novalis, gegen Ende seines Lebens auch Richard Wagner sowie die weniger bekannten Gelehrten Maximilian Droßbach (der 1849 eine Schrift »Wiedergeburt oder die Lösung der Unsterblichkeitsfrage auf empirischem Wege nach den bekannten Naturgesetzen« veröffentlichte) und Gustav Widemann (Verfasser der 1851 erschienenen Publikation »Gedanken über die Unsterblichkeit als Wiederholung des Erdenlebens«). Auch bei vielen anderen Persönlichkeiten neuerer Zeit finden sich Spuren des Wiederverkörperungsglaubens. Wobei bemerkenswert erscheint, daß es doch immerhin in der Hauptsache erlesene Geister waren, die sich solcherweise über die Schranken der akademisch akkreditierten Denkgewohnheiten oder der kirchlichen Dogmen hinwegsetzten; und daß man bei ihnen allen weniger von »Glauben« als von einer *denkerisch erarbeiteten* Mutmaßung, wenn nicht *Überzeugung* sprechen muß. Zugleich beweist diese Neigung zur Wiederverkörperungs-Hypothese, daß bei allen diesen Köpfen (wie natürlicherweise bei den alten wiederverkörperungsgläubigen Religionen) die Annahme einer *metaphysischen Realität*, einer *übersinnlichen Wirklichkeit*, einer *geistigen Welt als Schoß und Urgrund der sinnlich-wahrnehmbaren physischen* sich von selbst verstand. Denn ohne diese Annahme ließe sich ja ein Vorgang Geburt-Tod-Wiedergeburt gar nicht denken. So sehen wir also gerade höchststehende Geister für die ohnehin naheliegende Tatsache zeugen, daß Ablehnung oder Anerkennung eines Denkens über das materialistische Denken hinaus eine Frage der *denkerischen Kraft überhaupt* ist; eine Frage der *geistigen Reichweite.* Wer nicht an einem bestimmten Punkte aufhören will, zu denken, kann nicht dort stehenbleiben, wo die Welt physikalisch, chemisch und mechanisch »erklärt« ist, sondern muß sich eingestehen, daß es nun erst darauf ankommt, die Erklärung für die physischen, chemischen und mechanischen Wirkungskräfte zu suchen, dem *Ursprungsgeheimnis ihres Seins und ihrer Funktionen* nachzuforschen. Denn sie selbst sind nun einmal aus sich selbst nicht erklärbar. Wer einmal *so weit* gedacht hat, kann auch jene materialistischen Träume von physischer Unsterblichkeit nur belächeln (freilich auch fürchten!), deren Urheber nichts von der positiven Bedeutung des Todes ahnen, ohne welchen das Leben der ständigen Verjüngung, der geistigen Erneuerung, der Auffrischung aus seinem Quellgebiet entbehren würde; genau wie im kleineren Rhythmus des jeweiligen Daseins zwischen Geburt und Tod – ohne den Schlaf. Doch dies gehört schon nicht mehr in den historischen Rückblick. Zum Vorausblick allerdings gehört die Erwägung, daß das Selbsterhaltungsstreben der im Materialismus wurzelnden Machtorgane einmal die vielleicht radikalste Prognose Rudolf Steiners (1917 ausgesprochen!) wahrmachen könnte, laut deren man bei weiterer Verhärtung der bestehenden Geistfeindlichkeit eines Tages dazu übergehen werde, mittels eines besonderen Impfstoffes »den Seelen * schon in frühester Jugend auf dem Umwege durch die Leiblichkeit die Hinneigung zur Spiritualität auszutreiben« ...

Im letzten Drittel des 19. Jahrhunderts scheint die Zeit reif gewesen zu sein dafür, daß durch die *Theosophische Bewegung* uraltes orientalisches Geistesgut und damit insbesondere der Wiederverkörperungsgedanke dem allgemeinen Bewußtsein der modernen Menschheit wieder nahegebracht wurde. Von besonderer Bedeutung war es, daß so das Begriffspaar *»Reinkarnation und Karma«* in die Ideenwelt der westlichen Hemisphäre eindringen und hier die Beachtung einer größeren Menge nachdenklicher Menschen auf sich ziehen konnte. Die gedankliche Verbindung der Wiederverkörperung mit dem Verlauf des individuellen Schicksals, über die Todeszäsuren hinweg von Inkarnation zu Inkarnation (»Karma« heißt soviel wie »tun, wirken, schaffen« und meint die Selbstverantwortlichkeit des Einzelmenschen für sein Erleben und Leiden) erbrachte einen entscheidenden Gewinn an Vorstellungsweite und Sinngehalt. Dessenungeachtet mußte sich erweisen, daß wahrer Erkenntnisfortschritt sich niemals allein von Weisheitsgütern vergangener Kulturen und anderer Zonen zu nähren vermag. Zwar ist es töricht, geistige Impulse deswegen nicht annehmen zu wollen, weil sie fremden Erdregionen, fremden physischen und psychischen Klimaten entsprungen sind. Im Gegenteil: es kann dem Erkenntnisstreben nur förderlich sein, den vielen unterschiedlichen Gedankenkräften, Empfindungsweisen und Willensantrieben, aus welchen sich das ideelle Leben der Menschheit durch alle Zeiten und Räume zusammensetzt, immer wieder Gelegenheit zum fruchtbaren Weiterwirken ihrer Wahrheitskeime auf neuem Boden und unter neuer Konstellation zu geben. Aber worauf es dabei entscheidend ankommt, das ist eben: die Verpflanzung besagter Keime in das Erdreich der *verwandelten Gegebenheiten.* Und so konnte es auf die Dauer zu nichts Vernünftigem führen, naiv ein »Zurück zum Orient« zu proklamieren und die altindischen Überlieferungen, Weistümer, Vorstellungen, Bilder und Begriffe einfach den abendländischen Menschen des ausgehenden zweiten nachchristlichen Jahrtausends aufzutischen, als sei inzwischen nichts geschehen. Als wäre es möglich, das inzwischen Geschehene zu ignorieren und weder von zweitausend Jahren Christentum noch von den modernen Wissenschaften und ihrem umwälzenden Einfluß auf das Weltbild, die Denkweise, die Lebensauffassung und Daseinsgestaltung Notiz zu nehmen. Als käme irgendein geistiges Anliegen heute noch darum herum, sich mit eben diesem modernen Weltbild, dieser modernen Denkweise, dieser modernen Lebensauffassung und Daseinsgestaltung auseinanderzusetzen; und zwar »hart auf hart«, im intellektuellen Streit der Argumente. Um jene ehrwürdigen Geistesvermächtnisse des alten Ostens für den neuen Westen und damit für die moderne Welt wirklich fruchtbar zu machen, mußten ihre wesentlichen Aussageinhalte, aller zeit- und ortsbedingten Zufälligkeiten entkleidet, dem neuzeitlichen Denken zugeleitet werden: als Anregung und Ermunterung, vergessene und verschüttete Wege der Erkenntnis wieder aufzufinden, freizulegen und einzuschlagen. Wege, deren mehr oder minder deutliche Spuren ja, wie gesagt, auch im europäischen Gedankenleben sichtbar geblieben und immer wieder einmal verfolgt worden waren. Diese Spuren galt es aufzunehmen und in der Richtung, die sie wiesen, fortzuschreiten. Der dies im Aufgange unseres Jahrhunderts leistete und damit eine von dogmenfreier Religiosität durchwärmte, philosophisch tragfest untermauerte, vor der modernen Wissenschaft vertretbare neue Art der Geistesforschung begründete, war Rudolf Steiner. In seiner *Anthroposophie* (die Bezeichnung hat Steiner von dem * Philosophen Robert Zimmermann und anderen übernommen) vereinigten sich die Impulse der bedeutsamsten Strömungen, welche jemals das Bewußtsein eines geistigen Ewigkeitsgrundes der Weltwirklichkeit, der Beheimatung des Menschen darin, der »Unzerstörbarkeit unseres wahren Wesens durch den Tod« (Schopenhauer) wach erhalten und durch alle Wandlungen der Geschichte getragen hatten. Doch ist das freilich nicht dahin mißzuverstehen, daß ein kunterbuntes Sammelsurium eklektischer Lesefrüchte den Inhalt dieser »Weisheit vom Menschen« gebildet hätte. Vielmehr lag der Akzent auf dem *impulsierenden Einfluß* jener Strömungen, während deren ursprüngliche Vorstellungs-, Denk- und Lehrsubstanz bei Steiner ihre Einschmelzung in ein *völlig eigenständiges, zugleich höchstpersönliches und weltumspannendes, auf unvergleichliche Weise lückenlos geschlossenes Gedankensystem* erfuhr. Das gilt insbesondere von der theosophischen Tradition, durch welche Rudolf Steiner wohl hindurchging, die indessen keine wichtigere Rolle für ihn spielte als die einer anfangs erwünschten Bestätigung *eigener* Ergebnisse, sodann aber auch gerade einer standortklärenden, endlich entschieden distanzierenden geistigen Erfahrung. Das gilt ähnlich von den durch kritisches Denken gefilterten Zuflüssen aus christlichen Quellen, wie der Gnosis oder der Mystik des Mittelalters. Es gilt nicht minder von den unterschiedlichen Spielarten des »Okkultismus«, mit dem es jederlei ernst gemeinte Esoterik zu tun hat, denke man an die Geheimkulte alter Mysterienstätten oder an das christliche Jenseitstableau mit seiner Stufenpyramide himmlischer Hierarchien. Der Wiederbelebung, Fortsetzung und Mehrung des ertragfähigen Ideenerbes aus den Philosophien der Fichte, Schelling und Hegel sowie der tiefen Einfühlung in *Goethes Naturanschauung*, zumal der Metamorphosenlehre, verdankte Steiner das Grundmaterial für den notwendigen *erkenntnistheoretischen Unterbau* seines anthroposophischen Weltbildes. Dieses selbst jedoch erschloß sich ihm, unabhängig von der Verarbeitung und Umwandlung aller genannten Anregungselemente und Vergangenheitsvorleistungen, aus der ihm angeborenen, systematisch entwickelten Gabe *unmittelbarer intuitiver Schau, unter der Kontrolle eines wissenschaftlich geschulten Denkens von außergewöhnlicher Energie.*

* Nach Rudolf Steiners Weltdeutung, die den unsinnigen Dualismus von »Diesseits« und »Jenseits« als geschöpflicher Welt und Schöpferwelt endgültig aufhob und den Menschen auch als geistgezeugtes Wesen in den großen Zusammenhang eines wahrhaft lebendigen, weil in stetiger Wandlung, in beständigem Werden begriffenen Kosmos rückte – nach dieser Weltdeutung ist der Mensch nicht mehr (wie die materialistisch-mechanistische Auffassung will) ein sinnloses Produkt der Materie (dessen intellektuelle und moralische Beschaffenheit logischerweise völlig gleichgültig wäre), für nichts und wieder nichts von der Natur hervorgebracht, nur um von ihr selbst wieder verschlungen und verdaut zu werden. Er ist auch nicht mehr (wie logischerweise nach kirchenchristlicher Darstellung) ein wehrloser Spielball in der Hand Gottes ohne echte Entscheidungsfreiheit, da ja mit allem andern auch die Art und das Maß seiner Kräfte ihm »von Gott verliehen«, also von vorneherein festgelegt ist. Er ist vielmehr ein Geistesgeschöpf, das, von Gottes, d.h. Geistes Gnaden nun aber wirklich und wahrhaftig *auf eigene Füße* gestellt, mit Gewinnen und Verlusten, Verdiensten und Schulden, Fortschritten und Rückfällen von Erdenleben zu Erdenleben schreitend, sich immer freier zu entfalten und zu entwickeln vermag, keinem undurchschaubaren Verhängnis unterworfen, keinem vorherbestimmten Ziele willenlos verpflichtet; sondern tatsächlich *Herr seines Schicksals,* welches ihn ebensogut nach »oben« wie nach »unten« führen kann; aufwärts: auf dem Wege humaner Individualität zu immer menschlicherer spiritueller Weltoffenheit; abwärts: auf dem Wege animalischer Kollektivität in immer unmenschlichere materielle Verhärtung. Diese Freiheit aber bedarf zu ihrer allmählichen vollen Verwirklichung und zur Erfüllung ihres evolutionären Sinnes eines weitaus längeren Weges und weitaus vielfältigerer Chancen, als in dem erbärmlich engen Zeitraum eines einzigen, einmaligen Lebens jemals Platz finden könnten.

Es ist hier nicht der Ort, den geistigen Werdegang Steiners * biographisch nachzuzeichnen und das Wesen jener »intuitiven * Schau« genauer zu erklären, welche, aus der natürlichen Denkkraft entwickelt und von ihr kontrolliert, mit den Prinzipien moderner Wissenschaftlichkeit durchaus vereinbar ist und deren Erkenntnisfrüchte den unbezweifelbaren Resultaten naturwissenschaftlicher Forschung in keinem Falle widersprechen. (Daß sich hingegen Widersprüche zwischen Steiners Einsichten und unbewiesenen naturwissenschaftlichen *Hypothesen* ergeben können, dafür bietet ein lehrreiches Beispiel die Tatsache, daß Steiner oft und oft über das »Atom« als kleinstes Bauelement der Materie gespottet hat – lange bevor die Wissenschaft zur Atomspaltung kam und damit die tatsächliche weitere Teilbarkeit des »Unteilbaren« – dies die wörtliche Bedeutung von »Atom« – bestätigte. Heute sind die modernen Disziplinen der naturwissenschaftlichen Forschung so weit vorgedrungen, daß sie eigentlich Steiners Behauptung, es gebe überhaupt keine »kleinste Materie«, sondern nur allerfeinste Übergänge aus der geistigen in die materielle Wirklichkeit, akzeptieren müßten, stände dem nicht die grundsätzliche Geistblindheit des materialistischen Denkens entgegen.) Nicht in den Zusammenhang dieses Buches gehörig und für die Durchführung seines Themas nicht unbedingt nötig ist auch eine nähere Erklärung des – wenn der Ausdruck erlaubt ist – »technischen« Vorgangs von Geborenwerden, Sterben und Wiedergeborenwerden * sowie der Einverwebung des karmischen Schicksalsfadens in diesen Vorgang und des scheinbaren Widerspruchs zwischen Reinkarnation und Bevölkerungszuwachs. Den einschlägigen Schriften Rudolf Steiners sind die ausführlichsten Auskünfte darüber zu entnehmen. Hier mögen die gegebenen knappen Hinweise und Andeutungen genügen, um dem verständniswilligen Leser, der bis hierher folgte, die *Wiederverkörperung und die damit verbundene Sinnerfülltheit des menschlichen Schicksals wie der menschlichen Entwicklung* als eine Vorstellung einleuchtend zu machen, die wie gar keine andere unseren Zeitgenossen wirksame Antriebe zu einer *fundamentalen Umorientierung der gesamten Lebensauffassung* und dadurch zur Überwindung aller Daseinsangst und Zukunftsbeklemmung mitsamt deren faktischer Ursachen mitzuteilen vermag.

Nichts dürfte leichter einzusehen sein, als daß ein ungeheurer

Unterschied bestehen muß zwischen den Verhaltensweisen, welche die Voraussetzung des nur einmaligen Lebens nahelegt, und denen, welche der Wiederverkörperungsgedanke mit der Vorstellung einer ursächlich verknüpften Schicksalskette von einem Erdenleben zum anderen anempfiehlt. * »... es wird eine ganz außerordentliche Umgestaltung des Lebens vor sich gehen, wenn nicht nur in einigen Köpfen, wie es heute noch vielfach der Fall ist, als Theorie lebt, daß es Reinkarnation und Karma gibt«, sagt Steiner, nachdem er vorher darauf hingedeutet hat, daß einmal »die Fundamental-Ideen der anthroposophischen Weltanschauung in das Gemütsleben und in die Gesinnung der Menschen« übergehen und als *»moralische Impulse«* auftreten werden, »von denen die Menschen in den abgelaufenen Zeiten im Grunde genommen gar keine Ahnung hatten«. Als vielleicht wichtigster, jedenfalls für die heutige Weltsituation entscheidendster solcher moralischen Impulse wird sich ein *Verantwortungsbewußtsein von ungeahnter Stärke* einstellen. Materialistischem Denken läßt sich dieses *Kausalverhältnis zwischen Erkenntnis und Sittlichkeit* wohl am einfachsten plausibel machen mittels des egoistischen Arguments: daß die Wiederverkörperung den Menschen ja in die Lage bringt, die Welt von morgen, wie er sie heute gestaltet, selbst wiederum als seinen Lebensraum hinnehmen zu müssen, anstatt daß irgendwelche unbestimmte spätere Generationen, mit deren Los er gar nichts mehr zu tun hätte, die Suppe auslöffeln müßten, die er angerührt hat! Nach derselben Logik, nach welcher das nur einmalige und darum folgenlose Leben keinen zwingenden Grund hergibt, sich den Kopf darüber zu zerbrechen, wie das, was wir heute tun, sich für die morgen Lebenden auswirken wird, gibt der Gedanke der schicksalverknüpften Wiederverkörperungen Grund genug her, bei keiner Handlung und keiner Unterlassung zu vergessen, was wir uns selbst damit für die Zukunft bereiten. Das ist, wie gesagt, der egoistische Aspekt. Der idealistische ergibt sich aus der Tatsache, daß die Selbstbesinnung des Menschen auf seinen dem Reinkarnationsgesetz unterworfenen, geistig-seelischen Wesenskern ihn überhaupt wieder in engere Berührung mit jener übersinnlichen Wirklichkeit bringt, in welcher auch die moralischen Impulse ihren eigentlichen Ursprung haben.

Überlegungen wie diese lassen begreifen, welche einzigartige Bedeutung der Persönlichkeit, der Lehre und dem Wirken Rudolf Steiners inmitten der heutigen Weltlage und im Hinblick auf die künftige zukommt. Natürlicherweise wird man freilich dabei zu fragen haben: *ob und in welcher Weise die anthroposophischen Einsichten für die gewöhnliche, alltägliche Lebenspraxis des einzelnen Menschen wie der menschlichen Gesellschaft fruchtbar und wirksam gemacht werden können?* Die Beantwortung dieser Frage braucht uns um so weniger in Verlegenheit zu bringen, als Steiner selbst sie schon in großen Zügen unternommen hat. Zeugnisse dessen sind seine theoretischen Ausführungen, Anregungen und Willenskundgebungen sowie seine faktischen Leistungen und praktischen Gründungen auf den Gebieten der Erziehung, der Sozialwissenschaft, der Medizin, der Ökonomie, der Kunst, der Religionspflege usw. *Rudolf Steiner als Lebenspraktiker* steht daher, dem thematischen Zusammenhange dieses Buches gemäß, im Mittelpunkt der vorliegenden Betrachtungen. Er soll im Folgenden das führende Wort haben. Und zwar wird in den Proben und Auszügen aus seinem publizistischen Werke (Schriften und Vorträgen) jene Thematik den Vorrang haben, welche in sich die fundamentalen Probleme begreift, die es zu erfassen und aufs ernsteste zu durchdenken gilt, um der derzeitigen Verfahrenheit aller menschlichen Angelegenheiten womöglich in letzter Minute zu steuern und der Menschheit die Chance eines Entrinnens aus der desperaten Weltsituation zu bieten. Einer Situation, die wohl einmal mehr scharf genug dadurch gekennzeichnet ist, daß sogar ein Mann der modernen Wissenschaft, ein Mediziner – mit Hinblick auf die psychologischen, pharmakologischen und elektronischen Möglichkeiten der Menschenmanipulation –, sich zu der Feststellung getrieben fühlen konnte: einer solchen Entmenschlichung des Menschen, wie sie sich in diesen Möglichkeiten ankündige, sei die *Vernichtung* * des Menschengeschlechts, wie sie als andere Möglichkeit durch die Existenz der Atombombe in unsere Wahl gestellt ist, vorzuziehen …

Was ermöglicht einen Wandel der Wirklichkeit?

NUR ANDERE MENSCHEN KÖNNEN ANDERE VERHÄLTNISSE SCHAFFEN

Es versteht sich von selbst, daß ein »neues Menschenbild«, soll es aus der Gedankenwelt in die greifbare Wirklichkeit treten, soll es für eine Neuorientierung des menschlichen Lebens wirksam werden und in ihm Gestalt gewinnen, vor allem zweierlei Ansatzpunkte innerhalb eben dieser Lebenswirklichkeit haben muß: in der *Erziehung* und in der *Gesellschaftsordnung*. Diese beiden sind aber aufs engste miteinander verflochten; denn natürlicherweise hängt nicht nur die Form, sondern auch der Sinngehalt und damit die Haltbarkeit jeder Ordnung von der Beschaffenheit der Einzelmenschen ab, wie sie aus den Impulsen der Kindheits- und Jugendjahre hervorgegangen ist. Deshalb bildet den Schwerpunkt von Rudolf Steiners Einflußnahme auf die Lebenspraxis einerseits seine *Pädagogik*, andererseits sein *Sozialkonzept*. Die eine wie das andere sind für eine mögliche Bewahrung des eigentlichen Menschentums, für die Rettung der menschlichen Freiheit und Würde aus der tödlichen Gefährdung durch die in den vorstehenden Kapiteln geschilderten Entmenschlichungsbestrebungen von allergrößtem Gewicht, da sie die dabei zur Erörterung stehenden Fragen an ihren tiefsten Wurzeln packen. Daß schlechthin alles, was Rudolf Steiner zu sagen hat, den heutigen Tendenzen, Theorien und Praktiken so diametral entgegengesetzt ist, wie eben eine Weltansicht, die vom Geistigen als dem Primären ausgeht, entgegengesetzt sein muß einer Weltansicht, die vom Stofflichen als dem Primären ausgeht; oder eine Interpretation des Menschenwesens, die seine edelsten und höchsten Möglichkeiten im Auge hat, einer solchen, die es den eigensüchtigen Zwecken unkontrollierbarer Vergewaltigungsmächte zu unterwerfen trachtet, wird niemanden wundernehmen dürfen.

Um einem begreiflichen Mißtrauen zu begegnen, das sich an die Frage knüpfen könnte, aus welcher Kompetenz eigentlich der »Geistesforscher« Steiner sich berechtigt gefühlt habe, in die zeitüblichen immerwährenden pädagogischen und sozialreformerischen Experimente zahlreicher »berufener« Experten hineinzureden, sei immerhin festgestellt, daß es sich bei ihm keineswegs um einen fachlich Unbefugten handelt. Wenn auch die erkenntnistheoretisch begründete Geistesforschung auf der Grundlage eines von Natur veranlagten und methodisch entwickelten »schauenden Bewußtseins« eigentliche Quelle alles seines Meinens und Tuns war, so stützte er sich bei seinen Eingriffen in die sogenannte Lebenswirklichkeit nicht weniger auf ein umfassendes naturwissenschaftliches*, mathematisches, philosophisches, kulturhistorisches und realgeschichtliches Wissen sowie auf vieljährige praktische Erfahrungen als Privatlehrer, Erzieher und Dozent an der Berliner Arbeiter-Bildungsschule. Diese letztgenannte Tätigkeit insbesondere erbrachte ihm die gründlichste Kenntnis der bedrängenden geistigen wie sozialen Zeit- und Zukunftsproblematik. Man darf aber behaupten, daß gerade Steiners Standort oberhalb aller divergierenden und konkurrierenden Interessen, oberhalb aller Parteilichkeit, oberhalb des Wirrwarrs engagierter Tagesmeinungen es war, der ihn befähigte, die Tatsachen und ihre inneren Zusammenhänge klarer und schärfer zu durchschauen, als es den vermeintlich »Sachverständigen« bei ihrer Verliebtheit in modische Theoreme und akademisch beglaubigte Denkmodelle jemals gegeben sein wird. Ihnen soll die Wirklichkeit immer nur Beweise für die Vortrefflichkeit ihrer Hypothesen liefern (daher z.B. so richtigen Psychoanalytikern die Analyse weit* wichtiger ist als die Psyche, an welche sie, bei Licht besehen, gar nicht glauben ...). Dem Pädagogen und Sozialreformer Rudolf Steiner hingegen ging es niemals um etwas anderes als um den wohlverstandenen Lebensanspruch des Menschen, um die Entfaltung seiner individuellen Möglichkeiten und um seine generelle Höherentwicklung im Sinne jener Goetheschen »Pflanzschule für eine Welt von Geistern«.

Noch bleibt auf eines hinzuweisen, was sich dem Leser als Zweifelsfrage aufdrängen dürfte:

Wo überall Steiner seine Anthroposophie zu der zeitbeherrschenden Wissenschaft, ihrer Gesinnung, ihrer Methodik, ihren Leistungen, ihren Ergebnissen in Gegensatz stellt oder in Beziehung setzt – und er tut das fast nie, ohne deren volle Berechtigung innerhalb ihres Zuständigkeitsbereichs

anzuerkennen und ihnen insoweit alle gebührende Hochachtung zu erweisen –, stehen natürlich die völlig neuartigen Erkenntnisse noch außer Betracht, welche von der rapid fortgeschrittenen Forschung erst während der letzten Jahrzehnte gefunden wurden und teilweise das Vorstellungsbild der physischen Welt von Grund auf veränderten. Allein diese Veränderung des Vorstellungsbildes berührt weder das Wesen jener modernen Wissenschaftlichkeit noch das Verhältnis der anthroposophischen Geisteswissenschaft zu ihr und ihren Erkenntnisfrüchten: Nach wie vor sind die Behauptungen der Geistesforschung keineswegs unvereinbar mit den Feststellungen der Naturforschung; sie widersprechen – ihrerseits
* unwiderleglich – lediglich den willkürlichen weltanschaulichen Folgerungen, welche der materialistische Zeitgeist aus jenen Feststellungen ziehen zu müssen glaubt. Das Spannungsverhältnis ist somit geblieben, es hat sich nur noch weiter – von seiten der Materialisten bis zum wütendsten Haß auf alles Ernstnehmen der Geistigkeit – verschärft. Und dieses Spannungsverhältnis besteht nicht allein in der Region des Denkens, sondern vor allem auch auf dem Felde der praktischen Lebensgestaltung. Deren schließlich erreichte totale Fragwürdigkeit erhärtet die unverminderte Gültigkeit des Resümees:

* »Die Menschheit wird sich eben dazu bekennen müssen, vieles von dem, was sie heute für praktisch hält, in das Gebiet der Lebens-Illusionen zu verweisen; und vieles, was ihr idealistisch-unpraktisch dünkt, gerade als das Wirklichkeitsgemäße anzusehen. Auf dem Gebiete der Erziehungs- und Unterrichtskunst wird ein solcher Anschauungsunterricht ganz besonders nötig sein. Die großen Fragen des Menschheits-Lebens führen nun einmal in die Kinder- und Schulstube.«

Damit endlich genug der Vorbereitung! Ein Aufsatz, in welchem die menschenkundlichen Voraussetzungen und die daraus abgeleiteten Grundzüge der Steinerschen Pädagogik dargelegt werden, eröffne die Reihe der Originaltexte und Exzerpte.

Rudolf Steiner: Die Erziehung des Kindes vom Gesichtspunkt der Geisteswissenschaft *

Das gegenwärtige Leben stellt mancherlei in Frage, was der Mensch von seinen Vorfahren ererbt hat. Deshalb zeitigt es so viele »Zeitfragen« und »Zeitforderungen«. Was für »Fragen« durchschwirren doch heute die Welt: die soziale Frage, die Frauenfrage, die Erziehungs- und Schulfragen, die Rechtsfragen, die Gesundheitsfragen und so weiter. Mit den mannigfaltigsten Mitteln sucht man diesen Fragen beizukommen. Die Zahl derer, welche mit diesem oder jenem Rezepte auftauchen, um diese oder jene Frage zu »lösen« oder wenigstens etwas zu ihrer Lösung beizutragen, ist eine unermeßlich große. Und alle möglichen Schattierungen in der menschlichen Stimmung machen sich dabei geltend: der Radikalismus, der sich revolutionär gebärdet, die gemäßigte Stimmung, welche, mit Achtung des Bestehenden, ein Neues daraus entwickeln möchte, und der Konservatismus, der sogleich in Aufregung gerät, wenn irgend etwas von alten Einrichtungen und Traditionen angetastet wird. Und neben diesen Hauptstimmungen treten alle möglichen Zwischenstufen auf.

Wer einen tieferen Blick ins Leben zu werfen vermag, der wird sich allen diesen Erscheinungen gegenüber eines Gefühls nicht erwehren können. Es besteht darinnen, daß unsere Zeit den Anforderungen, welche an die Menschen gestellt werden, vielfach mit unzulänglichen Mitteln gegenübertritt. Viele möchten das Leben reformieren, ohne es in seinen Grundlagen wirklich zu kennen. Wer Vorschläge machen will, wie etwas in der Zukunft geschehen soll, der darf sich nicht damit begnügen, das Leben nur an seiner Oberfläche kennenzulernen. Er muß es in seinen Tiefen erforschen.

Das ganze Leben ist wie eine Pflanze, welche nicht nur das enthält, was sie dem Auge darbietet, sondern auch noch einen Zukunftszustand in ihren verborgenen Tiefen birgt. Wer eine Pflanze vor sich hat, die erst Blätter trägt, der weiß ganz gut, daß nach einiger Zeit an dem blättertragenden Stamm auch Blüten und Früchte sein werden. Und im verborgenen enthält schon jetzt diese Pflanze die Anlagen zu diesen Blüten und Früchten. Wie aber soll jemand sagen können, wie diese Organe aussehen werden, der nur das an der Pflanze erforschen wollte, was sie gegenwärtig dem Auge darbietet. Nur der kann es, der sich mit dem Wesen der Pflanze bekannt gemacht hat.

Auch das ganze menschliche Leben enthält die Anlagen seiner Zukunft in sich. Um aber über diese Zukunft etwas sagen zu können, muß man in die verborgene Natur des Menschen eindringen. Unsere Zeit hat aber dazu keine rechte Neigung. Sie beschäftigt sich mit dem, was an der Oberfläche erscheint, und glaubt ins Unsichere zu kommen, wenn sie zu demjenigen vordringen soll, das sich der äußeren Beobachtung entzieht. Bei der Pflanze ist die Sache allerdings wesentlich einfacher. Der Mensch weiß, daß ihresgleichen soundso oft Früchte getragen haben. Das Menschenleben ist nur einmal vorhanden; und die Blüten, welche es in der Zukunft tragen soll, waren noch nicht da. Dessenungeachtet sind sie im Menschen ebenso als Anlagen vorhanden wie die Blüten in einer gegenwärtig blättertragenden Pflanze.

Und es gibt eine Möglichkeit, über diese Zukunft etwas zu sagen, wenn man unter die Oberfläche der Menschennatur bis zu ihrem Wesen vordringt. Die verschiedenen Reformideen der Gegenwart können erst wirklich fruchtbar und praktisch werden, wenn sie aus einer solchen tiefen Erforschung des Menschenlebens heraus gemacht werden.

Die Aufgabe, eine das Wesen des Menschenlebens umfassende praktische Weltauffassung zu geben, muß ihrer ganzen Anlage nach die Geisteswissenschaft haben. Ob das, was heute vielfach so genannt ist, berechtigt ist, einen solchen Anspruch zu erheben, darauf kommt es nicht an. Es handelt sich vielmehr um das Wesen der Geisteswissenschaft und darum, was sie diesem Wesen nach sein *kann*. Nicht eine graue Theorie soll sie sein, welche der bloßen Erkenntnisneugierde entgegenkommt, und auch nicht ein Mittel für einige Menschen, welche aus Selbstsucht für *sich* eine höhere Stufe der Entwicklung haben möchten. Sie kann sein ein Mitarbeiter an den wichtigsten Aufgaben der gegenwärtigen Menschheit, an der Entwicklung zu deren Wohlfahrt.[1] Sie wird allerdings damit rechnen müssen, mancherlei Anfechtungen und Zweifel zu erfahren, wenn sie sich gerade eine solche Mission zuerkennt. Radikale und Gemäßigte sowie Konservative auf allen Gebieten des Lebens werden ihr solche Zweifel entgegenbringen müssen. Denn sie wird es zunächst keiner Partei recht machen können, weil ihre Voraussetzungen weit jenseits alles Parteigetriebes liegen.

Diese Voraussetzungen wurzeln nämlich einzig und allein in der wahren Lebenserkenntnis. Wer das Leben erkennt, der wird nur aus dem Leben selbst sich seine Aufgaben stellen können. Er wird keine Willkürprogramme aufstellen; denn er weiß, daß in der Zukunft keine anderen Grundgesetze des Lebens herrschen werden als in der Gegenwart. Der Geistesforschung wird daher notwendigerweise die Achtung vor dem Bestehenden zukommen. Mag sie in demselben

[1] Dieser Satz sollte nicht so gedacht werden, als ob die Geisteswissenschaft nur mit den umfassenden Fragen des Lebens zu tun haben wollte. So wahr es ist, daß sie im Sinne des oben Ausgeführten berufen ist, die Grundlagen zu liefern für Lösungsversuche *dieser* Fragen, so wahr ist es auch, daß sie für *jeden einzelnen*, an welcher Stelle im Leben er stehen mag, die Quelle sein kann, aus der er Antwort auf die alltäglichsten Lebensfragen, Trost, Kraft, Zuversicht im Dasein und Arbeiten zu schöpfen vermag. Sie kann sein die Stütze für die großen Lebensrätsel, aber ebenso für die unmittelbarsten Bedürfnisse des Augenblicks, auch in den – scheinbar – untergeordnetsten Lagen des Tageslebens.

noch soviel Verbesserungsbedürftiges finden, sie wird nicht ermangeln, in diesem Bestehenden selbst die Keime der Zukunft zu sehen. Aber sie weiß auch, daß in allem Werden ein Wachsen und eine Entwicklung ist. Deshalb werden ihr in dem Gegenwärtigen die Keime zu einer Umwandlung, zu einem Wachstum erscheinen. Sie *erfindet* keine Programme, sie liest sie ab aus dem, was ist. Aber was sie so liest, wird in gewissem Sinne selbst Programm, denn es trägt eben die Natur der Entwicklung in sich.

Gerade deshalb muß die geisteswissenschaftliche Vertiefung in das Wesen des Menschen die fruchtbarsten und am meisten praktischen Mittel liefern bei der Lösung der wichtigsten Lebensfragen der Gegenwart.

Hier soll dies für eine Frage gezeigt werden, für die *Erziehungsfrage*. Nicht Forderungen und Programme sollen aufgestellt, sondern die *Kindernatur* soll einfach beschrieben werden. Aus dem Wesen des werdenden Menschen heraus werden sich wie von selbst die Gesichtspunkte für die Erziehung ergeben.

Will man dieses Wesen des *werdenden* Menschen erkennen, so muß man ausgehen von einer Betrachtung der *verborgenen* Natur des Menschen überhaupt.

Das, was die Sinnesbeobachtung am Menschen kennenlernt und was die materialistische Lebensauffassung als das Einzige im Wesen des Menschen gelten lassen will, ist für die geistige Erforschung nur ein Teil, ein Glied der Menschennatur, nämlich sein *physischer Leib*. Dieser physische Leib unterliegt denselben Gesetzen des physischen Lebens, er setzt sich aus denselben Stoffen und Kräften zusammen wie die ganze übrige sogenannte leblose Welt. Die Geisteswissenschaft sagt daher: der Mensch habe diesen physischen Leib mit dem ganzen Mineralreich gemeinsam. Und sie bezeichnet am Menschen nur als physischen Leib, was dieselben Stoffe nach denselben Gesetzen zur Mischung, Verbindung, Gestaltung und Auflösung bringt, die auch in der mineralischen Welt als Stoffe nach eben diesen Gesetzen wirken.

Über diesen physischen Leib hinaus erkennt nun die Geisteswissenschaft noch eine zweite Wesenheit im Menschen an: den Lebensleib oder Ätherleib. Der Physiker möge sich an die Bezeichnung ›Ätherleib‹ nicht stoßen. ›Äther‹ bezeichnet hier etwas anderes als den hypothetischen Äther der Physik. Man nehme die Sache einfach als Bezeichnung für das hin, was in dem Folgenden beschrieben werden soll.

Es ist vor einiger Zeit als ein im höchsten Sinne unwissenschaftliches Beginnen aufgefaßt worden, von einem solchen ›Ätherleib‹ zu sprechen. Am Ende des achtzehnten und in der ersten Hälfte des neunzehnten Jahrhunderts war es allerdings nicht ›unwissenschaftlich‹. Da sagte man sich, die Stoffe und Kräfte, die in einem Mineral wirken, können aus sich selbst heraus nicht dieses zum Lebewesen gestalten. Diesem müsse noch eine besondere ›Kraft‹ innewohnen, die man als ›Lebenskraft‹ bezeichnete. Man stellte sich etwa vor, daß in einer Pflanze, in dem Tier, im Menschenleibe eine solche Kraft wirke und die Lebenserscheinungen hervorbringe, wie die magnetische Kraft in dem Magneten die Anziehung bewirkt. In der nachfolgenden Zeit des Materialismus ist eine solche Vorstellung beseitigt worden. Man sagte da, ein lebendiges Wesen baue sich in derselben Art auf wie ein sogenanntes lebloses; es herrschen im Organismus keine anderen Kräfte als im Mineral; sie wirken nur komplizierter; sie bauen ein zusammengesetztes Gebilde auf. Gegenwärtig halten nur noch die starrsten Materialisten an dieser Ableugnung der ›Lebenskraft‹ fest. Einer Reihe von Naturdenkern haben die Tatsachen gelehrt, daß man doch so etwas annehmen müsse wie Lebenskraft oder Lebensprinzip.

So kommt auf diese Art die neuere Wissenschaft in einem gewissen Sinne dem nahe, was die Geisteswissenschaft in bezug auf den Lebensleib sagt. Doch ist ein erheblicher Unterschied zwischen beiden. Die gegenwärtige Wissenschaft kommt aus den Tatsachen der sinnlichen Wahrnehmung durch Verstandeserwägungen zu der Annahme einer Art Lebenskraft. Dies ist aber nicht der Weg einer wirklichen Erforschung, von welcher die Geisteswissenschaft ausgeht und aus deren Ergebnissen die letztere ihre Mitteilungen macht. – Es kann nicht oft genug darauf hingewiesen werden, wie sich in diesem Punkte die Geisteswissenschaft unterscheidet von der landläufigen Wissenschaft der Gegenwart. Diese betrachtet die Sinneserfahrung als die Grundlage alles Wissens, und was nicht auf dieser Grundlage aufgebaut werden kann, hält sie nicht für wißbar. Sie zieht aus den Eindrücken der Sinne Schlüsse und Folgerungen. Was aber darüber hinausgeht, das lehnt sie ab und sagt davon, es liegt jenseits der Grenzen des menschlichen Erkennens. Für die Geisteswissenschaft gleicht eine solche Ansicht derjenigen eines Blinden, der nur dasjenige gelten lassen will, was man tasten kann und was aus dem Getasteten durch Schlußfolgerung sich ergibt, und der die Aussagen der Sehenden als jenseits des menschlichen Erkenntnisvermögens ablehnt. Denn die Geisteswissenschaft zeigt, daß der Mensch entwicklungsfähig ist, daß er sich neue Welten durch Entfaltung neuer Organe erobern kann. Wie Farben und Licht um den Blinden herum sind und dieser sie nur nicht wahrnehmen kann, weil er keine Organe dazu hat, so erklärt die Geisteswissenschaft: Es gibt viele Welten um den Menschen herum, und dieser kann sie wahrnehmen, wenn er nur die notwendigen Organe dazu ausbildet. Wie der Blinde in eine neue Welt blickt, sobald er operiert ist, so kann der Mensch durch Entfaltung höherer Organe noch ganz andere Welten erkennen, als diejenigen sind, die ihn zunächst die gewöhnlichen Sinne wahrnehmen lassen. Ob nun ein leiblich Blinder operierbar ist oder nicht, das hängt von der Beschaffenheit seiner Organe ab; jene höheren Organe aber, durch welche der Mensch in übergeordnete Welten eindringen kann, sind im Keime bei jedem Menschen vorhanden. Jeder kann sie entwickeln, der Geduld, Ausdauer und Energie dazu hat, jene Methoden auf sich anzuwenden, welche in dem Buche »Wie erlangt man Erkenntnisse der höheren Welten?« beschrieben worden sind. So spricht die Geisteswissenschaft überhaupt nicht: der Mensch habe durch seine Organisation Grenzen der Erkenntnis; sondern sie sagt: Es gibt für den Menschen diejenigen Welten, für die er Wahrnehmungsorgane hat. Sie spricht nur von den Mitteln, die jeweiligen Grenzen zu erweitern. – So stellt sie sich auch zu der Erforschung des Lebens- und Ätherleibes und alles dessen, was in dem Folgenden noch als die höheren Glieder der Menschennatur angegeben wird. Sie gibt zu, daß der Erforschung der leiblichen Sinne nur der physische Leib zugänglich sein kann und daß man von ihrem Gesichtspunkte aus höchstens durch Schlußfolgerungen auf einen höheren verfallen kann. Aber sie teilt mit, wie man sich eine Welt erschließen kann, in welcher diese höheren Glieder der menschlichen Natur vor dem Beobachter in ähnlicher Art auftauchen wie vor dem operierten Blindgeborenen die Farben und das Licht der Gegenstände. Für diejenigen, welche ihre höheren Wahrnehmungsorgane entwickelt haben, ist der Äther- oder Lebensleib ein Gegenstand der Beobachtung; nicht bloß der Verstandestätigkeit und Schlußfolgerung.

Diesen Äther- oder Lebensleib hat der Mensch mit den Pflanzen und Tieren gemeinsam. Er bewirkt, daß die Stoffe und Kräfte des physischen Leibes sich zu den Erscheinungen des Wachstums, der Fortpflanzung, der inneren Bewegung der Säfte und so weiter gestalten. Er ist also der Erbauer und Bildner des physischen Leibes, dessen Bewohner und Architekt. Man kann daher auch den physischen Leib ein Abbild oder einen Ausdruck dieses Lebensleibes nennen. – Das dritte Glied der menschlichen Wesenheit ist der sogenannte Empfindungs- oder Astralleib. Er ist der Träger von Schmerz und Lust, von Trieb, Begierde und Leidenschaft und so weiter. Alles dies hat ein Wesen nicht, welches bloß aus physischem Leib und Ätherleib besteht. Man kann alles das Genannte zusammenfassen unter dem Ausdrucke: Empfindung. Die Pflanze hat nicht Empfindung. Wenn in unserer Zeit mancher Gelehrte aus der Tatsache, daß manche Pflanzen auf Reize mit Bewegungen oder in anderer Art antworten, schließt: die Pflanzen haben ein gewisses Empfindungsvermögen, so zeigt er damit bloß, daß er das Wesen der Empfindung nicht kennt. Es kommt dabei nämlich nicht darauf an, daß das betreffende Wesen eine Antwort gibt auf einen äußeren Reiz, sondern vielmehr darauf, daß der Reiz sich durch einen *inneren* Vorgang, wie Lust oder Schmerz, Trieb, Begierde und so weiter, abspiegelt. Hielte man dies nicht fest, so wäre man auch berechtigt zu sagen, daß blaues Lackmuspapier eine Empfindung habe von gewissen Substanzen, weil es sich beim Berühren mit denselben rötet.[2]

Den Empfindungsleib hat der Mensch nur noch mit der Tierwelt gemeinsam. Er ist also der Träger des Empfindungslebens.

Man darf nicht in den Fehler gewisser theosophischer Kreise verfallen und sich den Äther- und Empfindungsleib einfach aus feineren Stoffen bestehend denken, als sie im physischen Leib vorhanden sind. Das hieße diese höheren Glieder der menschlichen * Natur vermaterialisieren. Der Ätherleib ist eine Kraftgestalt; er besteht aus wirklichen Kräften, nicht aber aus Stoff; und der Astral- oder Empfindungsleib ist eine Gestalt aus in sich beweglichen, farbigen leuchtenden Bildern.[3]

Nun hat der Mensch ein viertes Glied seiner Wesenheit, das er nicht mit anderen Erdwesen teilt. Dieses ist der Träger des menschlichen *›Ich‹*; das Wörtchen ›Ich‹, wie es zum Beispiel in der deutschen Sprache angewendet wird, ist ein Name, der sich von allen anderen Namen unterscheidet. Wer über das Wesen dieses Namens in zutreffender Weise nachdenkt, der eröffnet sich damit zugleich den Zugang zur Erkenntnis der menschlichen Natur. Jeden anderen Namen können alle Menschen in der gleichen Art auf das ihm entsprechende Ding anwenden. Den Tisch kann jeder ›Tisch‹, den Stuhl ein jeder ›Stuhl‹ nennen. Bei dem Namen ›Ich‹ ist dies nicht der Fall. Es kann ihn keiner anwenden zur Bezeichnung eines anderen; jeder kann nur sich selbst Ich nennen. Niemals kann der Name ›Ich‹ an mein Ohr klingen als Bezeichnung für *mich*. Indem der Mensch sich als ›Ich‹ bezeichnet, muß er in sich selbst sich benennen. Ein Wesen, das zu sich ›Ich‹ sagen kann, ist eine Welt für sich. Diejenigen

[2] Man muß auf das hier Gesagte mit besonderer Deutlichkeit hinweisen, weil gerade in unserer Zeit eine große Unklarheit in dieser Richtung besteht. Viele verwischen gegenwärtig den Unterschied zwischen Pflanze und Empfindungswesen, weil sie sich nicht klar sind über den eigentlichen Charakter der *Empfindung*. Wenn ein Wesen (oder Ding) auf einen Eindruck, der auf dasselbe von außen gemacht wird, in irgendeiner Weise eine Wirkung äußert, so ist man doch nicht berechtigt, zu sagen, es *empfindet* diesen Eindruck. Das kann man nur sagen, wenn es *in sich* den Eindruck *erlebt*, wenn also eine Art innerer Spiegelung des äußeren Reizes vorhanden ist. Die großen Fortschritte unserer Naturwissenschaft, die der Geistesforscher gewiß aufs höchste bewundert, haben eine Unklarheit in bezug auf höhere Begriffe gebracht. Gewisse Biologen wissen nicht, was Empfindung ist; deshalb schreiben sie eine solche auch empfindungslosen Wesen zu. Was sie – diese Biologen – unter Empfindung verstehen, das dürfen sie auch den empfindungslosen Wesen zuschreiben. Aber etwas ganz anderes ist, was die Geisteswissenschaft unter Empfindung verstehen muß.

[3] Man muß unterscheiden zwischen dem *Erleben* des Empfindungsleibes in *sich* und dem *Wahrnehmen* desselben durch den geschulten Hellseher. Das, was dem erschlossenen geistigen Auge des letzteren vorliegt, ist mit Obigem gemeint.

Religionen, welche auf Geisteswissenschaft gebaut sind, haben das immer empfunden. Sie haben daher gesagt: Mit dem ›Ich‹ beginne der ›Gott‹, der sich bei niedrigeren Wesen nur von außen in den Erscheinungen der Umgebung offenbart, im *Innern* zu sprechen. Der Träger der hier geschilderten Fähigkeit ist nun der ›Ich-Leib‹, das vierte Glied der menschlichen Wesenheit.[4]

Dieser ›Ich-Leib‹ ist der Träger der höheren Menschenseele. Durch ihn ist der Mensch die Krone der Erdenschöpfung. Das ›Ich‹ ist aber in dem gegenwärtigen Menschen keineswegs eine einfache Wesenheit. Man kann seine Natur erkennen, wenn man die Menschen verschiedener Entwicklungsstufen miteinander vergleicht. Man blikke auf den ungebildeten Wilden und den europäischen Durchschnittsmenschen und vergleiche diesen wieder mit einem hohen Idealisten. Sie haben alle die Fähigkeit, zu sich ›Ich‹ zu sagen; der ›Ich-Leib‹ ist bei allen vorhanden. Der ungebildete Wilde folgt aber seinen Leidenschaften, Trieben und Begierden mit diesem ›Ich‹ fast wie ein Tier. Der höher Entwickelte sagt sich gegenüber gewissen Neigungen und Lüsten: Diesen darfst du folgen; andere zügelt er und unterdrückt sie. Der Idealist hat zu den ursprünglichen Neigungen und Leidenschaften höhere hinzugebildet. Dies ist alles dadurch geschehen, daß das ›Ich‹ an den anderen Gliedern der menschlichen Wesenheit gearbeitet hat. Ja, darinnen liegt gerade die Aufgabe des ›Ich‹, daß es die anderen Glieder von sich aus veredelt und läutert.

So sind bei demjenigen Menschen, der hinausgelangt ist über den Zustand, in den ihn die äußere Welt versetzt hat, die niederen Glieder unter dem Einfluß des Ich mehr oder weniger verändert worden. In dem Zustande, in dem sich der Mensch über das Tier eben erhebt, indem sein ›Ich‹ aufblitzt, gleicht er in bezug auf die niederen Glieder noch dem Tiere. Sein Äther- und Lebensleib ist lediglich der Träger der lebendigen Bildungskräfte, des Wachstums und der Fortpflanzung. Sein Empfindungsleib drückt nur solche Triebe, Begierden und Leidenschaften aus, welche durch die äußere Natur angeregt werden. Indem der Mensch von dieser Bildungsstufe aus durch die aufeinanderfolgenden Leben oder Verkörperungen zu immer höherer Entwicklung sich hindurchringt, arbeitet sein Ich die anderen Glieder um. So wird der Empfindungsleib der Träger geläuterter Lust- und Unlustgefühle, verfeinerter Wünsche und Begierden. Und auch der Äther- oder Lebensleib gestaltet sich um. Er wird der Träger der Gewohnheiten, der bleibenden Neigungen, des Temperamentes und des Gedächtnisses. Ein Mensch, dessen Ich noch nicht gearbeitet hat an seinem Lebensleib, hat keine Erinne-

[4] Man stoße sich nicht an dem Ausdruck ›Ich-Leib‹. Es ist dabei natürlich nichts Grobmaterielles gemeint. Es ist aber nur möglich, in der Geisteswissenschaft die Worte der gewöhnlichen Sprache zu verwenden. Und da diese für Materielles angewendet werden, so muß man bei Anwendung in der Geisteswissenschaft sie selbst erst ins Geistige übersetzen.

rungen an die Erlebnisse, die er macht. Er lebt sich so aus, wie es die Natur ihm eingepflanzt hat.

Die ganze Kulturentwicklung drückt sich für den Menschen in solcher Arbeit des Ich an seinen untergeordneten Gliedern aus. Diese Arbeit geht bis in den physischen Leib hinunter. Unter dem Einflusse des Ich ändert sich die Physiognomie, ändern sich die Gesten und Bewegungen, das ganze Aussehen des physischen Leibes.

Man kann auch unterscheiden, wie die verschiedenen Kultur- und Bildungsmittel auf die einzelnen Glieder der menschlichen Wesenheit verschieden wirken. Die gewöhnlichen Kulturfaktoren wirken auf den Empfindungsleib; sie bringen diesem andere Arten von Lust und Unlust, von Trieben und so weiter bei, als er vom Ursprung aus hatte. Die Versenkung in die Werke der Kunst wirkt auf den Ätherleib. Indem der Mensch durch das Kunstwerk die Ahnung eines Höheren, Edleren erhält, als das ist, was die Sinnesumgebung darbietet, gestaltet er seinen Lebensleib um. Ein mächtiges Mittel zur Läuterung und Veredelung des Ätherleibes ist die Religion. Die religiösen Impulse haben dadurch ihre großartige Mission in der Menschheitsentwicklung.

Das, was man Gewissen nennt, ist nichts anderes als das Ergebnis der Arbeit des Ich an dem Lebensleib durch eine Reihe von Verkörperungen hindurch. Wenn der Mensch einsieht, daß er dies oder jenes nicht tun soll, und wenn durch diese Einsicht ein so starker Eindruck auf ihn gemacht wird, daß sich dieser bis in seinen Ätherleib fortpflanzt, so entsteht eben das Gewissen.

In den anschließenden Abschnitten spricht Steiner von weiteren Stadien der »Arbeit des ›Ich‹ an den untergeordneten Gliedern« und von den höheren Entwicklungsstufen, welche diese dadurch erreichen. Für den praktisch-pädagogischen Gesichtspunkt, auf welchen es hier vor allem ankommt, haben die Aspekte dieser Schilderung keine unmittelbare Bedeutung. Es erscheint darum statthaft, über die betreffenden Ausführungen hinweg gleich in dem Hauptgedankenzuge fortzufahren:

Man sieht aus dem Vorhergehenden, daß man beim Menschen von vier Gliedern seiner Wesenheit sprechen kann: dem physischen Leib, dem Äther- oder Lebensleib, dem Astral- oder Empfindungsleib und dem Ichleib – Empfindungsseele, Verstandesseele, Bewußtseinsseele, ja auch die noch höheren Glieder der menschlichen Natur: Geistselbst, Lebensgeist, Geistesmensch treten als Umwandlungsprodukte an diesen vier Gliedern auf. Wenn von den Trägern der Eigenschaften des Menschen die Rede ist, so kommen in der Tat nur jene vier Glieder in Betracht.

Als Erzieher arbeitet man an diesen vier Gliedern der menschlichen Wesenheit. Will man in der rechten Art arbeiten, so muß man die Natur dieser Teile des Menschen erforschen. Nun darf man sich keineswegs vorstellen, daß diese Teile sich so am Menschen entwikkeln, daß sie in irgendeinem Zeitpunkte seines Lebens, etwa bei seiner Geburt, alle gleichmäßig weit wären. Ihre Entwicklung geschieht vielmehr in den verschiedenen Lebensaltern in einer verschiedenen Art. Und auf der Kenntnis dieser Entwicklungsgesetze der menschlichen Natur beruht die rechte Grundlage der Erziehung und auch des Unterrichtes.

Vor der physischen Geburt ist der werdende Mensch allseitig von einem fremden physischen Leibe umschlossen. Er tritt nicht selbständig mit der physischen Außenwelt in Berührung. Der physische Leib der Mutter ist seine Umgebung. Nur dieser Leib kann auf den reifenden Menschen wirken. Die physische Geburt besteht eben darin, daß die physische Mutterhülle den Menschen entläßt und daß dadurch die Umgebung der physischen Welt unmittelbar auf ihn wirken kann. Die Sinne öffnen sich der Außenwelt. Diese erhält damit den Einfluß auf den Menschen, den vorher die physische Mutterhülle gehabt hat.

Für eine geistige Weltauffassung, wie sie von der Geistesforschung vertreten wird, ist damit wohl der physische Leib geboren, noch nicht aber der Äther- oder Lebensleib. Wie der Mensch bis zu seinem Geburtspunkte von einer physischen Mutterhülle, so ist er bis zur Zeit des Zahnwechsels, also etwa bis zum siebenten Jahre, von einer Ätherhülle und einer Astralhülle umgeben. Erst während des Zahnwechsels entläßt die Ätherhülle den Ätherleib. Dann bleibt noch eine Astralhülle bis zum Eintritt der Geschlechtsreife.[5] In diesem

[5] Man würde das Obige nicht in seiner vollen Deutlichkeit verstehen, wenn man den Einwand machen wollte, daß doch das Kind auch vor dem Zahnwechsel Gedächtnis und so weiter habe und vor der Geschlechtsreife die Fähigkeiten, die an den Astralleib gebunden sind. Man muß sich da doch klarmachen, daß sowohl der Ätherleib wie der Astralleib vom Anfange an vorhanden sind, nur eben unter der oben besprochenen schützenden Hülle. Gerade diese schützende Hülle befähigt zum Beispiel den Ätherleib, bis zum Zahnwechsel die Eigenschaften des Gedächtnisses ganz besonders zum Vorschein zu bringen. Aber es sind ja doch auch die physischen Augen am Kindeskeime schon vorhanden unter dessen schützender physischer Mutterhülle. Genau in dem Sinne, wie auf diese geschützten Augen nicht das äußere physische Sonnenlicht entwickelnd wirken soll, so nicht die äußere Erziehung auf die *Ausbildung* des Gedächtnisses vor dem Zahnwechsel. Man wird vielmehr bemerken, wie sich in dieser Zeit das Gedächtnis *durch sich selbst* entfaltet, wenn man ihm Nahrung gibt und noch nicht auf seine Entwicklung durch Äußeres sieht. So ist es auch mit den Eigenschaften, deren Träger der Astralleib ist, vor der Geschlechtsreife. Man muß ihnen Nahrung geben, aber immer im Bewußtsein der obigen Ausführungen, daß der Astralleib unter einer schützenden Hülle liegt. Es ist eben etwas anderes, die im Astralleib

Zeitpunkt wird auch der Astral- oder Empfindungsleib nach allen Seiten hin frei, wie es der physische Leib bei der physischen Geburt, der Ätherleib beim Zahnwechsel geworden sind.

So muß die Geisteswissenschaft von *drei Geburten* des Menschen reden. Bis zum Zahnwechsel können gewisse Eindrücke, die an den Ätherleib kommen sollen, diesen ebensowenig erreichen, wie das Licht und die Luft der physischen Welt den physischen Leib erreichen können, solange dieser im Schoße der Mutter ruht.

Bevor der Zahnwechsel eintritt, arbeitet am Menschen nicht der freie Lebensleib. Wie im Leibe der Mutter der physische Leib die Kräfte empfängt, die nicht seine eigenen sind, und innerhalb der schützenden Hülle allmählich die eigenen entwickelt, so ist es mit den Kräften des Wachstums der Fall bis zum Zahnwechsel. Der Ätherleib arbeitet da erst die eigenen Kräfte aus im Verein mit den ererbten fremden. Während dieser Zeit des Freiwerdens des Ätherleibes ist der physische Leib aber schon selbständig. Es arbeitet der sich befreiende Ätherleib das aus, was er dem physischen Leib zu geben hat. Und der Schlußpunkt dieser Arbeit sind die eigenen Zähne des Menschen, die an die Stelle der vererbten treten. Sie sind die dichtesten Einlagerungen in den physischen Leib und treten daher in dieser Zeitperiode zuletzt auf.

Nach diesem Zeitpunkt besorgt das Wachstum der eigene Lebensleib allein. Allein dieser steht jetzt noch unter dem Einflusse des umhüllten Astralleibes. In diesem Augenblicke, wo auch der Astralleib frei wird, schließt der Ätherleib eine Periode ab. Dieser Abschluß drückt sich in der Geschlechtsreife aus. Die Fortpflanzungsorgane werden selbständig, weil nunmehr der freie Astralleib nicht mehr nach innen wirkt, sondern hüllenlos der Außenwelt unmittelbar entgegentritt.

Wie man nun auf das noch ungeborene Kind nicht die Einflüsse der Außenwelt, als physische, wirken lassen kann, so sollte man auch auf den Ätherleib vor dem Zahnwechsel nicht diejenigen Kräfte wirken lassen, welche ihm dasselbe sind wie dem physischen Leibe die Eindrücke der physischen Umgebung. Und in dem Astralleib sollte man die entsprechenden Einflüsse erst vom Augenblick der Geschlechtsreife an spielen lassen.

Nicht allgemeine Redensarten, wie etwa »harmonische Ausbildung aller Kräfte und Anlagen« und dergleichen, können die Grundlage einer echten Erziehungskunst sein, sondern nur auf einer wirklichen Erkenntnis der menschlichen Wesenheit kann eine solche aufgebaut werden. Es soll nicht etwa behauptet werden, daß die

schon liegenden Entwicklungskeime *vor* der Geschlechtsreife zu pflegen und den selbständig gewordenen Astralleib *nach* der Geschlechtsreife demjenigen in der Außenwelt auszusetzen, was er *ohne* Hülle verarbeiten kann. Dieser Unterschied ist sicherlich ein subtiler; aber ohne auf ihn einzugehen, kann man das Wesen der Erziehung *nicht* verstehen.

angedeuteten Redensarten unrichtig wären, sondern nur, daß sich mit ihnen ebensowenig anfangen läßt, wie wenn man etwa einer Maschine gegenüber behaupten wollte, man müsse alle ihre Teile harmonisch in Wirksamkeit bringen. Nur wer nicht mit allgemeinen Redensarten, sondern mit wirklicher Kenntnis der Maschine im einzelnen an sie herantritt, kann sie handhaben. So handelt es sich auch für die Erziehungskunst um eine Kenntnis der Glieder der menschlichen Wesenheit und deren Entwicklung im einzelnen... Man muß wissen, auf welchen Teil der menschlichen Wesenheit man im bestimmten Lebensalter einzuwirken hat und wie solche Einwirkung sachgemäß geschieht. Es ist ja kein Zweifel, daß sich eine wirklich realistische Erziehungskunst, wie sie hier angedeutet wird, nur langsam Bahn brechen kann. Das liegt an der Anschauungsweise unserer Zeit, die noch lange die Tatsachen der geistigen Welt als den Ausfluß einer tollen Phantastik ansehen wird, während ihr allgemeine, völlig unwirkliche Redensarten als das Ergebnis einer realistischen Denkungsart erscheinen werden. Hier soll rückhaltlos gezeichnet werden, was gegenwärtig von vielen als Phantasiegemälde genommen werden wird, was aber in der Zukunft als selbstverständlich gelten wird.

Mit der physischen Geburt wird der physische Menschenleib der physischen Umgebung der äußeren Welt ausgesetzt, während er vorher von der schützenden Mutterhülle umgeben war. Was vorher die Kräfte und Säfte der Mutterhülle an ihm getan haben, das müssen jetzt die Kräfte und Elemente der äußeren physischen Welt an ihm tun. Bis zum Zahnwechsel im siebenten Jahr hat der Menschenleib eine Aufgabe an sich zu verrichten, die wesentlich verschieden von den Aufgaben aller andern Lebensepochen ist. Die physischen Organe müssen in dieser Zeit sich in gewisse Formen bringen; ihre Strukturverhältnisse müssen bestimmte Richtungen und Tendenzen erhalten. Später findet Wachstum statt, aber dieses Wachstum geschieht in aller Folgezeit auf Grund der Formen, die sich bis zu der angegebenen Zeit herausgebildet haben. Haben sich richtige Formen herausgebildet, so wachsen richtige Formen, haben sich Mißformen herausgebildet, so wachsen Mißformen. Man kann in aller Folgezeit nicht wiedergutmachen, was man in der Zeit bis zum siebenten Jahr als Erzieher versäumt hat. Wie die Natur vor der Geburt die richtige Umgebung für den physischen Menschenleib herstellt, so hat der Erzieher nach der Geburt für die richtige physische Umgebung zu sorgen. Nur diese richtige physische Umgebung wirkt auf das Kind so, daß seine physischen Organe sich in die richtigen Formen prägen.

Es gibt zwei Zauberworte, welche angeben, wie das Kind in ein Verhältnis zu seiner Umgebung tritt. Diese sind: *Nachahmung* und *Vorbild*. Der griechische Philosoph Aristoteles hat den Menschen das nachahmendste der Tiere genannt; für kein Lebensalter gilt dieser Ausspruch mehr als für das kindliche bis zum Zahnwechsel. Was in der physischen Umgebung vorgeht, das ahmt das Kind nach, und im Nachahmen gießen sich seine physischen Organe in die Formen, die ihnen dann bleiben. Man muß die physische Umgebung nur in dem denkbar weitesten Sinne nehmen. Zu ihr gehört nicht etwa nur, was materiell um das Kind herum vorgeht, sondern alles, was sich in des Kindes Umgebung abspielt, was von seinen Sinnen wahrgenommen werden kann, was vom physischen Raum aus auf seine Geisteskräfte wirken kann. Dazu gehören auch alle moralischen oder unmoralischen, alle gescheiten und törichten Handlungen, die es sehen kann.

Nicht moralische Redensarten, nicht vernünftige Belehrungen wirken auf das Kind in der angegebenen Richtung, sondern dasjenige, was die Erwachsenen in seiner Umgebung sichtbar vor seinen Augen tun. Belehrungen wirken nicht formenbildend auf den physischen Leib, sondern auf den Ätherleib, und der ist ja bis zum siebenten Jahre ebenso von einer schützenden Äthermutterhülle umgeben, wie der physische Leib bis zur physischen Geburt von der physischen Mutterhülle umgeben ist. Was sich in diesem Ätherleibe vor dem siebenten Jahre an Vorstellungen, Gewohnheiten, an Gedächtnis und so weiter entwickeln soll, das muß sich in ähnlicher Art von selbst entwickeln, wie sich die Augen und die Ohren im Mutterleibe ohne die Einwirkung des äußeren Lichtes entwickeln... Es ist ohne Zweifel richtig, was man in einem ausgezeichneten pädagogischen Buche lesen kann, in Jean Pauls Levana oder »Erziehlehre«, daß ein Weltreisender mehr von seiner Amme in den ersten Jahren lernt als auf allen seinen Weltreisen zusammen. Aber das Kind lernt eben nicht durch Belehrung, sondern durch Nachahmung. Und seine physischen Organe bilden sich ihre Formen durch die Einwirkung der physischen Umgebung. Es bildet sich ein gesundes Sehen aus, wenn man die richtigen Farben und Lichtverhältnisse in des Kindes Umgebung bringt, und es bilden sich in Gehirn und Blutumlauf die physischen Anlagen für einen gesunden moralischen Sinn, wenn das Kind Moralisches in seiner Umgebung sieht. Wenn vor dem siebenten Jahr das Kind nur törichte Handlungen in seiner Umgebung sieht, so nimmt das Gehirn solche Formen an, die es im späteren Leben auch nur zu Torheiten geneigt machen.

Wie die Muskeln der Hand stark und kräftig werden, wenn sie die ihnen gemäße Arbeit verrichten, so wird das Gehirn und werden die anderen Organe des physischen Menschenleibes in die richtigen Bahnen gelenkt, wenn sie die richtigen Eindrücke von ihrer Umgebung erhalten. Ein Beispiel wird am besten anschaulich machen, um was es sich handelt. Man kann einem Kinde eine Puppe machen, indem man eine alte Serviette zusammenwindet, aus zwei Zipfeln Beine, aus zwei anderen Zipfeln Arme fabriziert, aus einem Knoten den Kopf, und dann mit Tintenklecksen Augen und Nase und Mund malt. Oder man kann eine sogenannte »schöne« Puppe mit echten Haaren und bemalten Wangen kaufen und sie dem Kinde geben. Es braucht hier gar nicht einmal davon gesprochen werden, daß diese Puppe natürlich doch scheußlich ist und den gesunden ästhetischen Sinn für Lebenszeit zu verderben geeignet ist. Die Haupterziehungsfrage dabei ist eine andere. Wenn das Kind die zusammengewickelte Serviette vor sich hat, so muß es sich aus seiner Phantasie heraus das ergänzen, was das Ding erst als Mensch erscheinen läßt. Diese Arbeit der Phantasie wirkt bildend auf die Formen des Gehirns. Dieses schließt sich auf, wie sich die Muskeln der Hand aufschließen durch die ihnen angemessene Arbeit. Erhält das Kind die sogenannte schöne Puppe, so hat das Gehirn nichts mehr zu tun. Es verkümmert und verdorrt, statt sich aufzuschließen... Könnten die Menschen hineinschauen in das sich in seinen Formen aufbauende Gehirn, sie würden sicher ihren Kindern nur solche Spielzeuge geben, welche geeignet sind, die Bildungstätigkeit des Gehirns lebendig anzuregen. Alle Spielzeuge, welche nur aus toten, mathematischen Formen bestehen, wirken verödend und ertötend auf die Bildungskräfte des Kindes; dagegen wirkt in der richtigen Art alles, was die Vorstellung des Lebendigen erregt. Unsere materialistische Zeit bringt nur wenig gute Spielzeuge hervor. Was für ein gesundes Spielzeug ist zum Beispiel das, welches durch zwei verschiebbare Hölzer zwei Schmiede zeigt, die einander zugekehrt einen Gegenstand behämmern. Man kann dergleichen noch auf dem Lande einkaufen. Sehr gut sind auch jene Bilderbücher, deren Figuren durch Fäden von unten gezogen werden können, so daß sich das Kind selbst das tote Bild in die Abbildung von Handlungen umsetzen kann. Das alles schafft innere Regsamkeit der Organe, und aus dieser Regsamkeit baut sich die richtige Form der Organe auf.

Diese Dinge können ja natürlich hier nur angedeutet werden, aber die Geisteswissenschaft wird künftig berufen sein, im einzelnen das Nötige anzugeben, und das vermag sie. Denn sie ist nicht eine leere Abstraktion, sondern eine Summe lebensvoller Tatsachen, welche Leitlinien für die Wirklichkeit abzugeben vermögen.

Nur ein paar Beispiele mögen noch angeführt werden. Anders muß im Sinne der Geisteswissenschaft ein sogenanntes nervöses, ein aufgeregtes, anders ein lethargisches, unregsames Kind in bezug auf seine Umgebung behandelt werden. Alles kommt da in Betracht, von den Farben des Zimmers und der anderen Gegenstände, welche das Kind gewöhnlich umgeben, bis zu den Farben der Kleider, die man ihm anzieht. Man wird da oft das Verkehrte tun, wenn man sich nicht von der Geisteswissenschaft leiten läßt, denn der materialistische Sinn wird in vielen Fällen gerade zum Gegenteil vom Richtigen greifen. Ein aufgeregtes Kind muß man mit roten oder rotgelben Farben umgeben und ihm Kleider in solchen Farben machen lassen, dagegen ist bei einem unregsamen Kinde zu den blauen und blaugrünen Farben zu greifen. Es kommt nämlich auf die Farbe an, die als Gegenfarbe im Innern erzeugt wird. Das ist zum Beispiel bei rot die grüne, bei blau die orangegelbe Farbe, wie man sich leicht überzeugen kann, wenn man eine Weile auf eine entsprechend gefärbte Fläche blickt und dann rasch das Auge auf eine weiße Fläche richtet. Diese Gegenfarbe wird von den physischen Organen des Kindes erzeugt und bewirkt die entsprechenden, dem Kinde notwendigen Organstrukturen. Hat das aufgeregte Kind eine rote Farbe in seiner Umgebung, so erzeugt das in seinem Inneren das grüne Gegenbild. Und die Tätigkeit des Grünerzeugens wirkt beruhigend, die Organe nehmen die Tendenz der Beruhigung in sich auf.

Durchgreifend ist für dieses Lebensalter eines zu berücksichtigen: nämlich, daß der physische Leib sich den Gradmesser schafft für das, was ihm zuträglich ist. Er tut das durch die entsprechende Ausgestaltung der Begierde. Man kann im allgemeinen sagen, daß der gesunde physische Leib nach dem Verlangen trägt, was ihm frommt. Und solange es auf den physischen Leib bei dem heranwachsenden Menschen ankommt, soll man intim hinsehen auf das, was das gesunde Verlangen, die Begierde, die Freude haben wollen. Freude und Lust sind die Kräfte, welche die physischen Formen der Organe in der richtigsten Art herauslocken.

Man kann in dieser Richtung allerdings schwer sündigen, indem man das Kind nicht in die entsprechenden physischen Verhältnisse zur Umgebung setzt. Das kann insbesondere in bezug auf die Nahrungsinstinkte geschehen. Man kann das Kind mit solchen Dingen überfüttern, daß es seine gesunden Nahrungsinstinkte vollständig verliert, während man sie ihm durch die richtige Ernährung so erhalten kann, daß es genau, bis auf das Glas Wasser, alles verlangt, was ihm unter gewissen Verhältnissen zuträglich ist, und alles zurückweist, was ihm schaden kann. Die Geisteswissenschaft wird bis auf die einzelnen Nahrungs- und Genußmittel alles anzugeben wissen, was hier in Betracht kommt, wenn sie zum Aufbau einer Erziehungskunst aufgerufen wird. Denn sie ist eine realistische Sache für das Leben, nicht eine graue Theorie, als was sie allerdings heute noch nach den Verirrungen mancher Theosophen erscheinen könnte.

Zu den Kräften, welche bildsam auf die physischen Organe wirken, gehört also Freude an und mit der Umgebung. Heitere Mienen der Erzieher, und vor allem redliche, keine erzwungene Liebe. Solche Liebe, welche die physische Umgebung gleichsam warm durchströmt, brütet im wahren Sinne des Wortes die Formen der physischen Organe aus.

Wenn die Nachahmung gesunder Vorbilder in solcher Atmosphäre der Liebe möglich ist, dann ist das Kind in seinem richtigen Element. Strenge sollte daher darauf gesehen werden, daß in der Umgebung des Kindes nichts geschieht, was das Kind nicht nachahmen dürfte. Man sollte nichts tun, wovon man dem Kinde sagen müßte, das darfst du nicht tun ... Wie das Kind auf die Nachahmung aus ist, davon kann man sich überzeugen, wenn man beobachtet, daß es Schriftzeichen nachmalt, lange bevor es sie versteht. Es ist sogar ganz gut, wenn das Kind zuerst die Schriftzeichen nachmalt und dann erst später ihren Sinn verstehen lernt. Denn die Nachahmung gehört der Entwicklungsepoche des physischen Leibes an, während der Sinn zu dem Ätherleib spricht, und auf diesen sollte man erst nach dem Zahnwechsel einwirken, wenn seine äußere Ätherhülle von ihm gefallen ist. Besonders sollte alles Sprechenlernen im Sinne der Nachahmung in diesen Jahren geschehen. Hörend lernt das Kind am besten sprechen. Alle Regeln und alle künstliche Belehrung können nichts Gutes wirken.

Im frühen Kindesalter ist besonders wichtig, daß solche Erziehungsmittel wie zum Beispiel Kinderlieder möglichst einen schönen rhythmischen Eindruck auf die Sinne machen. Weniger auf den Sinn als vielmehr auf den schönen Klang ist der Wert zu legen. Je erfrischender etwas auf Auge und Ohr wirkt, desto besser ist es. Man sollte nicht unterschätzen, was tanzende Bewegungen nach musikalischem Rhythmus für eine organbildende Kraft haben.

Mit dem Zahnwechsel streift der Ätherleib die äußere Ätherhülle ab, und damit beginnt die Zeit, in der von außen erziehend auf den Ätherleib eingewirkt werden kann. Man muß sich klarmachen, was von außen auf den Ätherleib wirken kann. Die Umbildung und das Wachstum des Ätherleibes bedeuten Umbildung beziehungsweise Entwicklung der Neigungen, Gewohnheiten, des Gewissens, des Charakters, des Gedächtnisses, der Temperamente. Auf den Ätherleib wirkt man durch Bilder, durch Beispiele, durch geregeltes Lenken der Phantasie. Wie man dem Kinde bis zum siebenten Jahre das physische Vorbild geben muß, das es nachahmen kann, so muß in die Umgebung des werdenden Menschen zwischen dem Zahnwechsel und der Geschlechtsreife alles das gebracht werden, nach dessen innerem Sinn und Wert er sich richten kann. Das Sinnvolle, das durch das Bild und Gleichnis wirkt, ist jetzt am Platze. Der Ätherleib entwickelt seine Kraft, wenn eine geregelte Phantasie sich richten kann nach dem, was sie sich an den lebenden oder dem Geiste vermittelten Bildern und Gleichnissen enträtseln und zu einer Richtschnur nehmen kann. Nicht abstrakte Begriffe wirken in der richtigen Weise auf den wachsenden Ätherleib, sondern das Anschauliche, nicht das Sinnliche, sondern das Geistig-Anschauliche. Die geistige Anschauung ist das richtige Erziehungsmittel in diesen Jahren. Daher kommt es vor allen Dingen darauf an, daß der junge Mensch in diesen Jahren in seinen Erziehern selbst Persönlichkeiten um sich hat, durch deren Anschauung in ihm die wünschenswerten intellektuellen und moralischen Kräfte erweckt werden können. Wie für die ersten Kinderjahre *Nachahmung* und *Vorbild* die Zauberworte der Erziehung sind, so sind es für die jetzt in Rede stehenden Jahre: *Nachfolge* und *Autorität*. Die selbstverständliche, nicht erzwungene Autorität muß die unmittelbare geistige Anschauung darstellen, an der sich der junge Mensch Gewissen, Gewohnheiten und Neigungen herausbildet, an der sich sein Temperament in geregelte Bahnen bringt, mit deren Augen er die Dinge der Welt betrachtet. Das schöne Dichterwort: »Ein jeglicher muß sich seinen Helden wählen, dem er die Wege zum Olymp hinauf sich nacharbeitet«, es gilt insbesondere von diesem Lebensalter. Verehrung und Ehrfurcht sind Kräfte, durch welche der Ätherleib in der richtigen Weise wächst. Und wem es unmöglich war, in der in Rede stehenden Zeit zu jemand in unbegrenzter Verehrung hinaufzuschauen, der wird dieses in seinem ganzen späteren Leben zu büßen haben. Wo diese Verehrung fehlt, da verkümmern die lebendigen Kräfte des Ätherleibes. Man male sich das Folgende in seiner Wirkung auf das jugendliche Gemüt aus: Einem achtjährigen Knaben wird von einer ganz besonders ehrenwerten Persönlichkeit gesprochen. Alles, was er von ihr hört, flößt ihm eine heilige Scheu ein. Es naht der Tag, wo er zum ersten Male die verehrte Persönlichkeit sehen kann. Ein Zittern der Ehrfurcht befällt ihn, da er die Klinke der Tür drückt, hinter welcher der Verehrte sichtbar werden wird... Die schönen Gefühle, die ein solches Erlebnis hervorbringt, gehören zu den bleibenden Errungenschaften des Lebens. Und glücklich ist derjenige Mensch zu preisen, der nicht nur in Feieraugenblicken des Lebens, sondern fortwährend zu seinen Lehrern und Erziehern als zu seinen selbstverständlichen Autoritäten aufzuschauen vermag. Zu diesen lebendigen Autoritäten, zu diesen Verkörperungen der sittlichen und intellektuellen Kraft müssen die geistig aufzunehmenden Autoritäten treten. Die großen Vorbilder der Geschichte, die Erzählung von vorbildlichen Männern und Frauen müssen das Gewissen, müssen die Geistesrichtung bestimmen, nicht so sehr abstrakte sittliche Grundsätze, die erst dann ihre richtige Wirkung tun können, wenn sich mit der Geschlechtsreife der astrale Leib seiner astralen Mutterhülle entledigt hat. Man muß insbesondere den Geschichtsunterricht in eine Richtung lenken, welche durch solche Gesichtspunkte bestimmt ist. Vor dem Zahnwechsel werden die Erzählungen, Märchen und so weiter, die man an das Kind heranbringt, Freude, Erfrischung, Heiterkeit allein zum Ziele haben können. Nach dieser Zeit wird man bei dem zu erzählenden Stoff außer diesem darauf Bedacht zu nehmen haben, daß Bilder des Lebens zur Nacheiferung vor die Seele des jungen Menschen treten. Nicht außer acht wird zu lassen sein, daß schlechte Gewohnheiten durch entsprechende abstoßende Bilder aus dem Felde geschlagen werden können. Wenig helfen zumeist Ermahnungen gegenüber solchen schlechten Gewohnheiten und Neigungen; läßt man aber das lebensvolle Bild eines entsprechend schlechten Menschen auf die jugendliche Phantasie wirken und zeigt man, wozu eine in Frage kommende Neigung in der Wirklichkeit führt, so kann man viel zur Ausrottung wirken.

Immer ist eben festzuhalten, daß nicht abstrakte Vorstellungen auf den sich entwickelnden Ätherleib wirken, sondern lebensvolle Bilder in ihrer geistigen Anschaulichkeit. Allerdings muß das zuletzt Erwähnte mit dem größten Takte ausgeführt werden, damit die Sache nicht in das Gegenteil umschlage. Bei Erzählungen kommt alles auf die Art des Erzählens an. Es kann daher nicht ohne weiteres die mündliche Erzählung etwa durch Lektüre ersetzt werden.

Das Geistig-Bildhafte oder, wie man auch sagen könnte, das sinnbildliche Vorstellen kommt auch noch in einer anderen Weise für die Zeit zwischen dem Zahnwechsel und der Geschlechtsreife in Betracht. Es ist notwendig, daß der junge Mensch die Geheimnisse der Natur, die Gesetze des Lebens möglichst nicht in verstandesmäßig nüchternen Begriffen, sondern in Symbolen in sich aufnehme. Gleichnisse für geistige Zusammenhänge müssen so an die Seele herantreten, daß die Gesetzmäßigkeit des Daseins hinter den Gleichnissen mehr geahnt und empfunden als in verstandesmäßigen Begriffen erfaßt wird. »Alles Vergängliche ist nur ein Gleichnis«, das muß geradezu ein durchgreifender Leitspruch für die Erziehung in dieser Zeit sein. Es ist unendlich wichtig für den Menschen, daß er die Geheimnisse des Daseins in Gleichnissen empfängt, bevor sie in Form von Naturgesetzen und so weiter ihm vor die Seele treten. Ein Beispiel möge dies veranschaulichen. Man nehme an, man wolle einem jungen Menschen von der Unsterblichkeit der Seele, von ihrem Hervorgehen aus dem Leibe sprechen. Man soll es so tun, daß man zum Beispiel den Vergleich heranzieht von dem Hervorgehen des Schmetterlings aus der Puppe. Wie sich der Falter aus der Puppe erhebt, so nach dem Tode die Seele aus dem Gehäuse des Leibes. Kein Mensch wird den richtigen Tatbestand in Verstandesbegriffen entsprechend erfassen, der nicht vorher ihn in einem solchen Bilde empfangen hat. Durch ein solches Gleichnis spricht man nämlich nicht bloß zum Verstande, sondern zu Gefühl, Empfindung, zur ganzen Seele. Ein junger Mensch, der durch alles das hindurchgegangen ist, tritt dann in ganz anderer Stimmung an die Sache heran, wenn sie ihm in Verstandesbegriffen *später* vermittelt wird. Es ist sogar recht schlimm für den Menschen, wenn er nicht zuerst mit dem Gefühl an die Rätsel des Daseins herantreten kann. Es ist eben notwendig, daß für alle Naturgesetze und Weltgeheimnisse dem Erzieher Gleichnisse zur Verfügung stehen.

Außerordentlich gut kann man an dieser Sache sehen, wie befruchtend die Geisteswissenschaft auf das praktische Leben wirken muß. Wenn jemand, der aus einer materialistischen, verstandesmäßigen Vorstellungsart heraus sich Gleichnisse bildet, mit diesen Gleichnissen an junge Leute herantritt, so wird er in der Regel recht wenig Eindruck auf sie machen. Ein solcher muß sich nämlich die Gleichnisse selbst erst mit aller Verstandesmäßigkeit ausklügeln. Solche Gleichnisse, zu denen man sich selbst erst herangebändigt hat, wirken nicht überzeugend auf den, dem man sie mitteilt. Wenn man nämlich in Bildern zu jemand spricht, dann wirkt auf diesen nicht bloß, was man sagt oder zeigt, sondern es geht von dem, der mitteilt, ein feiner geistiger Strom hinüber zu dem, dem die Mitteilung gemacht wird. Wenn der Mitteilende selbst nicht das warme gläubige Gefühl zu seinem Gleichnis hat, so wird er keinen Eindruck auf den machen, an den er sich richtet. Man muß, um recht zu wirken, eben selbst an seine Gleichnisse als an Wirklichkeiten glauben. Das kann man nur, wenn man die geisteswissenschaftliche Gesinnung hat und die Gleichnisse selbst aus der Geisteswissenschaft heraus geboren sind. Der echte Geisteswissenschaftler braucht sich das obige Gleichnis der aus dem Leibe hervorgehenden Seele nicht abzuquälen, denn für ihn ist es Wahrheit. Für ihn ist in dem Hervorgehen des Schmetterlings aus der Puppe wirklich auf einer niedrigeren Stufe des Naturdaseins derselbe Vorgang gegeben, der auf einer höheren Stufe in höherer Ausbildung sich wiederholt in dem Hervorgehen der Seele aus dem Leibe. Er glaubt mit voller Kraft selbst daran. Und dieser Glaube strömt wie in geheimnisvollen Strömungen vom Sprechenden zu dem Hörenden hinüber und bewirkt Überzeugung. Unmittelbares Leben gießt sich dann hinüber und herüber vom Erzieher zum Zögling. Aber zu diesem Leben ist es eben notwendig, daß der Erzieher aus dem vollen Quell der Geisteswissenschaft heraus schöpft und daß sein Wort und alles, was von ihm ausgeht, Empfindung, Wärme und Gefühlsfarbe erhält durch die echte geisteswissenschaftliche Gesinnung. Eine herrliche Perspektive eröffnet sich damit auf das ganze Erziehungswesen. Wird sich dieses einmal befruchten lassen von dem Lebensquell der Geisteswissenschaft, dann wird es selbst voll verständnisvollen Lebens sein. Es wird aufhören das Tasten, das auf diesem Gebiete gang und gäbe ist. Alle Erziehungskunst, alle Pädagogik ist dürr und tot, die nicht aus solcher Wurzel immer frische Säfte zugeführt erhält. Die Geisteswissenschaft hat für alle Weltgeheimnisse die zutreffenden Gleichnisse, die aus dem Wesen der Dinge genommenen Bilder, die nicht erst der Mensch schafft, sondern die von den Kräften der Welt selbst beim Schaffen zugrunde gelegt werden. Deshalb muß die Geisteswissenschaft die lebensvolle Grundlage aller Erziehungskunst sein.

Eine Seelenkraft, auf welche in dieser Zeit der menschlichen Entwicklung besonderer Wert gelegt werden muß, ist das Gedächtnis. Die Entwicklung des Gedächtnisses ist eben an die Umbildung des Ätherleibes gebunden. Da dessen Ausbildung so erfolgt, daß er gerade zwischen Zahnwechsel und Geschlechtsreife frei wird, so ist diese Zeit auch diejenige, in der von außen bewußt auf die Fortentwicklung des Gedächtnisses gesehen werden muß. Das Gedächtnis wird bleibend einen geringeren Wert haben, als es hätte für den betreffenden Menschen haben können, wenn in dieser Zeit das Entsprechende versäumt wird. Das Vernachlässigte kann später nicht mehr nachgeholt werden.

Eine verstandesmäßig-materialistische Denkweise kann in dieser Richtung viele Fehler machen. Eine aus ihr entsprungene Erziehungskunst kommt leicht zu Vorurteilen gegen das bloß gedächtnismäßig Angeeignete. Sie wird zuweilen nicht müde, sich mit aller Schärfe gegen das bloße Trainieren des Gedächtnisses zu wenden, und wendet die spitzfindigsten Methoden an, damit der junge Mensch nur ja nichts gedächtnismäßig aufnehme, was er *nicht begreift.* Ja, was es überhaupt mit diesem Begreifen auf sich hat! Ein materialistisch-verstandesmäßiges Denken gibt sich so leicht dem Glauben hin, daß es kein Eindringen in die Dinge gibt, außer dem in abgezogenen Begriffen; es wird sich nur schwer zu der Erkenntnis durchringen, daß die andern Seelenkräfte zum Erfassen der Dinge zum mindesten ebenso notwendig sind wie der Verstand. Nicht etwa nur bildlich ist es gesprochen, wenn man sagt, man kann ebenso mit dem Gefühl, mit der Empfindung, mit dem Gemüte verstehen wie mit dem Verstande. Begriffe sind nur *eines* der Mittel, um die Dinge dieser Welt zu verstehen. Und nur der materialistischen Gesinnung erscheinen sie als das einzige. Es gibt natürlich viele Menschen, die nicht glauben werden, Materialisten zu sein, und die dennoch ein verstandesmäßiges Begreifen für die einzige Art des Verstehens halten. Solche Menschen bekennen sich vielleicht zu einer idealistischen, vielleicht sogar zu einer spirituellen Weltauffassung. Aber sie verhalten sich zu derselben in ihrer Seele auf materialistische Art. Denn der Verstand ist nun einmal das Seeleninstrument für das Begreifen des Materiellen.

Bezüglich der tieferen Grundlagen des Verstehens soll hier eine Stelle aus dem schon erwähnten ausgezeichneten Erziehungsbuche von Jean Paul angeführt werden. Überhaupt birgt dieses Werk goldene Anschauungen über die Erziehung und verdiente viel mehr berücksichtigt zu werden, als es geschieht. Es ist für den Erzieher viel wichtiger als manche der angesehensten Schriften auf diesem Gebiete. Die hier in Betracht kommende Stelle lautet: »Fürchtet keine Unverständlichkeit, sogar ganzer Sätze; eure Miene und euer Akzent und der ahnende Drang, zu verstehen, hellet die eine Hälfte und mit dieser und der Zeit die andere auf. Der Akzent ist bei Kindern wie bei den Chinesen und den Weltleuten die halbe Sprache. – Bedenkt, daß sie ihre Sprache so gut wie wir die griechische oder irgendeine fremde früher verstehen als reden lernen. – Vertrauet auf die Entzifferbarkeit der Zeit und des Zusammenhanges. Ein Kind von fünf Jahren versteht die Wörter ›doch, zwar, nun, hingegen, freilich‹; versucht aber einmal von ihnen eine Erklärung zu geben, nicht dem Kinde, sondern dem Vater! – Im einzigen ›Zwar‹ steckt ein kleiner Philosoph. Wenn das achtjährige Kind mit seiner ausgebildeten Sprache vom dreijährigen verstanden wird, warum wollt ihr eure zu seinem Lallen einengen? Sprecht immer einige Jahre voraus (sprechen doch Genies, in Büchern, mit uns Jahrhunderte voraus): mit dem Einjährigen sprecht, als sei es ein Zweijähriges, mit diesem, als sei es ein Sechsjähriges, da die Unterschiede des Wachstums im umgekehrten Verhältnis der Jahre abnehmen. Bedenke doch der Erzieher, welcher überhaupt zu sehr alles Lernen den Lehrern zuschreibt, daß das Kind seine halbe Welt, nämlich die geistige (zum Beispiel die sittlichen und metaphysischen Anschauungen), ja schon fertig und gelehrt in sich trage und daß eben daher die nur mit körperlichen Ebenbildern gerüstete Sprache die geistigen nicht geben, bloß erleuchten könne . . . Freude wie Bestimmtheit beim Sprechen mit Kindern sollte uns schon vor ihrer eigenen Freude und Bestimmtheit gegeben werden. Man kann von ihnen Sprache lernen sowie durch Sprache sie lehren: kühne und doch richtige Wortbildungen, zum Beispiel solche, wie ich von drei- und vierjährigen Kindern gehört: der Bierfässer, Saiter, Fläscher (der Verfertiger von Fässern, Saiten, Flaschen) – die Luftmaus (gewiß besser als unsere Fledermaus) – die Musik geigt – das Licht ausscheren (wegen der Lichtschere) – Dreschflegeln, Drescheln – ich bin der Durchsehmann (hinter dem Fernrohr stehend) – ich wollte, ich wäre als Pfeffernüßchenesser angestellt oder als Pfeffernüßler – am End' werd' ich gar zu klüger – er hat mich von dem Stuhle heruntergespaßt – sieh, wie eins (auf der Uhr) es schon ist – und so weiter.«

Zwar spricht diese Stelle von dem Verstehen vor dem verstandesmäßigen Begreifen auf einem anderen Gebiet als auf dem, wovon hier gerade die Rede ist, allein für das eben Besprochene gilt genau das, was Jean Paul von der Sprache sagt. Wie das Kind das Gefüge der Sprache in seinen Seelenorganismus aufnimmt, ohne die Gesetze des Sprachbaues dazu in verstandesmäßigen Begriffen zu brauchen, so *muß* der junge Mensch zur Pflege des Gedächtnisses Dinge lernen, von denen er sich erst später das begreifliche Verstehen aneignen soll. Man lernt sogar das am besten hinterher in Begriffen fassen, was man in diesem Lebensalter erst rein gedächtnismäßig sich angeeignet hat, wie man die Regeln der Sprache am besten an der Sprache lernt, die man bereits spricht. Die Rede vom unverstandenen Gedächtnisstoff ist weiter nichts als ein materialistisches Vorurteil. Der junge Mensch braucht zum Beispiel nur die notwendigsten Gesetze des Multiplizierens an einigen Beispielen zu lernen, zu denen man keine Rechenmaschine braucht, sondern wozu die Finger viel besser sind, dann soll er das Einmaleins sich ordentlich gedächtnismäßig aneignen. Wenn man so vorgeht, berücksichtigt man die Natur des werdenden Menschen. Man versündigt sich aber gegen diese, wenn man in der Zeit, in der es auf die Bildung des Gedächtnisses ankommt, den Verstand zu sehr in Anspruch nimmt. Der Verstand ist eine Seelenkraft, die erst mit der Geschlechtsreife geboren wird, auf die man daher vor diesem Lebensalter gar nicht von außen wirken sollte. Bis zur Geschlechtsreife soll sich der junge Mensch durch das Gedächtnis die Schätze aneignen, über welche die Menschheit gedacht hat; nachher ist die Zeit, mit Begriffen zu durchdringen, was er vorher gut dem Gedächtnis eingeprägt hat. Der Mensch soll sich also nicht etwa bloß merken, was er begriffen hat, sondern er soll begreifen die Dinge, die er weiß, das heißt, wovon er gedächtnismäßig so Besitz genommen hat wie das Kind von der Sprache. In einem weiten Umfange gilt das. Zuerst rein gedächtnismäßiges Aneignen geschichtlicher Ereignisse, dann Erfassen derselben in Begriffen. Zuerst gutes gedächtnismäßiges Einprägen geographischer Dinge, dann Begreifen des Zusammenhanges derselben und so weiter. In gewisser Beziehung sollte das Erfassen in Begriffen aus dem aufgespeicherten Gedächtnisschatze genommen werden. Je mehr der junge Mensch schon gedächtnismäßig weiß, bevor er ans begreifliche Erfassen geht, desto besser... Es braucht wohl nicht ausdrücklich ausgeführt zu werden, daß dieses alles eigentlich nur gilt für das Lebensalter, von dem hier die Rede ist, nicht für später. Lernt man nachholend oder sonstwie in einem späteren Lebensalter etwas, so kann natürlich der umgekehrte Weg der richtige und wünschenswerte sein, obwohl auch da noch manches von der Geisteskonstitution des Betreffenden abhängig gemacht werden muß. In dem besprochenen Lebensalter aber darf man den Geist nicht ausdörren durch die Überfüllung mit verstandesmäßigen Begriffen.

Auch ein zu weitgehender, rein sinnlicher Anschauungsunterricht entspringt einer materialistischen Vorstellungsart. Alle Anschauung muß für dieses Lebensalter vergeistigt werden. Man soll sich zum Beispiel nicht damit begnügen, eine Pflanze, ein Samenkorn, eine Blüte bloß in sinnlicher Anschauung vorzuführen. Alles soll zum Gleichnis des Geistigen werden. Ein Samenkorn ist eben nicht bloß dasjenige, als was es den Augen erscheint. Es steckt unsichtbar die ganze neue Pflanze darinnen. Daß ein solches Ding mehr ist, als was die Sinne sehen, das muß mit der Empfindung, mit der Phantasie, mit dem Gemüte lebendig erfaßt werden. Die Ahnung der Geheimnisse des Daseins muß gefühlt werden. Man kann nicht einwenden, daß durch ein solches Vorgehen die reine sinnliche Anschauung getrübt werde: im Gegenteil, durch das Stehenbleiben bei der bloßen Sinnesanschauung kommt die Wahrheit zu kurz. Denn die ganze Wirklichkeit eines Dinges besteht aus *Geist* und Stoff, und die treue Beobachtung braucht nicht weniger sorgfältig betrieben zu werden, wenn man sie sämtlichen Seelenkräfte, nicht bloß die physischen Sinne, in Wirksamkeit bringt. Könnten doch die Menschen sehen, was alles an *Seele* und *Leib* verödet durch einen bloßen sinnlichen Anschauungsunterricht, wie der Geistesforscher das kann, sie würden weniger auf einem solchen bestehen. Was nützt es im höchsten Sinne, wenn jungen Menschen alle möglichen Mineralien, Pflanzen, Tiere, physikalische Versuche gezeigt werden, wenn das nicht damit verbunden wird, die sinnlichen Gleichnisse zum Ahnenlassen der geistigen Geheimnisse zu verwenden. Sicherlich wird mit dem hier

Gesagten ein materialistischer Sinn nicht viel anzufangen wissen; und das ist dem Geistesforscher nur zu verständlich. Aber ihm ist auch klar, daß eine wirklich praktische Erziehungskunst nie aus dem materialistischen Sinn erwachsen kann. So praktisch sich dieser Sinn dünkt, so unpraktisch ist er in Wirklichkeit, wenn es darauf ankommt, das Leben lebensvoll zu erfassen. Der wahren Wirklichkeit gegenüber ist die materialistische Gesinnung phantastisch, während *dieser* allerdings die sachgemäßen Auseinandersetzungen der Geisteswissenschaft notwendig phantastisch erscheinen *müssen*. Zweifellos wird auch noch manches Hindernis zu überwinden sein, bis die durchaus aus dem Leben geborenen Grundsätze der Geisteswissenschaft in die Erziehungskunst eindringen. Aber das ist ja natürlich. Deren Wahrheiten *müssen* gegenwärtig noch für viele ungewohnt sein. Sie werden sich aber der Kultur einverleiben, wenn sie wirklich die Wahrheit sind.

Nur durch ein deutliches Bewußtsein davon, wie die einzelnen Erziehungsmaßnahmen auf den jungen Menschen wirken, kann der Erzieher immer den richtigen Takt finden, um in einzelnen Falle das Richtige zu treffen. So muß man wissen, wie die einzelnen Seelenkräfte, nämlich: Denken, Fühlen und Wollen, zu behandeln sind, damit deren Entwicklung wieder auf den Ätherleib zurückwirke, während dieser sich zwischen Zahnwechsel und Geschlechtsreife durch die Einflüsse von außen immer vollkommener gestalten kann.

Zu der Entwicklung eines gesunden kraftvollen Willens wird der Grund gelegt durch die richtige Handhabung der betrachteten Erziehungsgrundsätze während der ersten sieben Lebensjahre. Denn ein solcher Wille muß seine Stütze in den vollentwickelten Formen des physischen Leibes haben. Vom Zahnwechsel angefangen, handelt es sich darum, daß der nun sich entwickelnde Ätherleib dem physischen Leibe diejenigen Kräfte zuführe, durch welche dieser seine Formen gediegen und in sich fest machen kann. Das, was die stärksten Eindrücke auf den Ätherleib macht, das wirkt auch am kräftigsten auf die Festigung des physischen Leibes zurück. Die allerstärksten Impulse werden aber auf den Ätherleib durch diejenigen Empfindungen und Vorstellungen hervorgerufen, durch die der Mensch seine Stellung zu den ewigen Urgründen des Weltalls fühlt und erlebt, das heißt, durch die religiösen Erlebnisse. Niemals wird sich der Wille eines Menschen und damit sein Charakter gesund entwickeln, wenn er nicht tiefeindringende religiöse Impulse in der in Rede stehenden Lebensepoche durchmachen kann. In der einheitlichen Willensorganisation kommt es zum Abdruck, wie der Mensch sich eingegliedert fühlt in das Weltganze. Fühlt sich ein Mensch nicht mit sicheren Fäden angegliedert an ein Göttlich-Geistiges, so müssen Wille und Charakter unsicher, uneinheitlich und ungesund bleiben.

Die Gefühlswelt entwickelt sich in der rechten Art durch die beschriebenen Gleichnisse und Sinnbilder, insbesondere durch alles das, was aus der Geschichte und sonstigen Quellen an Bildern charakteristischer Menschen vorgeführt wird. Auch die entsprechende Vertiefung in die Geheimnisse und Schönheiten der Natur ist für die Heranbildung der Gefühlswelt wichtig. Und hier kommt insbesondere in Betracht die Pflege des Schönheitssinnes und das Wachrufen des Gefühls für das Künstlerische. Das Musikalische muß dem Ätherleib jenen Rhythmus zuführen, der ihn dann befähigt, den in allen Dingen auch sonst verborgenen Rhythmus zu empfinden. Einem jungen Menschen wird viel für das ganze spätere Leben entzogen, dem in dieser Zeit nicht die Wohltat einer Pflege des musikalischen Sinnes zuteil wird. Ihm müßten, wenn ihm dieser Sinn ganz mangelte, geradezu gewisse Seiten des Weltendaseins ganz verborgen bleiben. Dabei sollen aber ja die anderen Künste nicht vernachlässigt werden. Die Erweckung des Sinnes für architektonische Stilformen, desjenigen für plastische Gestalten, für Linie und Zeichnerisches, für die Harmonie der Farben, nichts davon sollte im Erziehungsplane fehlen. So einfach das alles unter gewissen Verhältnissen gestaltet werden muß, der Einwand kann nie gelten, daß die Verhältnisse gar nichts nach dieser Richtung hin gestatten. Mit den einfachsten Mitteln kann man viel leisten, wenn in dieser Richtung beim Erzieher selbst der richtige Sinn herrscht. Freude am Leben, Liebe zum Dasein, Kraft zur Arbeit, alles das erwächst für das ganze Dasein aus der Pflege des Schönheits- und Kunstsinnes. Und das Verhältnis von Mensch zu Mensch, wie wird es veredelt, verschönt durch diesen Sinn. Das moralische Gefühl, das ja auch in diesen Jahren herangebildet wird durch die Bilder des Lebens, durch die vorbildlichen Autoritäten, es erhält seine Sicherheit, wenn durch den Schönheitssinn das Gute zugleich als schön, das Schlechte als häßlich empfunden wird.

Das Denken in seiner eigenen Gestalt, als inneres Leben in abgezogenen Begriffen, muß in der in Frage kommenden Lebensperiode noch zurücktreten. Es muß sich wie unbeeinflußt, gleichsam von selbst entwickeln, während die Seele die Gleichnisse und Bilder des Lebens und der Naturgeheimnisse vermittelt erhält. So muß inmitten der anderen Seelenerlebnisse zwischen dem siebenten Jahre und der Geschlechtsreife das Denken heranwachsen, die Urteilskraft muß so reifen, damit dann, nach erfolgter Geschlechtsreife, der Mensch fähig werde, den Dingen des Lebens und des Wissens gegenüber sich in voller Selbständigkeit seine Meinung zu bilden. Je weniger man vorher unmittelbar auf die Entwicklung der Urteilskraft einwirkt und je besser man es mittelbar durch die Entwicklung der anderen Seelenkräfte tut, um so besser ist es für das ganze spätere Leben des betreffenden Menschen.

Nicht nur für den geistigen Teil der Erziehung, sondern auch für den physischen liefert die Geisteswissenschaft die rechte Grundlage. Um auch hier ein charakteristisches Beispiel anzuführen, sei auf das

Turnen und die Jugendspiele hingewiesen. Wie Liebe und Freude die Umgebung der ersten Kinderjahre durchdringen müssen, so muß der heranwachsende Ätherleib in sich durch die körperlichen Übungen das Gefühl seines Wachstums, der stets sich steigernden Kraft in sich wirklich erleben. Die Turnübungen zum Beispiel müssen so ausgebildet werden, daß bei jeder Bewegung, bei jedem Schritt sich im Innern des jungen Menschen das Gefühl einstellt: »Ich fühle wachsende Kraft in mir.« Und dieses Gefühl muß sich des Innern als eine gesunde Lust, als Wohlbehagen bemächtigen. Um Turnübungen in diesem Sinne auszudenken, dazu gehört freilich mehr als eine verstandesmäßige anatomische und physiologische Kenntnis des menschlichen Leibes. Es gehört dazu eine intime, intuitive, ganz gefühlsmäßige Erkenntnis von dem Zusammenwirken von Lust und Behagen mit den Stellungen und Bewegungen des menschlichen Leibes. Der Ausgestalter solcher Übungen muß in sich erleben können, wie eine Bewegung, eine Stellung der Glieder ein lustvolles, behagliches Kraftgefühl erzeugt, etwas anderes eine Art Kraftverlust und so weiter . . . Daß Turnen und Leibesübungen in dieser Richtung gepflegt werden können, dazu gehört dasjenige bei dem Erzieher, was ihm nur die Geisteswissenschaft und vor allem eine geisteswissenschaftliche Gesinnung geben kann. Man braucht dazu nicht etwa gleich das Hineinschauen in die geistigen Welten, sondern nur den Sinn dafür, im Leben nur das anzuwenden, was sich aus der Geisteswissenschaft ergibt. Wenn insbesondere in solchen praktischen Gebieten wie bei der Erziehung die geisteswissenschaftlichen Erkenntnisse angewendet würden, dann würde bald auch das völlig unnütze Reden aufhören, daß diese Erkenntnisse doch erst bewiesen werden müssen. Wer sie richtig anwendet, dem werden sie sich im Leben dadurch beweisen, daß sie dieses gesund und stark machen. Er wird gerade dadurch, daß sie sich in der Praxis bewähren, ersehen, daß sie wahr sind, und dadurch muß er sie besser bewiesen finden als durch alle »logischen« und sogenannten ›wissenschaft-
* lichen Gründe‹. Die geistigen Wahrheiten erkennt man am besten an ihren Früchten, nicht durch einen angeblich noch so wissenschaftlichen Beweis, der doch kaum viel anderes sein kann als ein logisches Geplänkel.

Mit der Geschlechtsreife wird erst der Astralleib geboren. Mit seiner nach außen freien Entwicklung wird auch erst von außen an den Menschen alles herantreten können, was die abgezogene Vorstellungswelt, die Urteilskraft und den freien Verstand entfaltet. Es ist schon erwähnt worden, daß diese Seelenfähigkeiten vorher unbeeinflußt innerhalb der richtigen Handhabung der anderen Erziehungsmaßnahmen sich entwickeln sollen, wie sich unbeeinflußt im mütterlichen Organismus Augen und Ohren entwickeln. Mit der Geschlechtsreife ist die Zeit gekommen, in der der Mensch auch dazu reif ist, sich über die Dinge, die er vorher gelernt hat, ein eigenes

Urteil zu bilden. Man kann einem Menschen nichts Schlimmeres zufügen, als wenn man zu früh sein eigenes Urteil wachruft. Erst dann kann man urteilen, wenn man in sich erst Stoff zum Urteilen, zum Vergleichen aufgespeichert hat. Bildet man sich vorher selbständige Urteile, so muß diesen die Grundlage fehlen. Alle Einseitigkeiten im Leben, alle öden ›Glaubensbekenntnisse‹, die sich auf ein paar Wissensbrocken gründen und von diesen aus richten möchten über oft durch lange Zeiträume bewährte Vorstellungserlebnisse der Menschheit, rühren von Fehlern der Erziehung in dieser Richtung her. Um reif zum Denken zu sein, muß man sich die Achtung vor dem angeeignet haben, was andere gedacht haben. Es gibt kein gesundes Denken, dem nicht ein auf selbstverständlichen Autoritätsglauben gestütztes gesundes Empfinden für die Wahrheit vorangegangen wäre. Würde dieser Erziehungsgrundsatz befolgt, man müßte es nicht erleben, daß Menschen zu jung sich reif dünken zum Urteilen und sich dadurch die Möglichkeit nehmen, allseitig und unbefangen das Leben auf sich wirken zu lassen. Denn ein jedes Urteil, das nicht auf der gehörigen Grundlage von Seelenschätzen aufgebaut ist, wirft dem Urteiler Steine in seinen Lebensweg. Denn hat man einmal über eine Sache ein Urteil gefällt, so wird man durch dieses immer beeinflußt, man nimmt ein Erlebnis dann nicht mehr so auf, wie man es aufgenommen hätte, wenn man sich nicht ein Urteil gebildet hätte, das mit dieser Sache zusammenhängt. In dem jungen Menschen *muß* der Sinn leben, zuerst zu lernen und dann zu urteilen. Das, was der Verstand über eine Sache zu sagen hat, sollte erst gesagt werden, wenn alle anderen Seelenkräfte gesprochen haben, vorher sollte der Verstand nur eine vermittelnde Rolle spielen. Er sollte nur dazu dienen, das Gesehene und Gefühlte zu erfassen, es so in sich aufzunehmen, wie es sich gibt, ohne daß das unreife Urteil sich gleich der Sache bemächtigt. Deshalb sollte der junge Mensch vor dem angedeuteten Lebensalter mit allen Theorien über die Dinge verschont werden und der Hauptwert darauf gelegt werden, daß er sich den Erlebnissen des Daseins gegenüberstellt, um sie in seiner Seele aufzunehmen. Man kann gewiß den heranwachsenden Menschen auch mit dem bekannt machen, was Menschen über dies und jenes gedacht haben, aber man soll vermeiden, daß er sich für eine Ansicht durch ein verfrühtes Urteil engagiere. Er soll auch die Meinungen mit dem Gefühle aufnehmen, er soll, ohne gleich für das eine oder das andere sich zu entscheiden und Partei zu ergreifen, hören können: der hat das gesagt, der andere jenes. Es wird zur Pflege eines solchen Sinnes von Lehrern und Erziehern allerdings ein großer Takt verlangt, aber geisteswissenschaftliche Gesinnung ist gerade imstande, diesen Takt zu geben.

Es konnten hier nur einige Gesichtspunkte entwickelt werden für die Erziehung im geisteswissenschaftlichen Sinne. Es sollte aber auch nur der Hinweis darauf gegeben werden, welche Kulturaufgabe diese Geistesrichtung in dieser Beziehung zu erfüllen hat. Daß sie solches vermag, wird davon abhängen, daß sich in immer weiteren Kreisen der Sinn verbreitet für diese Vorstellungsart. Daß dies geschehen könne, dazu ist allerdings zweierlei notwendig: erstens, daß man die Vorurteile gegenüber der Geisteswissenschaft aufgibt. Wer sich wirklich auf sie einläßt, der wird schon sehen, daß sie nicht das phantastische Zeug ist, als was sie viele heute noch ansehen. Solchen wird hier kein Vorwurf gemacht, denn alles was an Bildungsmitteln unsere Zeit bietet, muß die Meinung *zunächst* erzeugen, als ob die Geisteswissenschaftler Phantasten und Träumer wären. Bei oberflächlicher Betrachtung kann man sich ein anderes Urteil gar nicht bilden, denn es scheint sich da der vollkommenste Widerspruch zu ergeben zwischen der als Geisteswissenschaft auftretenden Anthroposophie und allem, was die Bildung der heutigen Zeit dem Menschen als Grundlage zu einer gesunden Lebensauffassung an die Hand gibt. Erst einer tieferen Betrachtung enthüllt sich, wie tief widerspruchsvoll die Ansichten der Gegenwart ohne diese Grundlage der Geisteswissenschaft bleiben müssen, ja, wie sie diese Grundlage * durch sich selbst geradezu herausfordern und auf die Dauer ohne sie gar nicht bleiben können. Das zweite, was notwendig ist, hängt mit einer gesunden Entwicklung der Geisteswissenschaft selbst zusammen. Erst dann, wenn in anthroposophischen Kreisen überall die Erkenntnis durchgedrungen sein wird, daß es darauf ankomme, die Lehren in der weitgehendsten Art für alle Verhältnisse des Lebens fruchtbar zu machen, nicht bloß über sie zu theoretisieren, dann wird sich auch das Leben verständnisvoll der Geisteswissenschaft erschließen. Sonst aber wird man fortfahren, die Anthroposophie für eine Art religiösen Sektierertums einzelner sonderbarer Schwärmer zu halten. Wenn sie aber positive nützliche Geistesarbeit leistet, dann wird der geisteswissenschaftlichen Bewegung die verständnisvolle Zustimmung auf die Dauer nicht versagt werden können. (Ende des Steiner-Textes.)

PÄDAGOGIK UND SOZIALIDEE

So wie die vorstehenden, nicht ohne Grund mit gewissermaßen meditativer Breite ausgeführten allgemeinen Erziehungsgedanken auf den Ergebnissen einer allseitigen Kenntnis des Menschenwesens beruhen, so gründet die detaillierte und konkretisierte Erziehungslehre Rudolf Steiners, also seine durchgebildete und verwirklichte Pädagogik auf jenen allgemeinen Gedanken. Das ideelle Kernstück dieser Pädagogik bildet der organische Zusammenhang und das darum gebotene grundsätzliche *Zusammenwirken von Erkenntnis, Kunst, Religion und Sittlichkeit.* Steiner weist darauf hin, daß

»Erkenntnis und Kunst aus einer Wurzel stammen« und daß * der »tiefe Abgrund zwischen Erkenntnis und Kunst«, den die moderne materialistische Denkweise aufgerissen hat, einmal wieder überbrückt werden muß, da die vermeintlich nur »objektiv« verfahrende Wissenschaft zwar »in großartiger Weise« Antwort »auf Fragen der äußeren Natur« gebe, aber da stehen bleibe, »wo es sich um den Menschen handelt« (nämlich um den ganzen, als Geist-Seele-Leib-Einheit zu erfassenden Menschen). In ähnlichem Sinne, wie *Kunst* zur Erkenntnis gehört (was sogar der heutige Sprachgebrauch noch durchblicken läßt, indem er trotz des selbstverständlichen Erkenntnisursprungs jeglicher Erziehung von »Erziehungs*kunst*« redet), steht auch das *religiöse* Element durchaus in keinem Widerspruch dazu. Denn

»Der Glaube will nicht bloß ein Surrogat des Wissens sein; der Glaube soll etwas wirken... er soll unsere moralischen Vorstellungen real machen...«

Es kommt darauf an,

»daß in dem, was man glaubt, die Kraft liegt, welche imstande ist, den Keim ›Moral‹ zum Weltkörper zu realisieren«.

Damit schließt sich der Kreis eines pädagogischen Konzepts, das zugleich dem Einzelmenschen gibt, worauf er für sein Leben und seine Entwicklung Anspruch hat, und der Menschheit insgesamt, was ihr für eine Erneuerung der Zivilisation vonnöten ist,

»damit wiederum ursprüngliches Leben dasjenige wird, was heute nur Erbschaft, nur Tradition ist und deshalb schwach und unkräftig wirkt. Wir brauchen zu unserem komplizierten sozialen Leben, das über die Erde hin ein Chaos zu verbreiten droht, diese ursprünglichen Impulse. Wir brauchen die Harmonie zwischen Erkenntnis, Kunst, Religion und Sittlichkeit. Wir brauchen in einer neuen Form diesen Weg von der Erde aus, auf der wir uns unsere Erkenntnis erwerben, durch die Inspiration, durch die Kunst hinüber zum unmittelbaren Drinnenstehen, zum Ergreifen des Übersinnlichen in dem religiösen Leben, damit wir wiederum hinunterführen können auf die Erde dieses Übersinnliche, im religiösen Leben Gefühlte und in den Willen Umgesetzte im irdisch-*sozialen* Dasein.«

Bezeichnenderweise ergab sich, entsprechend dieser Einmündung pädagogischer Gedankengänge in soziale Ausblikke, die erste Schulgründung Steinerschen Geistes nicht aus der Initiative irgendeiner experimentierfreudigen staatlichen oder kommunalen Erziehungsbehörde, sondern aus den *sozialen* Reformbestrebungen einer einzelnen, mit außergewöhnlichem Verantwortungsgefühl für das Schicksal des »Menschlichen« in der modernen Gesellschaftsordnung begabten Persönlichkeit. Auf Wunsch des Direktors der Waldorf-Astoria-Zigarettenfabrik in Stuttgart, Kommerzienrat Emil Molt, der dieserhalb an Rudolf Steiner herantrat, arbeitete dieser den genauen Plan eines privaten Schulbetriebs für die Kinder der Arbeiter und Angestellten jenes Industrieunternehmens aus. Der Name *Freie Waldorf-Schule* bezeichnete somit eine reine Betriebsschule. Sie wurde das Muster einer stetig wachsenden Anzahl von *Rudolf-Steiner-Schulen,* die heute schon längst nicht mehr auf Deutschland beschränkt sind. In grundlegenden Ausbildungskursen machte Steiner geeignete Lehrkräfte mit den Methoden der »Waldorf-Pädagogik« vertraut; auf ausgedehnten Vortragsreisen warb er für die Ausbreitung des neuen Schulgedankens. Bis an sein Lebensende blieb dieses Erziehungswerk Steiners offenkundig allerdringlichstes Anliegen. Nach allem oben über Wesen, Sinn und Absicht seines Wirkens überhaupt Gesagten läßt sich das leicht begreifen.

Von der Besonderheit der Rudolf-Steiner-Schulen mag die knappe Skizzierung ihrer Zielsetzung, ihres Lehrstoffes wie ihres Lehrplanes eine ungefähre Vorstellung geben. Vorweg gesagt: Sie sind keine »Bekenntnisschulen« derart, daß aus ihnen erklärte Anthroposophen hervorgehen sollten. Zwar ist alles, was in diesen Schulen geschieht und wie es geschieht, auf die geisteswissenschaftlichen Einsichten gegründet; aber diese Einsichten selbst sollen den Schülern nicht aufgedrängt werden. Nach Wunsch der Eltern wird vielmehr von dafür legitimierten Lehrkräften konfessioneller Religions- oder weltanschaulicher Unterricht erteilt. Diese Regelung hat natürlich nichts mit Indifferenz zu tun; sie respektiert nur das Entscheidungsrecht der Erziehungsberechtigten und beruft sich auf die Tatsache, daß alle religiösen Lehrinhalte in gleichnishafter Form gewisse Aspekte der göttlich-geistigen Wirklichkeit darbieten und daß auch jede anderweitige ernsthafte Bemühung um ein Hinauslangen über das bloß mechanistische, platt-materielle Weltverständnis hinaus einen Zipfel übersinnlicher Wahrheit erfaßt. –

Aus dem Rahmen der traditionellen Schultypen fiel schon die erste Waldorf-Schule (1919) dadurch, daß sie den grundsätzlichen Unterschied von »Volksschule« und »Höherer Schule« aufhob. Die »Rudolf-Steiner-Schule« faßte von Anfang an die ehemals scharf getrennten Prinzipien beider Kategorien in einer neuartigen pädagogischen Planung zusammen. Auch Klassengemeinschaft von Knaben und Mädchen gehört von Anfang an zu dem hier praktizierten Erziehungsplan, dessen erklärtes Ziel es ist, die jungen Menschen zugleich innerlich frei zu machen und sie als aufnahmefähige, aufgeschlossene, vorurteilsfreie und verantwortungsfreudige Individuen in das Gegenwartsleben und seine Aufgabenfülle hineinwachsen zu lassen; angeregt und ausgerüstet vor allem dazu: die »gegebenen Verhältnisse« nicht einfach hinzunehmen als etwas, was »man ja doch nicht ändern könne«, sondern, je nach persönlichem bestem Vermögen, selbst einmal mitgestaltend auf sie einzuwirken. Die Menschen, die aus dieser Schule hervorgehen, sollen willens und befähigt sein, anstatt sich der bestehenden Umweltbeschaffenheit wie einer diktatorischen Allmacht um jeden Preis anzupassen, aus den Impulsen unabhängigen menschlichen Wertbewußtseins am Werden einer menschenwürdigen Umwelt mitzuschaffen.

Um ein engeres Verhältnis der wechselseitigen Kenntnis und des Vertrauens zwischen Lehrern und Schülern zu ermöglichen, als es in den gewöhnlichen Schulbetrieben bestehen kann, führt der gleiche Lehrer eine Klasse vom ersten bis zum achten Schuljahr. Dieser Lehrer erteilt auch den Hauptunterricht, welcher »epochenweise« durchgeführt wird, indem abwechselnd jedem einzelnen Hauptfach jeweils einige Wochen hintereinander täglich zwei Lehrstunden eingeräumt werden, während solche Fächer, die unbedingt kontinuierliche Übung verlangen, in regulärer Weise neben diesem »Epochenunterricht« hergehen. Die besondere Konzentration auf einen hauptfachlichen Gegenstand über einen längeren Zeitraum hinweg, wie sie durch diesen »Epochen«-Rhythmus erstrebt und erreicht wird, bewirkt ein intensiveres Hineinwachsen der Lernenden in Geist und Wesen der behandelten Sache. Die Erlernung von Fremdsprachen geschieht auf demselben Wege, auf welchem der Mensch sich gemeinhin auch seiner Muttersprache bemächtigt: zunächst (von der untersten Klasse an) durch rein phonetische Aneignung, an die sich erst später das Sinnverständnis und die grammatikalische Bewußtmachung anschließt. Die ersten Fremdsprachen sind Englisch und Französisch; im sechsten Schuljahr kommt Latein hinzu. Dem harmonischen Ausgleich zwischen geistiger und körperlicher Schulung dienen die musischen, handwerklichen und gymnastischen Fächer, auf deren vielseitige und gründliche Pflege besonderer Wert gelegt wird. Auch in ihnen erfolgt der Unterricht betreffs des Was und Wie nach bestimmten menschenkundlichen Einsichten. So umfaßt z.B. die handwerkliche Ausbildung sowohl die hauptsächlichen Zweige eigentlichen Handwerks wie auch diejenigen, die man als »Kunstgewerbe« bezeichnet – durchaus nicht dilettantisch, sondern fachmännisch in der Arbeitstechnik und mit allen gebräuchlichen Materialien. Sogenannte »Handarbeiten«, wie sie im allgemeinen als dem weiblichen Geschlecht vorbehalten gelten (beispielsweise Nähen, Stricken, Weben, auch Buchbinden), müssen von den Knaben ebenso wie von den Mädchen geübt werden. Unter den musischen Fächern stehen Musik, Zeichnen und Malen im Vordergrunde. Über den Rahmen der eigentlichen gymnastischen Fächer (Turnen, Turnspiele usw.) hinaus greift die für alle Klassen obligatorische *Eurythmie,* eine von Rudolf Steiner ins Leben gerufene und ausgebildete neue Bewegungskunst, deren Sinn und Bedeutung auf verschiedenen Ebenen liegt: Sie will einerseits, in Verbindung mit Musik und Sprache, durchgeistigter Körperausdruck von künstlerischer Gesetzlichkeit sein und wirkt sich andererseits »stärkend, gesundend und heilend« auf den menschlichen Organismus aus.

In ihrer ursprünglichen und prinzipiell gemeinten Gestalt umfaßt die Rudolf-Steiner-Schule zwölf Schuljahre, zwischen denen es kein Sitzenbleiben gibt, sondern eine vernünftige Förderung der Schüler nach Maßgabe und in Richtung ihrer individuellen Begabungsanlagen – vorwiegend wissenschaftlich oder vorwiegend praktisch –, wie sie sich im Laufe der Schulzeit herausstellen. Es versteht sich von selbst, daß dabei die durch den ganzen Entwicklungsplan sowie die Gliederung und Behandlung des Lehrstoffs angestrebte grundlegende Menschenbildung nicht auf Kosten hinreichender Wissensaneignung gehen soll. Die Steiner-Pädagogik dahin mißzuverstehen, daß in ihr das eigentliche Lernen sozusagen Nebensache wäre, hieße sie gerade in ihrem Kardinalziel durchkreuzen: die jungen Menschen nicht *weniger,* sondern *mehr,* als es sonst geschieht, für die Auseinandersetzung mit der Gegenwart, in welche sie hineinwachsen, tüchtig zu machen. (Aus entsprechenden Erwägungen heraus wurde für die wissenschaftlich Begabten dem Zwölfjahresplan ein dreizehntes Schuljahr zwecks Vorbereitung auf das Abitur angegliedert.) Freilich, Examensmenschen zu präparieren ist hier nicht vorgesehen; und was ganz ausgesprochenermaßen *nicht* gewollt wird, ist jene stumpfsinnige Prozedur, welche darin besteht, daß man, wie Steiner einmal formulierte, »irgend * etwas Unbestimmtes, was man den menschlichen Geist nennt – man kann nicht sagen trainiert, sondern – maltraitiert, und nachdem man diesen sogenannten Geist ... maltraitiert hat, sich fragen läßt von jemandem, wieviel man nun weiß ...« Gewiß, eine Bemerkung, die ins Komische zieht, was jedoch, als Charakterisierung der üblichen »Doktorerziehung« zum Unterschied von der hier gewollten Menschen- und Menschheitserziehung, sehr ernst gemeint ist.

Die Tatsache, daß eine Reihe von Einzelheiten dieser pädagogischen Praxis seither verschiedentlich nachgeahmt wurden (versteht sich: ohne Quellenangabe) beweist, wie einleuchtend das Steinersche Erziehungskonzept auch ohne Kenntnis oder Anerkenntnis seiner weltanschaulichen Ursprünge sein kann, sofern bei pädagogischen Erörterungen überhaupt noch an eigentliche Menschenerziehung gedacht wird. Und darauf kommt es schließlich an. Irrig wäre es allerdings zu glauben, dasselbe Konzept hätte auch einem Kopfe entspringen können, welchem jene weltanschaulichen Voraussetzungen gänzlich fern liegen. Vielmehr darf von der Überzeugungskraft der praktischen Folgerungen auf die Glaubwürdigkeit besagter Ursprünge geschlossen werden. *Das* jedenfalls wird jeder unvoreingenommene Urteiler begreifen können und zugeben müssen: daß es sich hier um eine Erziehung handelt, welche die größtmögliche Entfaltung der im Kinde veranlagten Entwicklungskeime, die günstigste und verantwortbarste Ausbildung »des Menschen« im aufwachsenden Menschenkinde und damit *das wahre Wohl der kommenden Menschengenerationen* im Auge hat. * Von der sogenannten modernen Pädagogik läßt sich das ja nun auch bei größter Illusionsbereitschaft nicht behaupten. Ihr ist zu attestieren, daß nichts ihr so schlechthin gleichgültig ist wie das Gedeihen des Menschlichen im Menschen. (Was man heute als »humane« oder »humanitäre« Erziehungsziele verkaufen möchte, sind, genauer betrachtet, politische oder parteipolitische Tendenzphrasen, die jeden Tag wieder auf den Kopf gestellt werden können und in der ganzen Welt auch täglich werden.) Worauf jene »moderne Pädagogik« zielt, das ist ausschließlich: die Brauchbarkeit ihrer Dressurobjekte für den Dienst an der selbstzwecklichen industriellen Prosperität. Mit ihrer planmäßigen Abtötung der Phantasiekräfte, ihrer Drosselung des Gefühlslebens (schon für den Kindergarten wird bereits die Pflege des Märchens bekämpft und früheste Anleitung zur automatischen Einpassung in den Umweltbetrieb wie zu dessen intellektueller Verarbeitung gefordert), mit ihrer vorzeitigen und einseitigen Anreizung der Verstandestätigkeit und verfrühter Kritikübung bei tunlichster Unterbindung aller Einflüsse aus der Region lebendiger Geistigkeit preßt sie ihr »Nachwuchsmaterial« in die Schablonen künftiger »Erfolgsmenschen«, »Wirtschaftskapitäne« und Manager, oder aber massenhaft fronender Termiten. Dieser einzigen tatsächlichen Zielsetzung der »neuorientierten«, psychologisch und soziologisch durchgeplanten, mit allen »audio-visuellen Hilfsmitteln« perfektionierter Eintrichterungstechnik praktizierten Pseudopädagogik können natürlich Erziehungsgedanken wie diejenigen Steiners nur noch als Monstrebeispiel »falscher Programmierung« gelten. Wobei die Situation noch dadurch verschärft wird, daß an der Durchsetzung und Durchführung der automatisierten Industrienachwuchsdressur und programmierten Manipulationspädagogik die Wirtschaft ja nicht allein eben der Nachwuchsfrage wegen interessiert ist, sondern auch (und nicht zuletzt) wegen des breiten neuen Absatzfeldes für die zahlreichen und kostspieligen, industrieerzeugten Eintrichterungsapparaturen, auf deren Gebrauch und ständigen verbesserten Ersatz das »fortschrittliche Unterrichtssystem« ja angewiesen ist...

* Zu dieser Angelegenheit ist nun aber noch etwas Aufklärendes zu sagen! Nämlich: daß zwar in den meisten Ländern Europas das diesbezügliche Geschäft jetzt erst anläuft, die Neugier der einschlägig engagierten Zeitgenossen daher noch frisch und in ständiger Zunahme begriffen ist; daß dahingegen dort, wo man bereits die einstigen Erwartungen mit inzwischen gesammelten ausreichenden Erfahrungen vergleichen konnte, der ursprüngliche Enthusiasmus erst erheblich gedämpft, dann durch weitgehende Ernüchterung und wachsende Skepsis verdrängt wurde. Die kritischen Stimmen ertönen nicht aus dem Lager »unberufener« und »unorientierter«

Kulturkritiker, sondern aus der Mitte der Pädagogen, welche in den Vereinigten Staaten (und auch in der Schweiz) mit der »Programmierten Instruktion« befaßt sind. Sie bekunden: daß »man durch programmierte Information keine Lehrer einsparen kann«; daß »Programme allein nicht geeignet sind, umfassendere Lerneinheiten zu bewältigen«; daß »es auch in den USA bisher wenige Programme gibt, die sich den Lehrplänen so einfügen, daß der Lehrer seine Unterrichtsabsichten verwirklichen kann, ohne vom Programm beherrscht zu werden; das »selbst diese Programme nur zum Teil den Anforderungen genügen, die von der Schule an ein Programm gestellt werden müssen«; daß »im letzten der Lehrer, auch beim programmierten Lernen, unentbehrlich ist«. Viel gewichtiger noch als diese Erklärungen ist indessen die Feststellung, daß die »Programmierte Instruktion« (oder »Information«) *auch bezüglich der erhofften Wirkungen bei den Schülern* enttäuscht hat; vor allem betreffs der Dauerhaftigkeit der empfangenen Hirninhalte. Es wird vor allem beklagt, daß vielfach (entgegen den »praktischen« Absichten der Programmierer) der eingetrichterte Stoff seinen Sinnzusammenhängen nach gar nicht erfaßt wurde und daß die Schüler obendrein *»wenig oder nichts davon behielten«*. Angesichts solchen Sachverhalts fühlt man jenem schweizerischen Gutachter die Schärfe nach, mit welcher er seine Landsleute vor dem kostspieligen Abenteuer der Nachahmung warnt: »Es besteht die Gefahr, daß ausgerechnet jetzt, da der Programmierte Unterricht in seiner anfänglichen Form in Amerika überholt ist, in Europa unter dem Drucke interessierter Geschäftsunternehmer etwa durch Gesetz als dauernde Einrichtung in die Volksschule eingeführt wird, was drüben nur ein Experiment war! Sollen wir nach den ausgedienten Spielautomaten veraltete Programme nebst zugehörigen Lerngeräten übernehmen? Sie jetzt noch ›ausprobieren‹ zu wollen wäre Dilettantismus.« Ob diese Mahnung allerdings den Gang der Dinge wird beeinflussen können, bleibt zweifelhaft, solange die Allmacht des Unternehmertums jegliches noch so stichhaltige Argument, das seinen Vorteil bedrohen könnte, durch ein bloßes Augenzwinkern aus dem Felde zu schlagen vermag. Mehr als eine gerichtliche Auseinandersetzung neuerer Zeit, bei welcher schwerwiegende »berechtigte Interessen« privater oder sogar öffentlicher Art gegen Wirtschaftsinteressen standen, machte drastisch genug sichtbar, wie heillos alle sachdienlichen Entscheidungen heute behindert sind durch die Vormachtstellung der Wirtschaft und die Rücksichtslosigkeit des Wirtschaftsegoismus sowie dadurch, daß * jene Vormachtstellung selbst auf das _Recht_ relativierend * wirkt. Ist doch das _Wirtschafts_interesse obendrein über den * Steuerbedarf mit dem _Staats_interesse verquickt, welches infolgedessen bei der Abwägung der divergierenden bzw. miteinander kollidierenden Interessen zugunsten der Wirtschaft mit in die Waagschale fällt...

Die obigen Urteile in Sachen des automatisierten Unterrichts gewähren jedenfalls einen wirklich »informativen« Einblick in die pädagogische Gegenwartssituation, als deren übler Kern die unglückselige Verkettung der Erziehung mit einem ganzen Komplex rein wirtschaftlicher Berechnungen und Belange – und gar solcher von internationaler Reichweite – sichtbar wird. Ein Beispiel, an dem sich erkennen läßt, wie eminent bedeutsam nun aber auch Rudolf Steiners Forderung einer _durchgreifenden Umordnung des gesamten Sozialgefüges_ ist, wie er sie mit seiner _Dreigliederungs-Idee_ verfochten und in Gang zu bringen versucht hat. (Von der ebenso engen Verkettung der Erziehung mit rein politischen Interessen, wie * sie in sogenannten »sozialistischen«, in Wahrheit parteidiktatorisch regierten Staaten des Ostens vorliegt, braucht hier weiter nicht gesprochen zu werden. Systematische Anleitung schon der Kleinsten zum kollektiven Haß und Dressur der Kindergartenzöglinge auf den Umgang mit Mordwaffen sind so eindeutig verbrecherische Methoden seelisch-geistiger Menschenzerstörung, daß es darüber unter Denkfähigen kaum zweierlei Meinung geben kann. Aber zweifellos ist, von der Zielsetzung des welterobernden Klassenkampfes her gesehen, diese teuflische Pädagogik »richtig programmiert«, und sind die beklagenswerten, jeglichem hütenden und bewahrenden Elterneinfluß gewaltsam entrissenen Kinder vortrefflich »manipuliert«.)

Wie eng die _sozialreformerischen_ Gedanken Rudolf Steiners mit seinen, selbst schon von starken sozialen und moralischen Impulsen durchwobenen, _Erziehungsideen_ verknüpft sind, wie logisch sie aus diesen hervorgehen, mögen folgende Sätze bezeugen, welche sich unmittelbar an einen oben zitierten Passus anschließen:

*»_Die soziale Frage wird erst in ihrer vollen Tiefe ergriffen werden, wenn sie als eine sittliche, als eine religiöse Frage erfaßt_

wird. Aber sie wird keine sittliche, religiöse Frage werden, ehe nicht die sittliche und religiöse Frage eine Angelegenheit der spirituellen Erkenntnis wird. Erringt sich der Mensch wiederum spirituelle Erkenntnis, dann wird er dasjenige, was er braucht, herbeiführen können, wird gewissermaßen die weitere Entwicklung anknüpfen können an einen instinktiven Ursprung. Dann wird er finden, was gefunden werden muß zum Heile der Menschheit: Harmonie zwischen Wissen, Kunst, Religion und Sittlichkeit.«

GEIST, RECHT UND WIRTSCHAFT

Rudolf Steiners praktisches Sozialkonzept, die erwähnte *Dreigliederungs-Idee,* geht von der Feststellung aus, daß das berühmte Schlagwort der Französischen Revolution *Freiheit, Gleichheit, Brüderlichkeit* drei Postulate aufstellt, welche nur dann einen vernünftigen Sinn für die Lebenswirklichkeit gewinnen können, wenn jedes von ihnen auf einen anderen Bereich innerhalb des gesellschaftlichen Ganzen bezogen wird, und zwar nach der Ordnung: Freiheit für den *Geist;* Gleichheit für das *Recht;* Brüderlichkeit für das *Wirtschaftsleben.*

Die Einsicht, wie eng alle soziale Problematik unseres Zeitalters mit veralteten Denkweisen zusammenhängt, welche die entscheidende Wichtigkeit einer strukturellen Neuordnung des menschlichen Gemeinschaftslebens nach den Gesichtspunkten solcher (nicht künstlich ausgedachten, sondern eigentlich naturgegebenen) Dreigliederung verkennen, wie eng aber auch jene zeitbeherrschende soziale Problematik wiederum mit der Unmöglichkeit einer dauerhaften Befriedung der Welt zusammenhängt, ging Rudolf Steiner schon vor dem Ersten Weltkrieg auf und befestigte sich ihm während der letzten Jahre desselben, insbesondere unter dem Eindruck der damals erörterten, teils bloß rachsüchtigen, teils oberflächlichen und leichtfertigen Friedenskonzepte. Aus seiner Sorge um die – zunächst deutsche, aber im weiteren menschheitliche – Zukunft verfaßte er mehrere Memoranden,* in welchen er auf diese Zusammenhänge hindeutete. Präziser formulierte er seine diesbezüglichen Gedanken dann nach der deutschen Niederlage in einem *Aufruf an das deutsche Volk und an die Kulturwelt,* der, von einer großen Anzahl hervorragender Persönlichkeiten des öffentlichen Lebens mitunterzeichnet, anfänglich ein überraschend starkes Echo fand. Wie ein Cantus firmus durchklingt alle diese Verlautbarungen die Fundamentalwahrheit von der *Unausweichlichkeit einer tiefgreifenden geistigen Erneuerung* als *conditio sine qua non* für die Abwendung weltweiter katastrophaler Konsequenzen aus den überkommenen und immer (auch heute) noch geltenden Gesinnungen und Verhaltensweisen. Auf dieser Fundamentalwahrheit aufgebaut sind auch die Ausführungen der Schrift, in welcher Steiner der Mitwelt die tragenden Gedanken seiner Soziallehre im Überblick wie * im einzelnen unterbreitete: *Die Kernpunkte der sozialen Frage in den Lebensnotwendigkeiten der Gegenwart und Zukunft.* Da er in teils gleichzeitigen, teils späteren Aufsätzen den verschiedenen Gliedern dieser Gedankenkette noch ergänzende oder zusammenfassende Darlegungen widmete, kann hier durch wörtliche Zitation einiger solcher Publikationen eine hinreichend orientierende Vorstellung vom Wesen der Dreigliederungs-Idee vermittelt werden. Auch dabei darf – oder *muß* leider – von der Tatsache ausgegangen werden, daß weder die damaligen Gegebenheiten noch die daraus sich anbietenden oder aufdrängenden Folgerungen sich seither wesentlich verändert haben; daß also alles, was jene Steinerschen Aufsätze sagen und meinen – natürlich: mutatis mutandis im unwesentlichen Detail –, seine volle Aktualität behalten hat, ja, nur noch pressanter geworden ist. Allein daraus schon sollte die trostlose Gedankenträgheit ersichtlich werden, in welcher die erwählten (oder auch nicht erwählten) machthabenden Lenker der Völkerschicksale – nicht anders als ihre Wähler (oder auch Nichtwähler) – über die Jahrzehnte hin verharren, von keinem Fehlschlag, keinem Wirrwarr, keiner Ausweglosigkeit in ihrem (gleichviel ob konservativen, reaktionären oder revolutionären) Selbstgefühl irritiert. (Das ist vielleicht das zugleich kurioseste und tragischste Symptom: daß, was sich heute immer noch »revolutionär« nennt, längst auch seinen Akademismus, sein Schema, sein Dogma, seinen Autoritätsglauben, seinen schlechtbürgerlichen Bürokratismus hat; genau wie das, was »konterrevolutionär« geschimpft wird.) Daher sich denn alles Weltgeschehen in ausgefahrenen Gleisen bewegt und mit so geringfügigen Varianten geradezu turnusmäßig wiederholt, als gäbe es keine Erfahrung und nirgendwo guten Willen. Aber es gibt sie doch! –

Wie Rudolf Steiners pädagogisches, so basiert auch sein

soziales Konzept auf dem lebensvollen Verständnis menschlicher Wirklichkeit. In dem erwähnten »Aufruf« von 1919 heißt es:

»Der soziale Organismus ist gegliedert wie der natürliche. Und wie der natürliche Organismus das Denken durch den Kopf und nicht durch die Lunge besorgen muß, so ist dem sozialen Organismus die Gliederung in Systeme notwendig, von denen keines die Aufgabe des anderen übernehmen kann, jedes aber unter Wahrung seiner Selbständigkeit mit den anderen zusammenwirken muß.

Das wirtschaftliche Leben kann nur gedeihen, wenn es als selbständiges Glied des sozialen Organismus nach seinen eigenen Kräften und Gesetzen sich ausbildet, und wenn es nicht dadurch Verwirrung in sein Gefüge bringt, daß es sich von einem anderen Gliede des sozialen Organismus, dem politisch wirksamen, aufsaugen läßt. Dieses politisch wirksame Glied muß vielmehr in voller Selbständigkeit neben dem wirtschaftlichen bestehen, wie im natürlichen Organismus das Atmungssystem neben dem Kopfsystem. Ihr heilsames Zusammenwirken kann nicht dadurch erreicht werden, daß beide Glieder von einem einzigen Gesetzgebungs- und Verwaltungsorgan aus versorgt werden, sondern daß jedes seine eigene Gesetzgebung und Verwaltung hat, die lebendig zusammenwirken. Denn das politische System muß die Wirtschaft vernichten, wenn es sie übernehmen will; und das wirtschaftliche System verliert seine Lebenskräfte, wenn es politisch werden will.

Zu diesen beiden Gliedern des sozialen Organismus muß in voller Selbständigkeit und aus seinen eigenen Lebensmöglichkeiten herausgebildet ein drittes treten: das der geistigen Produktion, zu dem auch der geistige Anteil der beiden anderen Gebiete gehört, der ihnen von dem mit eigener gesetzmäßiger Regelung und Verwaltung ausgestatteten dritten Gliede überliefert werden muß, der aber nicht von ihnen verwaltet und anders beeinflußt werden kann, als die nebeneinander bestehenden Gliedorganismen eines natürlichen Gesamtorganismus sich gegenseitig beeinflussen.«

Es handelt sich also bei dieser Dreigliederungs-Idee nicht um eine bloße organisationstechnische Angelegenheit, wie etwa bei der allerorten üblichen Aufteilung der Staatsfunktionen auf die Arbeitsgebiete eines Außenministeriums, Innenministeriums, Wehrministeriums, Justizministeriums, Wirtschaftsministeriums, Kultusministeriums usw., wobei es »wichtige« und »minder wichtige« Belange gibt, die geistigen allemal an letzter Stelle stehen und die übrigen sich im Zustande ständiger wechselseitiger Beeinträchtigungsversuche, wenn nicht einer Art ständigen Machtkampfes miteinander befinden. Es geht hier vielmehr gerade um eine Entflechtung dieses in sich selbst unorganischen Abhängigkeitssystems und um eine grundsätzliche Neuordnung der in Wirklichkeit *gleich* wichtigen und darum *gleich*berechtigten Belange nach Maßgabe ihrer wesentlichen Zugeordnetheit zu jenen drei Hauptgliedern: Geist, Recht, Wirtschaft. Die folgenden Aufsätze Rudolf Steiners konfrontieren das Erfordernis dieser Neuordnung unter verschiedenen Aspekten mit den bestehenden Verhältnissen. Da dieselben, wie gesagt, sich inzwischen nirgends essentiell verändert – höchstens hier oder da graduell verschoben – haben, werden sich dem Leser kaum Schwierigkeiten bei der Anwendung auf unsere Gegenwart ergeben.

* *Rudolf Steiner: Was not tut*

Man wird den Wirklichkeitssinn, der in der Idee von der Dreigliederung des sozialen Organismus lebt, nicht finden, wenn man diese mit den Gedanken vergleicht, die man sich über das praktisch Mögliche aus den Überlieferungen heraus angeeignet hat, in welche man durch Erziehung und Lebensgewohnheiten hineingewachsen ist. Daß diese Überlieferungen zu Denk- und Empfindungsgewohnheiten geführt haben, über welche das Leben hinausgewachsen ist, dies ist ja gerade der Grund unserer gesellschaftlichen und staatlichen Wirrnis. Wer daher sagt: die Dreigliederung berücksichtige nicht, aus welchen Antrieben bisher die menschlichen Einrichtungen erwachsen sind, der lebt in dem Wahn, die Überwindung dieser Antriebe sei eine Sünde wider jede mögliche Gesellschaftsordnung. Die Idee von der Dreigliederung ist aber auf der Erkenntnis aufgebaut, daß der Glaube an die weitere Tragkraft dieser Antriebe das stärkste Hemmnis bildet für einen gesunden, mit der gegenwärtigen Entwicklungsstufe der Menschheit rechnenden Fortschrittsimpuls.

Daß die alten Antriebe nicht weiter fortgepflegt werden können, das sollte man aus der Tatsache erkennen, daß sie ihre Stoßkraft für das produktive Arbeiten der Menschen verloren haben. Die alten wirtschaftlichen Antriebe der Kapitalrentabilität und des Lohnerträgnisses konnten ihre Stoßkraft nur so lange behaupten, als von den alten Lebensgütern noch genügend übriggeblieben war von dem, für das der Mensch Neigung und Liebe entwickeln konnte. Diese Lebensgüter zeigen sich deutlich in dem abgelaufenen Zeitalter erschöpft. Und immer zahlreicher wurden die Menschen, die als Kapitalisten nicht mehr wußten, wofür sie Kapital anhäufen sollten; immer zahlreicher auch wurden die Menschen, die, im Lohnverhältnis stehend, nicht wußten, wofür sie arbeiten.

Die Erschöpfung der im Staatsgefüge wirkenden Antriebe zeigte sich darin, daß es in der neuesten Zeit für viele Menschen fast zu einer Selbstverständlichkeit wurde, den Staat für einen Selbstzweck anzusehen und zu vergessen, daß der Staat um der Menschen willen da ist. Man kann den Staat nur als einen Selbstzweck ansehen, wenn man die innere individuelle Selbstbehauptung des Menschenwesens so weit verloren hat, daß man für diese Selbstbehauptung und aus ihr heraus *nicht* die entsprechenden Staatseinrichtungen fordert. Dann muß man nämlich in allerlei Einrichtungen des Staates dessen Wesen suchen, die seiner eigentlichen Aufgabe zuwiderlaufen. Man wird verführt werden, *mehr* in die Einrichtungen des Staates hineinzulegen, als für die Selbstbehauptung der in ihm vereinigten Menschen notwendig ist. Jedes solches *Mehr* des Staates ist aber ein Zeugnis für ein *Weniger* der den Staat tragenden Menschen.

Im geistigen Leben offenbart sich die Unfruchtbarkeit der alten Antriebe in dem Mißtrauen, das man dem Geiste überhaupt entgegenbringt. Was aus den ungeistigen Lebensverhältnissen erwächst, dafür hat man Interesse; darüber bildet man sich Anschauungen und Gedanken. Was aus geistiger Produktion stammt, das betrachtet man am liebsten als persönliche Angelegenheit des produzierenden Menschen. Man behindert es eher, als daß man es förderte, wenn es in das öffentliche Leben aufgenommen werden will. Es gehört zu den verbreitetsten Eigentümlichkeiten unserer zeitgenössischen Menschen, daß ihnen ein offener Sinn für individuelle Geistesleistungen ihrer Mitmenschen fehlt.

Die Gegenwart bedarf des Hinschauens auf diese ihre Abgebrauchtheit in bezug auf die wirtschaftlichen, die staatlichen, die geistigen Antriebe. Aus diesem Hinschauen muß sich ein energisches soziales Wollen entzünden. Ehe man nicht erkennt, daß in unserer wirtschaftlichen, staatlichen, geistigen Not nicht bloß äußere Lebensverhältnisse wirksam sind, sondern die Seelenverfassung des neueren Menschen, ist die Grundlage zu dem notwendigen Neubau noch nicht gegeben.

Es ist ein Zwiespalt in der Seelenverfassung der Menschheit eingetreten. In den instinktiven, unbewußten Regungen der Menschennatur rumort ein Neues. In dem bewußten Denken wollen die alten Ideen den instinktiven Regungen nicht folgen. Wenn aber die besten instinktiven Regungen nicht von Gedanken erleuchtet sind, die ihnen entsprechen, dann werden sie barbarisch, animalisch. In eine gefährliche Lage treibt die Menschheit der Gegenwart hinein

durch die Animalisierung ihrer Instinkte. *Rettung ist nur zu finden durch Erstreben neuer Gedanken für eine neue Weltlage.*
Ein Ruf nach Sozialisierung, der dieses nicht berücksichtigt, kann zu nichts Heilsamem führen. Die Scheu, den Menschen als seelisches, als geistiges Wesen zu betrachten, muß überwunden werden. Einseitige Umwandlung des Wirtschaftslebens, einseitige Neugestaltung der staatlichen Struktur ohne die Pflege einer sozial gesunden und fruchtbaren Seelenverfassung ist geeignet, die Menschheit in Illusionen zu wiegen, statt sie mit Wirklichkeitssinn zu durchdringen. Und weil nur wenige sich entschließen können, die Lebensfrage der Gegenwart und der nächsten Zukunft in dem umfassenden Sinne einer Frage der äußeren Einrichtung und der inneren Erneuerung zu sehen, darum kommen wir auf dem Wege zur sozialen Neugestaltung so langsam vorwärts. Wenn viele sagen: die innere Erneuerung erfordere eine lange Zeit, man dürfe sie nicht überstürzen, so lauert hinter solchen Reden eben die Scheu vor dieser Erneuerung. Denn die rechte Stimmung kann nur *die* sein: alles tatkräftig ins Auge zu fassen, was zur Erneuerung führen kann, und dann zuzusehen, wie langsam oder wie schnell die Lebensfahrt vorwärts kommen wird.

Die Ereignisse der letzten Jahre haben eine gewisse Ermüdung über die Seelenverfassungen der Zeitgenossen ausgegossen. Um der kommenden Generation willen, um der Kultur der nächsten Zukunft willen, muß diese Ermüdung bekämpft werden. Aus solchen Empfindungen heraus ist die Idee der Dreigliederung an die Öffentlichkeit getreten. Sie mag vielleicht unvollkommen, sie mag ganz schief sein; ihre Träger werden verstehen, wenn man sie vom Gesichtspunkte anderer neuer Ideen bekämpft. Daß man sie oft »unverständlich« findet, weil sie dem gewohnten Alten widerspricht, das können sie aber nicht als ein Zeichen betrachten, daß bei solchen Bekämpfern der Ruf gehört wird, der aus der Entwicklung der Mehrheit für unsere Zeit sich doch, wie man glauben sollte, deutlich genug vernehmen läßt. (Ende des Steiner-Textes.)

VERTIEFTE VORSTELLUNGEN

Nun, die »gewisse Ermüdung«, von welcher Steiner spricht, ist uns heutzutage ja nicht eben unbekannt; sie beherrscht das gegenwärtige Leben weithin; wenn sie sich nicht als Gleichgültigkeit gegenüber den politischen Geschehnissen, als Abgestumpftheit gegen die keineswegs geheim bleibenden Be- * drohungen aller planetarischen Existenz oder als Erkrankung des Nervensystems äußert, dann als Flucht in verkrampft vorgetäuschte Lebendigkeit, wie es der ganze (natürlich * industriell fleißig angefeuerte) moderne Amüsier- und Zerstreuungsbetrieb und nicht zuletzt dessen eigentlich durchaus unfrohes, blasiertes, süchtiges und grimassierendes Gesicht verrät. Nichts zeigt so sehr wie diese krampfhafte Scheinvitalität, daß hier, wie überhaupt, im Allgemeinen wie im Besonderen, im Großen wie im Kleinen, im Generellen wie im Individuellen mit »äußeren Einrichtungen« nichts mehr zu retten ist, sondern daß es *zuallererst* auf die »innere Erneuerung« ankommt. Nicht oft genug kann das wiederholt werden – man muß es dreimal, zehnmal, hundertmal sagen, weil gerade dieses, als das Allerunbequemste, niemand hören und aufnehmen, niemand »wissen will«. Und Steiner wiederholt es bei jeder Gelegenheit. Fast brutal drückte er es einmal aus mit den Worten:

»Ganz gleichgültig ist es, was man begründet, ob auf Krieg * oder Frieden oder sonst etwas hin. Notwendig ist es, daß unsere Vorstellungen herausgeführt werden aus der Oberflächlichkeit des heutigen Tageslebens in die Tiefen der Dinge hinein.«

Wer eine solche Grundsatzerklärung versteht und bejaht – was vielleicht dasselbe ist –, den kann nicht mehr befremden, was aus der darin dokumentierten Gesinnung heraus, nicht als schöngeistige Erbauungsrede, sondern als denkbar ernst gemeinte Sachverhaltsdarlegung zu dem Thema »Brüderlichkeit für das Wirtschaftsleben« gesagt wird. Die nachstehenden Ausführungen bilden in diesem Sinne einen besonders bedeutsamen Beitrag zum richtigen Verständnis der Dreigliederungs-Idee, obwohl sie viele Jahre früher als diese entstanden sind. In der hier abgedruckten Betrachtung (letzter * Abschnitt einer dreiteiligen Aufsatzfolge) knüpft Steiner an vorhergegangene Erörterungen der Begriffe »Ausbeutung« und »Eigennutz« an, von denen nachgewiesen wird, daß die ihnen zugrunde liegenden Tatsachen auch durch Maßnahmen wie Lohnverbesserungen und Arbeitszeiteinschränkungen nicht aufgehoben werden:

»... das Wesen der Ausbeutung wird dadurch nicht gemildert. Denn dieses hängt davon ab, daß ein Mensch unter den Gesichtspunkten des Eigennutzes sich die Arbeitsprodukte des anderen erwirbt. Ob ich viel oder wenig habe: Bediene ich mich dessen, was ich habe, zur Befriedigung meines Eigennutzes, so muß dadurch der andere ausgebeutet werden. Selbst wenn ich bei Aufrechterhaltung dieses Gesichtspunktes seine Arbeit schütze, so ist damit nur scheinbar etwas getan. Bezahle ich die Arbeit des anderen teuer, so muß er dafür auch die meine teurer bezahlen, wenn nicht durch die Besserstellung des einen die Schlechterstellung des anderen bewirkt werden soll.

Begründe ich eine Unternehmung, die mir möglichst viel eintragen soll, so frage ich nicht, auf welche Art die Arbeitskräfte in Bewegung gesetzt werden, die für mich arbeiten. Komme ich aber gar nicht in Frage, sondern nur der Gesichtspunkt, wie dient meine Arbeit den anderen? so ändert sich alles. Nichts nötigt mich dann, irgend etwas zu unternehmen, was einem andern abträglich sein kann. Ich stelle dann meine Kräfte nicht in meinen Dienst, sondern in den der anderen. Und das hat eine ganz andere Entfaltung der Kräfte und Fähigkeiten der Menschen zur Folge.«

Hier setzt eine breite Ausspinnung dieses Gedankens ein, die ihren Ausgang von einem kritischen Rückblick auf die Bestrebungen und Versuche des englischen Vorkämpfers für die Arbeiterschutzgesetzgebung, Robert Owen, nimmt:

Rudolf Steiner: Geisteswissenschaft und soziale Frage

* Robert Owen darf in einem gewissen Sinne als ein Genie der praktischen sozialen Wirksamkeit bezeichnet werden. Zwei Eigenschaften waren bei ihm vorhanden, welche diese Bezeichnung wohl rechtfertigen mögen: ein umsichtiger Blick für sozial nützliche Einrichtungen und eine edle Menschenliebe. Man braucht nur zu betrachten, was er durch diese beiden Fähigkeiten zustande gebracht hat, um deren ganze Bedeutung richtig zu würdigen. Er schuf in New Lanark mustervolle industrielle Einrichtungen und beschäftigte die Arbeiter dabei in einer Weise, daß sie nicht nur ein menschenwürdiges Dasein in materieller Beziehung hatten, sondern daß sie auch innerhalb moralisch befriedigender Verhältnisse lebten. Die Personen, welche da zusammengebracht wurden, waren zum Teil herabgekommen, dem Trunk ergeben. Er stellte zwischen solche bessere Elemente ein, die durch ihr Beispiel auf die andern wirkten. Und so wurden die denkbar günstigsten Ergebnisse zustande gebracht. Was Owen da gelang, macht es unmöglich, ihn mit anderen mehr oder weniger phantastischen »Weltverbesserern« – sogenannten Utopisten – auf eine Stufe zu stellen. Er hielt sich eben im Rahmen praktisch ausführbarer Einrichtungen, von denen auch jeder aller Träumerei abgeneigte Mensch voraussetzen kann, daß sie zunächst auf einem gewissen beschränkten Gebiete das menschliche Elend aus der Welt schaffen würden. Auch ist es nicht unpraktisch gedacht,

wenn man den Glauben hegt, daß solch ein kleines Gebiet als Muster wirken und von ihm allmählich eine gesunde Entwicklung des Menschenloses in sozialer Richtung angeregt werden könnte.

Owen selbst dachte wohl so. Deshalb wagte er sich auf der betretenen Bahn noch einen weiteren Schritt vorwärts. Im Jahre 1824 ging er daran, im Gebiete Indiana in Nordamerika eine Art kleinen Musterstaates zu schaffen. Er erwarb ein Landgebiet, auf dem er eine auf Freiheit und Gleichheit gebaute menschliche Gemeinschaft begründen wollte. Alle Einrichtungen wurden so getroffen, daß Ausbeutung und Knechtschaft Unmöglichkeiten waren. Wer an eine solche Aufgabe herantritt, muß die schönsten sozialen Tugenden mitbringen: die Sehnsucht, seine Mitmenschen glücklich zu machen, und den Glauben an die Güte der Menschennatur. Er muß der Ansicht sein, daß sich ganz von selbst innerhalb dieser Menschennatur die Lust zu arbeiten entwickeln werde, wenn der Segen dieser Arbeit durch entsprechende Einrichtungen gesichert erscheint. In Owen war dieser Glaube so stark vorhanden, daß es schon recht schlimme Erfahrungen sein mußten, die ihn in demselben wankend werden ließen.

Und – diese schlimmen Erfahrungen traten wirklich ein. Owen mußte nach langen edlen Bemühungen zu dem Bekenntnis kommen, daß »man mit der Verwirklichung solcher Kolonien stets scheitern müsse, wenn man nicht vorher die allgemeine Sitte umgewandelt; und daß es mehr wert wäre, auf die Menschheit auf dem theoretischen Wege einzuwirken, als auf dem der Praxis«. – Zu solcher Meinung ist dieser Sozialreformer durch die Tatsache gedrängt worden, daß sich Arbeitsunlustige genug fanden, welche die Arbeit auf ihre Mitmenschen abladen wollten, wodurch Streit, Kampf und zuletzt der Bankerott der Kolonie erfolgen mußten.

Owens Erfahrung kann lehrreich sein für alle, die wirklich lernen * wollen. Sie kann hinüberleiten von allen künstlich geschaffenen und künstlich ausgedachten Einrichtungen zum Heile der Menschheit zu fruchtbarer, mit der wahren Wirklichkeit rechnender sozialer Arbeit.

Gründlich geheilt konnte Owen sein durch seine Erfahrung von dem Glauben, daß alles Menschenelend nur bewirkt werde durch die »schlechten Einrichtungen«, in denen die Menschen leben, und daß die Güte der Menschennatur schon von selbst zutage treten werde, wenn man diese Einrichtungen verbessert. Er mußte sich davon überzeugen, daß gute Einrichtungen überhaupt nur aufrechtzuerhalten sind, wenn die daran beteiligten Menschen ihrer inneren Natur nach dazu geneigt sind, sie zu erhalten, wenn diese mit warmem Anteile an ihnen hängen.

Man könnte nun zunächst daran denken, es sei notwendig, die Menschen, denen man solche Einrichtungen verschaffen will, theoretisch darauf vorzubereiten. Etwa dadurch, daß man ihnen das Richtige und Zweckentsprechende der Maßnahmen klarmachte. Es liegt für einen Unbefangenen gar nicht so ferne, aus Owens Bekenntnis so etwas herauszulesen. Und dennoch kann man zu einem wirklich praktischen Ergebnis nur dadurch gelangen, daß man tiefer in die Sache eindringt. Man muß von dem Glauben an die Güte der Menschennatur, der Owen getäuscht hat, zu wirklicher *Menschenkenntnis* vorschreiten. – Alle Klarheit, welche die Menschen jemals darüber sich aneignen könnten, daß irgendwelche Einrichtungen zweckmäßig sind und der Menschheit zum Segen gereichen können – alle solche Klarheit kann auf die *Dauer* nicht zum gewünschten Ziele führen. Denn durch *solch eine* klare Einsicht wird der Mensch nicht die inneren Antriebe zur Arbeit gewinnen können, wenn auf der anderen Seite sich bei ihm die im Egoismus begründeten Triebe geltend machen. Dieser Egoismus ist zunächst ein Teil der Menschennatur. Und das führt dazu, daß er sich im Gefühl des Menschen regt, wenn dieser innerhalb der Gesellschaft mit anderen zusammen leben und arbeiten soll. Mit einer gewissen Notwendigkeit führt dies dazu, daß in der Praxis die meisten eine solche gesellschaftliche Einrichtung für die beste halten werden, durch welche der einzelne seine Bedürfnisse am besten befriedigen kann. So bildet sich unter dem Einfluß der egoistischen Gefühle ganz naturgemäß die soziale Frage in der Form heraus: Welche gesellschaftliche Einrichtungen müssen getroffen werden, damit ein jeder *für sich* das Erträgnis seiner Arbeit haben kann? Und besonders in unserer materialistisch denkenden Zeit rechnen nur wenige mit einer anderen Voraussetzung. Wie oft kann man es wie eine selbstverständliche Wahrheit ausgesprochen hören, daß eine soziale Ordnung ein Unding sei, welche auf Wohlwollen und Menschenmitgefühl sich aufbauen will. Man rechnet vielmehr damit, daß das Ganze einer menschlichen Gemeinschaft am besten gedeihen könne, wenn der einzelne den »vollen« oder den größtmöglichen Ertrag seiner Arbeit auch einheimsen kann.

Genau das Gegenteil davon lehrt nun die Geisteswissenschaft, die auf eine tiefere Erkenntnis des Menschen und der Welt begründet ist. Sie zeigt gerade, daß alles menschliche Elend lediglich eine Folge des Egoismus ist und daß in einer Menschengemeinschaft ganz notwendig zu irgendeiner Zeit Elend, Armut und Not sich einstellen müssen, wenn diese Gemeinschaft in irgendeiner Art auf dem Egoismus beruht. Um das einzusehen, dazu gehören allerdings tiefere Erkenntnisse, als diejenigen sind, welche da und dort unter der Flagge der sozialen Wissenschaft segeln. Diese »soziale Wissenschaft« rechnet eben nur mit der Außenseite des Menschenlebens, nicht aber mit den tiefer liegenden Kräften desselben. Ja, es ist sogar sehr schwierig bei der Mehrzahl der gegenwärtigen Menschen, in ihnen auch nur ein Gefühl davon zu erwecken, daß von solchen tiefer liegenden Kräften die Rede sein könne. Sie betrachten denjenigen als einen unpraktischen Phantasten, der ihnen mit solchen Dingen irgendwie kommt. Nun kann aber auch hier gar nicht einmal der Versuch gemacht werden, eine auf tiefer liegende Kräfte gebaute soziale Theorie zu entwickeln. Denn dazu wäre ein ausführliches Werk nötig. Nur eines kann geleistet werden: Auf die wahren Gesetze des menschlichen Zusammenarbeitens kann hingewiesen und gezeigt werden, welche vernünftigen sozialen Erwägungen sich für den Kenner dieser Gesetze ergeben.

Nun, das soziale Hauptgesetz, welches durch die Geisteswissenschaft aufgewiesen wird, ist das folgende:

»Das Heil einer Gesamtheit von zusammenarbeitenden Menschen ist um so größer, je weniger der einzelne die Erträgnisse seiner Leistungen für sich beansprucht, das heißt, je mehr er von diesen Erträgnissen an seine Mitarbeiter abgibt, und je mehr seine eigenen Bedürfnisse nicht aus seinen Leistungen, sondern aus den Leistungen der anderen befriedigt werden.«

Alle Einrichtungen innerhalb einer Gesamtheit von Menschen, welche diesem Gesetze widersprechen, müssen bei längerer Dauer irgendwo Elend und Not erzeugen. – Dieses Hauptgesetz gilt für das soziale Leben mit einer solchen Ausschließlichkeit und Notwendigkeit, wie nur irgendein Naturgesetz in bezug auf irgendein gewisses Gebiet von Naturwirkungen gilt. Man darf aber nicht denken, daß es genüge, wenn man dieses Gesetz als ein allgemeines moralisches gelten läßt oder es etwa in die Gesinnung umsetzen wollte, daß ein jeder im Dienste seiner Mitmenschen arbeite. Nein, in der Wirklichkeit lebt das Gesetz nur so, wie es leben soll, wenn es einer Gesamtheit von Menschen gelingt, solche *Einrichtungen* zu schaffen, *daß niemals jemand die Früchte seiner eigenen Arbeit für sich selber in Anspruch nehmen kann,* sondern daß diese möglichst ohne Rest der Gesamtheit zugute kommen. Er selbst muß dafür wiederum durch die Arbeit seiner Mitmenschen erhalten werden. Worauf es also ankommt, das ist, daß für die Mitmenschen arbeiten und ein gewisses Einkommen erzielen zwei voneinander ganz getrennte Dinge seien.

Diejenigen, welche sich einbilden, »praktische Menschen« zu sein, werden – darüber gibt sich der Geisteswissenschaftler keiner Täuschung hin – über diesen »haarsträubenden Idealismus« nur ein Lächeln haben. Und dennoch ist das obige Gesetz praktischer als nur irgendein anderes, das jemals von »Praktikern« ausgedacht oder in die Wirklichkeit eingeführt worden ist. Wer nämlich das Leben wirklich untersucht, der kann finden, daß eine jede Menschengemeinschaft, die irgendwo existiert oder die nur jemals existiert hat, zweierlei Einrichtungen hat. Der eine dieser beiden Teile entspricht diesem Gesetze, der andere widerspricht ihm. So muß es nämlich überall kommen, ganz gleichgültig, ob die Menschen wollen oder nicht. Jede Gesamtheit zerfiele nämlich sofort, wenn nicht die Arbeit der einzelnen dem Ganzen zufließen würde. Aber der menschliche Egoismus hat auch von jeher dieses Gesetz durchkreuzt. Er hat für den einzelnen möglichst viel aus seiner Arbeit herauszuschlagen gesucht. Und nur dasjenige, was auf diese Art aus dem Egoismus hervorgegangen ist, hat von jeher Not, Armut und Elend zur Folge gehabt. Das heißt aber doch nichts anderes, als daß immer derjenige Teil der menschlichen Einrichtungen sich als unpraktisch erweisen muß, der von den »Praktikern« auf die Art zustande gebracht wird, daß dabei entweder mit dem eigenen oder dem fremden Egoismus gerechnet wird.

Nun kann es sich aber natürlich nicht bloß darum handeln, daß man ein solches Gesetz einsieht, sondern die wirkliche Praxis beginnt mit der Frage: Wie kann man es in die Wirklichkeit umsetzen? Es ist klar, daß dieses Gesetz nichts Geringeres besagt als dieses: Die Menschenwohlfahrt ist um so größer, je geringer der Egoismus ist. Man ist also bei der Umsetzung in die Wirklichkeit darauf angewiesen, daß man es mit Menschen zu tun habe, die den Weg aus dem Egoismus heraus finden. Das ist aber praktisch ganz unmöglich, wenn das Maß von Wohl und Wehe des einzelnen sich nach seiner Arbeit bestimmt. Wer *für sich* arbeitet, *muß* allmählich dem Egoismus verfallen. Nur wer für die anderen arbeitet, kann nach und nach ein unegoistischer Arbeiter werden.

Dazu ist aber eine Voraussetzung notwendig. Wenn ein Mensch für einen anderen arbeitet, dann muß er in diesem andern den Grund zu seiner Arbeit finden; und wenn jemand für die Gesamtheit arbeiten soll, dann muß er den Wert, die Wesenheit und Bedeutung dieser Gesamtheit empfinden und fühlen. Das kann er nur dann, wenn diese Gesamtheit noch etwas ganz anderes ist als eine mehr oder weniger unbestimmte Summe von einzelnen Menschen. Sie muß von einem wirklichen Geiste erfüllt sein, an dem ein jeder Anteil nimmt. Sie muß so sein, daß ein jeder sich sagt: Sie ist richtig, und ich *will*, daß sie so ist. Die Gesamtheit muß eine geistige Mission haben; und jeder einzelne muß beitragen wollen, daß diese Mission erfüllt werde. All die unbestimmten abstrakten Fortschritts-Ideen, von denen man gewöhnlich redet, können eine solche Mission nicht darstellen. Wenn sie herrschen, so wird ein einzelner da, oder eine Gruppe dort arbeiten, ohne daß diese übersehen, wozu sonst ihre Arbeit etwas nütze ist, als daß sie und die Ihrigen, oder etwa noch die Interessen, an denen gerade sie hängen, dabei ihre Rechnung finden. – Bis in den einzelnsten herunter muß dieser Geist der Gesamtheit lebendig sein.

Gutes ist von jeher nur dort gediehen, wo in irgendeiner Art ein solches Leben des Gesamtgeistes erfüllt war. Der einzelne Bürger einer griechischen Stadt des Altertums, ja auch derjenige einer freien Stadt im Mittelalter hatte so etwas wie wenigstens ein dunkles Gefühl von einem solchen Gesamtgeist. Es ist kein Einwand dagegen, daß zum Beispiel die entsprechenden Einrichtungen im alten Griechenland nur möglich waren, weil man ein Heer von Sklaven hatte, welche für die »freien Bürger« die Arbeit verrichteten und die dazu nicht durch den Gesamtgeist, sondern durch den Zwang ihrer Herren getrieben worden sind. – An diesem Beispiel kann man nur das eine lernen, daß das Menschenleben der Entwicklung unterliegt. Gegenwärtig ist die Menschheit eben auf einer Stufe angelangt, wo eine solche Lösung der Gesellschaftsfrage, wie sie im alten Griechenland herrschte, unmöglich ist. Selbst den edelsten Griechen galt die Sklaverei nicht als ein Unrecht, sondern als eine menschliche Notwendigkeit. Deswegen konnte zum Beispiel der große Plato ein Staatsideal aufstellen, in dem der Gesamtgeist dadurch in Erfüllung geht, daß die Mehrzahl der Arbeitsmenschen von den wenigen Einsichtsvollen zur Arbeit gezwungen werde. Die Aufgabe der Gegenwart aber ist, die Menschen in eine solche Lage zu bringen, daß ein jeder aus seinem innersten Antriebe heraus die Arbeit für die Gesamtheit leistet.

Deshalb soll niemand daran denken, eine für alle Zeiten gültige Lösung der sozialen Frage zu suchen, sondern lediglich daran, wie sich ein soziales Denken und Wirken mit Rücksicht auf die unmittelbaren Bedürfnisse der Gegenwart gestalten muß, in welcher er lebt. – Es kann überhaupt kein einzelner heute irgend etwas Theoretisches ausdenken oder in die Wirklichkeit umsetzen, was als solches die soziale Frage lösen könnte. Dazu müßte er die Macht haben, eine Anzahl von Menschen in die von ihm geschaffenen Verhältnisse hineinzuzwingen. Es kann ja gar kein Zweifel darüber bestehen: Hätte Owen die Macht oder den Willen gehabt, all die Menschen seiner Kolonie zu der ihnen zukommenden Arbeit zu zwingen, dann hätte die Sache gehen müssen. Aber um solchen Zwang kann es sich gerade in der Gegenwart nicht handeln. Es muß die Möglichkeit herbeigeführt werden, daß ein jeder freiwillig tut, wozu er berufen ist nach dem Maß seiner Fähigkeiten und Kräfte. Aber gerade deshalb kann es sich nie und nimmer darum handeln, daß im Sinne des oben angeführten Owenschen Bekenntnisses so auf die Menschen »im theoretischen Sinne« einzuwirken sei, daß ihnen eine bloße Ansicht darüber vermittelt werde, wie sich die ökonomischen Verhältnisse am besten einrichten lassen. Eine nüchterne ökonomische Theorie kann niemals ein Antrieb gegen die egoistischen Mächte sein. Eine Zeitlang vermag eine solche ökonomische Theorie den Massen einen gewissen Schwung zu verleihen, der *dem Scheine nach* einem Idealismus ähnlich ist. Auf die Dauer aber kann eine solche Theorie niemandem nützen. Wer einer Menschenmasse eine solche Theorie einimpft, ohne ihr etwas anderes wirklich Geistiges zu geben, der versündigt sich an dem wahren Sinne der menschlichen Entwicklung.

Das, was allein helfen kann, ist eine geistige Weltanschauung, welche durch sich selbst, durch das, was sie zu bieten vermag, sich in die Gedanken, in die Gefühle, in den Willen, kurz in die ganze Seele des Menschen einlebt. Der Glaube, den Owen gehabt hat, an die Güte der Menschennatur ist nur teilweise richtig, zum anderen Teile ist er aber eine der ärgsten Illusionen. Er ist insofern richtig, als in jedem Menschen ein »höheres Selbst« schlummert, das erweckt werden kann. Aber es kann aus seinem Schlummer nur erlöst werden, durch eine Weltauffassung, welche die oben genannten Eigenschaften hat. Bringt man Menschen dann in Einrichtungen, wie sie von Owen erdacht waren, so wird die Gemeinschaft im schönsten Sinne gedeihen. Führt man aber Menschen zusammen, die eine solche Weltauffassung nicht haben, dann wird das Gute der Einrichtung sich ganz notwendig nach einer kürzeren oder längeren Zeit zum Schlechten verkehren müssen. Bei Menschen ohne eine auf den Geist sich richtende Weltauffassung müssen nämlich notwendig gerade diejenigen Einrichtungen, welche den materiellen Wohlstand befördern, auch eine Steigerung des Egoismus bewirken und damit nach und nach Not, Elend und Armut erzeugen. – Es ist eben in des Wortes ureigenster Bedeutung richtig: Nur dem einzelnen kann man helfen, wenn man ihm bloß Brot verschafft; einer Gesamtheit kann man nur dadurch Brot verschaffen, daß man ihr zu einer Weltauffassung verhilft. Es würde nämlich auch das gar nichts nützen, wenn man von einer Gesamtheit *jedem* einzelnen Brot verschaffen wollte. Nach einiger Zeit müßte sich dann doch die Sache so gestalten, daß viele wieder kein Brot haben.

Die Erkenntnis dieser Grundsätze nimmt allerdings gewissen Leuten, die sich zu Volksbeglückern aufwerfen möchten, manche Illusion. Denn sie macht das Arbeiten am sozialen Wohle zu einer recht schwierigen Sache. Und noch dazu zu einer solchen, in der sich die Erfolge unter gewissen Verhältnissen nur aus ganz kleinen Teilerfolgen zusammensetzen lassen. Das meiste von dem, was heute ganze Parteien als Heilmittel im sozialen Leben ausgeben, verliert seinen Wert, erweist sich als eitel Täuschung und Reden, ohne genügende Kenntnis des Menschenlebens. Kein Parlament, keine Demokratie, keine Massenagitation, nichts von alledem kann für den tiefer Blickenden eine Bedeutung haben, wenn es das oben ausgesprochene Gesetz verletzt. Und alles Derartige kann dann günstig wirken, wenn es sich im Sinne des Gesetzes verhält. Es ist eine schlimme Illusion zu glauben, daß irgendwelche Abgeordnete eines Volkes in irgendeinem Parlamente etwas beitragen können zum Heile der Menschheit, wenn ihr Wirken nicht im Sinne des sozialen Hauptgesetzes eingerichtet ist. (Ende des Steiner-Textes.)

NOTWENDIGE ÜBEL?

Was hier als gesinnungsmäßige Voraussetzung sozialer Gesundung unterstrichen wird, läuft – wie unschwer zu bemerken sein dürfte – auf den Urgedanken des Kommunismus hinaus. Aber eben den *Urgedanken*, der niemals und nirgends verwirklicht, vielmehr bisher überall, wo er angeblich praktiziert werden sollte, durch das primitivste Mißverständnis des Gleichheitspostulats, durch tendenziöse Verirrungen des Wirtschaftsdenkens, durch ideologische Spitzfindigkeiten, partei- und kollektiv-egoistische Interessen sowie nackte Machtgelüste der vermeintlichen Freiheitsbringer tausendfach korrumpiert wurde und immer wieder wird. Schon die unbeschönigten, eindeutigen Sinngehalte von Begriffen wie »Klassenkampf« und »Diktatur des Proletariats« lassen keinen Zweifel darüber, wohin in Wahrheit die Reise gehen soll. Denn die Versicherung, daß es sich dabei um vorübergehende »notwendige Übel« handle, deren Gültigkeitsfrist abgelaufen sein werde, sobald die angestrebte neue, wahrhaft kommunistische Ordnung einmal gefestigt und keinen Rückschlägen mehr ausgesetzt sei – diese Versicherung ist bislang nirgendwo eingelöst worden. Sie widerspricht vor allem der unumstößlichen Erfahrung, daß alles sich nach dem Gesetze weiterentwickelt, nach welchem es angetreten, außer es mache auf seinem Wege in die Selbstverwirklichung eine durchgreifende innere Wandlung durch, nehme neuartige ideelle Impulse in sich auf. In diesem Sinne schlägt Steiner auch das Thema an:

Rudolf Steiner: Marxismus und Dreigliederung *

Es ist unmöglich, aus den sozialen Wirrnissen, in denen Europa steckt, herauszukommen, wenn noch lange gewisse soziale Forderungen, die erhoben werden, in der Unklarheit bleiben, durch die sie gegenwärtig entstellt werden. Als eine solche Forderung lebt in weiten Kreisen diejenige, welche Friedrich Engels in seinem Buche »Die Entwicklung des Sozialismus von der Utopie zur Wissenschaft« mit den Worten ausgesprochen hat: »An die Stelle der Regierung über Personen tritt die Verwaltung von Sachen und die Leitung von Produktionsprozessen.« Zahlreiche Führer des Proletariats und mit ihnen die proletarischen Massen selbst bekennen sich zu der Anschauung, welcher dieser Ausspruch entstammt. Sie ist von einem gewissen Gesichtspunkte aus richtig. Die Menschenzusammenhänge, aus denen die modernen Staaten sich entwickelt haben, haben Verwaltungen gebildet, von denen nicht nur Sachen und Produktionsprozesse geregelt, sondern auch die in den Produktionszweigen und mit den Sachen beschäftigten Menschen regiert werden. Die Verwaltung von Sachen und Produktionszweigen umfaßt das Wirtschaftsleben. Dieses hat in der neueren Zeit Formen angenommen, die notwendig machen, daß seine Verwaltung nicht mehr die Regierung der Menschen mitbesorgen kann. Das erkannten Marx und Engels. Sie wandten ihre Aufmerksamkeit darauf, wie im Wirtschaftskreislauf das Kapital und die menschliche Arbeitskraft wirksam sind. Sie empfanden, daß das Leben der neueren Menschheit über die Art, welche diese Wirksamkeit angenommen hat, hinausstrebt. Denn diese Art ist so, daß das Kapital zur Grundlage der Macht über die menschliche Arbeitskraft geworden ist. Es dient nicht nur der Verwaltung von Sachen und der Leitung von Produktionsprozessen; es gibt die Richtschnur ab für die Regierung von Menschen. Daraus schlossen Marx und Engels, daß man aus dem Wirtschaftskreislauf die Regierung über Menschen entfernen müsse. Sie schlossen recht. Denn das neuere Leben gestattet nicht, daß die Menschen nur als Anhängsel der Sachen und Produktionsprozesse betrachtet und mit deren Verwaltung mitverwaltet werden.

Aber Marx und Engels glaubten, daß die Sache einfach damit abgetan sei, daß man aus dem Wirtschaftsprozeß das Regieren über Menschen hinauswirft und die neue aus dem Staat sich entwickelnde gereinigte Wirtschaftsverwaltung fortbestehen lasse. Sie sahen nicht, daß in dem Regieren etwas lag, das Verhältnisse der Menschen zueinander regelt, die nicht ungeregelt bleiben können und die sich auch nicht von selbst regeln, wenn sie nicht mehr aus den Forderungen des Wirtschaftslebens in der alten Art geregelt werden. Sie sahen auch nicht, daß in dem Kapital die Quelle lag, aus der die Kräfte flossen zur Verwaltung der Sachen und Leitung der Produktionszweige. Auf dem Umwege durch das Kapital leitet der Menschengeist das Wirtschaftsleben. Indem man Sachen verwaltet und Produktionszweige leitet, pflegt man noch nicht den Menschengeist, der aus immer neuer Daseinsschöpfung hervorgeht und der dem Wirtschaftsleben auch immer neue Kräfte zuführen muß, wenn es nicht erst erstarren und dann völlig verkommen soll.

Richtig ist, was Marx und Engels gesehen haben: daß die Verwaltung des Wirtschaftskreislaufes nichts enthalten darf, was eine Regierung über Menschen bedeutet, und daß dem Kapital, das diesem Kreislauf dient, nicht die Macht zukommen darf über den Menschengeist, der ihm die Wege weist. Aber verhängnisvoll geworden ist, daß sie glaubten, beides, die durch das Regieren geregelten Verhältnisse der Menschen zueinander und die Leitung des Wirtschaftslebens durch den Menschengeist, werde dann von selbst da sein können, wenn es nicht mehr von der Wirtschaftsverwaltung ausgeht.

Die Reinigung des Wirtschaftslebens, das heißt seine Beschränkung auf die Verwaltung von Sachen und die Leitung von Produktionsprozessen, ist nur möglich, wenn neben dem Wirtschaftsleben etwas besteht, das an die Stelle des alten Regierens tritt, und etwas anderes, das den Menschengeist zum wirklichen Leiter des Wirtschaftskreislaufes macht. Dieser Forderung wird die Idee des dreigliedrigen sozialen Organismus gerecht. Die auf sich selbst gestellte

Verwaltung des Geisteslebens wird dem Wirtschaftsleben die menschlichen Geisteskräfte zuführen, die es fortschreitend neu befruchten können, wenn es auf seinem eigenen Boden bloß Sachen verwaltet und Produktionszweige regelt. Und das von dem Geistes- und Wirtschaftsgebiet abgesonderte Rechtsglied des sozialen Organismus wird die Beziehungen der Menschen so regeln, wie sie demokratisch der mündig gewordene Mensch dem mündig gewordenen Menschen gegenüber regeln kann, ohne daß bei dieser Regelung die Macht mitspricht, die der eine Mensch über den anderen durch stärkere individuelle Kräfte oder durch wirtschaftliche Grundlagen haben kann.

Marx' und Engels' Gesichtspunkt war mit Bezug auf die Forderung einer Neugestaltung des Wirtschaftslebens richtig, aber einseitig. Sie sahen nicht, daß das Wirtschaftsleben nur dadurch frei werden kann, daß sich neben dasselbe ein freies Rechtsleben und eine freie Geistespflege stellen. Welche Formen das Wirtschaftsleben der Zukunft annehmen muß, das kann allein derjenige sehen, der sich klar darüber ist, daß die wirtschaftlich-kapitalistische Orientierung in die unmittelbar geistige, die aus der Wirtschaftsmacht erfolgende Regelung der Menschenbeziehungen in die unmittelbar menschliche übergehen muß. Die Forderung eines Wirtschaftslebens, in dem nur Sachen verwaltet und Produktionsprozesse geleitet werden, kann nie erfüllt werden, wenn sie allein für sich erhoben wird. Wer sie dennoch erhebt, der will ein Wirtschaftsleben schaffen, das von sich auswirft, was es bisher als Daseinsnotwendigkeit in sich getragen hat, und das dennoch bestehen soll.

Aus anderen Lebensgrundlagen, aber aus gründlicher Erfahrung heraus hat Goethe zwei Sätze geprägt, die aber vollgültig für viele soziale Forderungen unserer Zeit sind. Der eine ist: »Ein unzulängliches Wahre wirkt eine Zeitlang fort; statt völliger Aufklärung aber tritt auf einmal ein blendendes Falsche herein; das genügt der Welt und so sind Jahrhunderte betört.« Der andere ist: »Allgemeine Begriffe und großer Dünkel sind immer auf dem Wege, entsetzliches Unglück anzurichten.« Wahrhaftig, der nicht von unseren Zeitverhältnissen belehrte Marxismus ist ein »unzulängliches Wahre«, das trotz seiner Unzulänglichkeit in der proletarischen Weltanschauung wirkt; aber nach der Weltkriegskatastrophe wird es gegenüber den wahren Zeitforderungen ein »blendendes Falsches«, das verhindert werden muß, »Jahrhunderte zu betören«. Diesem Streben nach Verhinderung wird derjenige zuneigen, der erkennt, in welches Unglück das Proletariat durch sein »unzulängliches Wahre« rennt. Aus diesem »unzulänglichen Wahren« sind wirklich »allgemeine Begriffe« geworden, deren Träger aus einem wahrlich nicht kleinen Dünkel alles als Utopie ablehnen, was bemüht ist, an die Stelle ihrer utopischen Allgemeinheiten Wirklichkeiten des Lebens zu setzen. (Ende des Steiner-Textes.)

In diesem Zusammenhang gehört noch eine andere Erörterung marxistischer Theoreme, mit welcher Steiner einen Aufsatz beschließt, der den unmißverständlichen Titel trägt:
* »Sozialer Geist und sozialistischer Aberglaube«:

»Das marxistische Denken glaubt, daß jede wirtschaftliche Produktionsform durch sich selbst die folgende als die höhere vorbereitet und daß, wenn dieser Vorbereitungsprozeß abgeschlossen ist, durch die ›Entwicklung‹ diese höhere an die Stelle der niederen treten müsse. In Wahrheit hat die neuere Produktionsform sich nicht aus dem alten Wirtschaften heraus entwickelt, sondern aus den Rechtsformen und den geistigen Vorstellungsarten einer alten Zeit. Diese selbst aber sind, während sie die Wirtschaftsform erneuert haben, veraltet und bedürfen der Verjüngung. Von allen Arten des Aberglaubens ist derjenige der schlimmste, der behauptet, man könne Recht und Geist aus der wirtschaftlichen Produktionsform hervorzaubern. Denn er verdunkelt nicht bloß das menschliche Vorstellen, sondern das Leben selbst. Er verhindert, daß der Geist sich zu seinem Quell wende, weil er ihm einen Scheinquell in dem Ungeistigen entdecken will. Der Mensch läßt sich nur allzu leicht täuschen, wenn man ihm davon spricht, daß der Geist aus dem Ungeist von selbst entstehe; denn durch diese Täuschung glaubt er sich von der Anstrengung befreit, die er als notwendig anerkennen muß, wenn er einsieht, daß der Geist nur durch den Geist erarbeitet werden kann.«

Wird mit diesen wiederum auf den Kern der Sache dringenden Feststellungen eine klare Grenze zwischen dem geisteswissenschaftlich begründeten und dem zeitgemäßen, parteiakademischen Sozialdenken gezogen, so verlangt eine andere, die praktische Durchführbarkeit des Steinerschen Konzepts berührende Frage noch eine klärende Überlegung. Sie betrifft (wobei abermals – mit dem Erfolg des Sichtbarwerdens einer geradezu verblüffenden Aktualität – die Übertragung einzelner Darlegungen auf die entsprechenden Realitäten von heute mitzudenken ist) das Thema:

Rudolf Steiner: * *Internationale Lebensnotwendigkeiten und soziale Dreigliederung*

Eine Einwendung, die oft gegen die Idee der Dreigliederung des sozialen Organismus gemacht wird, ist, daß ein Staat, der diese Dreigliederung durchgeführt, seine internationalen Beziehungen zu anderen Staaten stören müsse. Welche Bedeutung dieser Einwand hat, wird man nur erkennen, wenn man das Wesen der internationalen Staatenverhältnisse der Gegenwart ins Auge faßt. Am auffälligsten für eine dahingehende Beobachtung ist, daß die wirtschaftlichen Tatsachen in der neuesten Zeit Gestalten angenommen haben, die mit den Staatenabgrenzungen nicht mehr in Einklang stehen. Die geschichtlichen Bedingungen, aus denen sich diese Staatenabgrenzungen ergeben haben, haben wenig zu tun mit den Interessen des Wirtschaftslebens, das die in den Staatsgebieten lebenden Völker führen. Die Folge davon ist, daß die Staatsleitungen die internationalen Beziehungen herstellen, für deren Herstellung es naturgemäßer wäre, wenn sie durch die wirtschaftenden Personen oder Personengruppen unmittelbar zustande käme. Ein Industriebetrieb, der ein Rohprodukt eines auswärtigen Staates braucht, sollte zum Erhalt dieses Rohproduktes nichts anderes nötig haben, als sich mit der Verwaltung desselben auseinanderzusetzen. Und alles, was zu dieser Auseinandersetzung gehört, sollte sich nur innerhalb des Wirtschaftskreislaufes abspielen. Man kann sehen, daß in der neuesten Zeit das Wirtschaftsleben Formen angenommen hat, die auf ein solches Abschließen in sich selbst hinweisen. Und daß in dieses in sich geschlossene Wirtschaftsleben, das allmählich dahin strebt, über die ganze Erde hin eine Einheit zu werden, die staatlichen Interessen sich hineinstellen, als störendes Element. Was haben die historischen Bedingungen, unter denen England die Herrschaft über Indien bekommen hat, zu tun mit den wirtschaftlichen Bedingungen, aus denen heraus ein deutscher Fabrikant Waren aus Indien bezieht?

Die Weltkriegskatastrophe offenbart, daß das Leben der neueren Menschheit die Störung der nach Einheit strebenden Weltwirtschaft durch die Interessen der Staatsgebiete nicht verträgt. Die Konflikte, in die Deutschland mit den Ländern des Westens gekommen ist, haben zum Untergrunde diese Störung. Und auch in die Konflikte mit den Ländern des Ostens spielt das gleiche hinein. Wirtschaftliche Interessen forderten eine Bahn aus dem österreichisch-ungarischen Gebiete nach Südosten. Die Staatsinteressen Österreichs und diejenigen der Balkanländer machten sich geltend. Und es entstand die Frage, ob diesen Interessen nicht zuwiderläuft, was den wirtschaftlichen Forderungen entspricht. Das Kapital, das im Dienste der Wirtschaft stehen soll, wird dadurch in Zusammenhang gebracht mit den Staatsinteressen. Die Staaten wollen, daß ihre Kapitalisten in ihren Dienst sich stellen. Die Kapitalisten wollen, daß die im Staate konzentrierte Macht ihren wirtschaftlichen Interessen dienstbar werde. Das Wirtschaftsleben wird dadurch in die Staatsgebiete eingefangen, während es in seiner neueren Entwicklungsphase über alle Staatsgrenzen hinaus zu einem einheitlichen Wirtschaftsleben strebt.

Diese Internationalität des Wirtschaftslebens weist darauf hin, daß in der Zukunft die einzelnen Gebiete der Weltwirtschaft in Beziehungen treten müssen, die unabhängig sind von den Beziehungen, in denen die Völker durch die außer dem Wirtschaftsgebiete liegenden Lebensinteressen stehen werden. Die Staaten werden die Herstellung der Wirtschaftsbeziehungen den an der Wirtschaft beteiligten Personen und Personengruppen überlassen müssen.

Sollen dadurch nicht die geistigen Kulturbeziehungen in restlose Abhängigkeit kommen von den Wirtschaftsinteressen, so müssen diese Beziehungen aus ihren eigenen Voraussetzungen heraus ihr internationales Leben entfalten. Es soll hier sicherlich nicht in Abrede gestellt werden, daß die wirtschaftlichen Beziehungen Grundlagen abgeben können auch für den geistigen Verkehr. Doch muß anerkannt werden, daß der in dieser Art bewirkte geistige Verkehr erst fruchtbar werden kann, wenn neben ihm sich Völkerbeziehungen bilden, die nur aus den Bedürfnissen des Geisteslebens selbst kommen. Im einzelnen Volke entringt sich das Geistesleben der Persönlichkeiten den wirtschaftlichen Untergründen. Es nimmt Gestaltungen an, die mit den Formen des Wirtschaftslebens nichts zu tun haben. Diese Gestaltungen müssen zu den entsprechenden bei anderen Völkern in Beziehungen kommen können, die nur aus ihrem eigenen Leben hervorgehen. Es ist nicht zu leugnen, daß in dem gegenwärtigen Augenblicke der Menschheitsentwicklung der internationalen Gestaltung der geistigen Lebensgebiete der egoistische Drang der Völker nach Abschluß in ihrem Volkstum widerstrebt. Die Völker streben danach, sich Staatsgebilde zurechtzuzimmern, deren Grenzen die ihrer Volkstümer sind. Und dieses Streben erweitert sich zu dem andern, den geschlossenen Volksstaat auch zu einem geschlossenen Wirtschaftsgebiet zu machen.

Die gekennzeichnete Tendenz der Weltwirtschaft wird diesen Volksegoismen in der Zukunft entgegenarbeiten. Und sollen nicht aus diesem Entgegenarbeiten nie endende Konflikte entstehen, so werden sich die in den Volkstümern auslebenden geistigen Kulturinteressen aus ihrem eigenen Wesen heraus unabhängig von den Wirtschaftsverhältnissen verwalten und aus diesen Verwaltungen heraus internationale Beziehungen bilden müssen. Das wird nicht anders möglich sein, als wenn sich die Gebiete, in denen gemeinsames Geistesleben herrscht, Grenzen geben, die relativ unabhängig sind von den Gebietsgrenzen, die aus den Voraussetzungen des Wirtschaftslebens entstehen.

Es ist nun ganz selbstverständlich die Frage naheliegend, wie das Geistesleben aus dem Wirtschaftsleben seinen Unterhalt beziehen soll, wenn die Verwaltungsgrenzen der beiden Gebiete nicht zusammenfallen. Die Antwort ergibt sich, wenn man bedenkt, daß ein sich selbst verwaltendes Geistesleben dem selbständigen Wirtschaftsleben als eine Wirtschaftskorporation gegenübersteht. Diese letztere kann aber für ihre wirtschaftlichen Grundlagen mit den Wirtschaftsverwaltungen ihres Gebietes Beziehungen eingehen, gleichgültig, zu welchem größeren Wirtschaftsgebiete diese Verwaltungen gehören. Wer sich als praktisch möglich nur dasjenige vorstellt, was er bisher gesehen hat, der wird, was hier vorgebracht wird, für graue Theorie halten. Und er wird glauben, daß die Ordnung der entsprechenden Verhältnisse an der Kompliziertheit derselben scheitern müsse. Nun, ob die Verhältnisse kompliziert sein werden oder nicht: das wird lediglich von der Geschicklichkeit derjenigen Persönlichkeiten abhängen, die mit ihrer Ordnung zu tun haben werden. Niemand aber sollte, weil er vor einer solchen vermeintlichen Kompliziertheit zurückschreckt, sich Maßnahmen entgegenstellen, die von den weltgeschichtlichen Notwendigkeiten der Gegenwart gefordert sind. (Man vergleiche damit die Ausführungen meines Buches »Die Kernpunkte der sozialen Frage«.)

Das internationale Leben der Menschheit strebt danach, die geistigen Beziehungen der Völker und die wirtschaftlichen der einzelnen Erdgebiete von einander unabhängig zu gestalten. Dieser Notwendigkeit in der Entwicklung der Menschheit wird durch die Dreigliederung der sozialen Organismen Rechnung getragen. In dem dreigliedrigen sozialen Organismus bildet das Rechtsleben auf demokratischer Grundlage das Band zwischen dem Wirtschaftsleben, das aus seinen Bedürfnissen heraus internationale Beziehungen herstellt, und dem Geistesleben, das solche aus seinen Kräften gestaltet.

Man mag aus den Denkgewohnheiten, denen man aus den bisherigen Staatsverhältnissen ergeben ist, noch so stark an dem Glauben hängen, daß die Umwandlung dieser Verhältnisse »praktisch undurchführbar« sei: Die geschichtliche Entwicklung wird über alles dasjenige zerstörend hinwegschreiten, das als Maßnahmen aus diesen Denkgewohnheiten sich erhalten oder neu entstehen will. Denn für die Lebensbedürfnisse der neueren Menschheit wird die weitere Verschmelzung des geistigen, des rechtlichen und wirtschaftlichen Gebietes eine Unmöglichkeit. Durch die Weltkriegskatastrophe hat sich diese Unmöglichkeit offenbart. Sie beruht darauf, daß wirtschaftliche und Geisteskulturkonflikte sich in der Gestalt der Staatsgegnerschaften ergaben und dadurch in einer Art zum Austrag kommen mußten, die nicht möglich ist, wenn nur Geistesleben dem Geistesleben und Wirtschaftsinteresse dem Wirtschaftsinteresse gegenüberstehen.

Daß es möglich ist, ohne mit dem internationalen Leben in Konflikt zu kommen, in einem einzelnen Staatsgebilde an die Durchführung der Dreigliederung zu gehen, auch wenn dieses Gebilde zunächst mit dieser Durchführung allein steht, kann in folgender Art gezeigt werden.

Ein Wirtschaftsgebiet, das sich im Rahmen eines Staates als große Genossenschaft ausbilden wollte, könnte ökonomisch vorteilhafte Beziehungen zum Auslande, das kapitalistisch weiter wirtschaftet, nicht aufrechterhalten. Einrichtungen, die den staatlichen ähnlich sind und die Zentralwirtschaftsverwaltungen unterstellt sind, nehmen der Betriebsleitung die Möglichkeit, an das Ausland Produkte zu liefern, die dessen Forderungen entsprechen. Mag auch in bezug auf Entgegennahme von Bestellungen dem Betriebsleiter eine weitgehende Selbständigkeit zugestanden werden; in der Beschaffung von Rohstoffen müßte er sich an die genossenschaftlichen Verwaltungsinstanzen halten. In der Praxis gäbe dieses Eingeklemmtsein zwischen den Forderungen des Auslands und dem Geschäftsgang der inneren Verwaltung unmögliche Verhältnisse. Den gleichen Schwierigkeiten wie die Ausfuhr müßte die Einfuhr begegnen. Wer beweisen will, daß ein ersprießlicher wirtschaftlicher Verkehr eines Landesgebietes, das nach abstrakt sozialistischen Grundsätzen wirtschaften will, mit dem kapitalistischen Ausland nicht möglich ist, der hat nur nötig, auf diese Dinge hinzuweisen, und ihm wird von Unbefangenen Recht gegeben werden müssen.

Die Idee der Dreigliederung des sozialen Organismus kann von solchen Einwendungen nicht betroffen werden. Sie stülpt nicht einen staatsähnlichen Organisationsplan über die Beziehungen, die durch die wirtschaftlichen Interessen selbst gegeben sind. Es ist in ihrem Sinne, daß sich die Verwaltungen gleichgerichteter Wirtschaftszweige in Assoziationen zusammenschließen und daß solche Assoziationen sich weiter angliedern an andere, durch die ihre Produkte die den Konsumbedürfnissen des Wirtschaftsgebietes entsprechende Verbreitung finden. Eine Betriebsleitung, die für den Export arbeitet, wird in dem Verkehr mit dem Auslande aus völlig freier Initiative handeln können; und sie wird in der Lage sein, im Inlande solche Verbindungen mit anderen Assoziationen einzugehen, die ihr in der Belieferung von Rohstoffen und ähnlichem am förderlichsten sind. Ein gleiches wird von einem Importbetrieb gelten. Maßgebend wird bei dieser Gestaltung des Wirtschaftskreislaufes nur sein, daß durch den Verkehr mit dem Auslande nicht Produkte hergestellt oder eingeführt werden, deren Herstellungskosten oder Kaufpreis die Lebenshaltung der arbeitenden Bevölkerung des Inlandes beeinträchtigen. Der Arbeiter, der für das Ausland arbeitet, wird als Entgelt für seine Produkte so viel erhalten müssen, als für seine Lebenshaltung notwendig ist. Und Produkte, die aus dem Auslande bezogen werden, müssen im allgemeinen zu Preisen zu haben sein, die dem inländischen Arbeiter, der dafür Bedürfnisse hat, es möglich machen, sie zu erwerben. Dabei kann sich allerdings durch die Verschiedenheit der wirtschaftlichen Verhältnisse des In- und Auslandes ergeben, daß für gewisse Produkte, die man aus dem Ausland beziehen muß, zu hohe Preise sich notwendig machen. Man wird finden, wenn man genau zusieht, daß in den Gedanken, welche der Dreigliederung des sozialen Organismus zugrunde liegen, solchen Tatsachen Rechnung getragen ist. Man lese, was S.126 meiner »Kernpunkte der sozialen

Frage« für eine Tatsache des Wirtschaftslebens, die der hier gekennzeichneten ähnlich ist, gesagt ist: »Auch wird eine Verwaltung, die es nur zu tun hat mit dem Kreislauf des Wirtschaftslebens, zu Ausgleichen führen können, die etwa aus diesem Kreislauf heraus als notwendig sich ergeben. Sollte zum Beispiel ein Betrieb nicht in der Lage sein, seinen Darleihern ihre Arbeitsersparnisse zu verzinsen, so wird, wenn er doch als einem Bedürfnis entsprechend anerkannt wird, aus andern Wirtschaftsbetrieben nach freier Übereinkunft mit allen an den letzteren beteiligten Personen das Fehlende zugeschossen werden können.« So auch wird der zu hohe Preis eines Auslandsproduktes durch Zuschüsse ausgeglichen werden können, die aus Betrieben herrühren, welche gegenüber den Bedürfnissen der in ihnen Arbeitenden zu hohe Erträgnisse liefern können.

Wer nach Gedanken über die leitenden Gesichtslinien des Wirtschaftslebens strebt, der wird gerade dann, wenn diese Gedanken praktisch sein sollen, nicht für alle Einzelheiten Angaben machen können. Denn dieser Einzelheiten des Wirtschaftslebens sind unermeßlich viele. Er wird aber die Gedanken so gestalten müssen, daß jeder, der sachgemäß diese Gedanken auf einen Einzelfall anwendet, damit praktisch zurechtkommt. Man wird bei den Vorschlägen, die in meinen »Kernpunkten der sozialen Frage« gemacht werden, finden, daß dieses »Zurechtkommen« um so besser sich gestaltet, je sachgemäßer man verfährt. Insbesondere wird man finden, daß die vorgeschlagene Struktur eines Wirtschaftskörpers, der dem dreigliedrigen sozialen Organismus angehört, einen hemmungslosen wirtschaftlichen Verkehr mit dem Auslande gestattet, auch wenn dieses Ausland die Dreigliederung nicht hat.

Daß sich dieser Verkehr als unmöglich erweisen könnte, wird derjenige nicht behaupten, der einsieht, daß die Selbstverwaltung des Wirtschaftskreislaufes ein Ergebnis sein muß der nach Einheit strebenden Wirtschaft über die ganze Erde hin. Es ist doch so, daß die in einzelne Staatsformen gezwängte Erdwirtschaft diese Staatsformen zu überwinden strebt. Ein Wirtschaftsgebiet, das diesem Streben zuerst gerecht wird, kann wohl unmöglich in Nachteil kommen gegenüber anderen Gebieten, die sich der allgemeinen Wirtschaftsentwicklung entgegenstellen. Was sich ergeben wird, kann vielmehr nur dieses sein. In dem dreigliedrigen sozialen Organismus wird das Erträgnis des Auslandshandels der Lebenshaltung der ganzen Bevölkerung zugute kommen können; in dem kapitalistischen Gemeinwesen wird es einigen wenigen zukommen. Die Handelsbilanz selbst wird aber nicht dadurch beeinträchtigt werden, daß sie in dem dreigegliederten sozialen Organismus sich anders über die Bevölkerungskreise verteilt als in dem ungegliederten.

Man sieht hieraus, daß mit der Dreigliederung nicht eine weltfremde Utopie gegeben ist, sondern eine Summe von praktischen Impulsen, mit deren Verwirklichung in jedem Punkte des Lebens begonnen werden kann. Das unterscheidet diese »Idee« von den abstrakten »Forderungen« der verschiedenen sozialistischen Parteien. Diese Forderungen suchen Sündenböcke für dasjenige, was im sozialen Leben unerträglich geworden ist. Und sie sagen, wenn sie solche Sündenböcke gefunden haben, die müssen beseitigt werden. Die Idee der Dreigliederung spricht von dem, was aus dem Bestehenden heraus werden muß, wenn die Unzuträglichkeiten verschwinden sollen. Sie will aufbauen im Gegensatz zu andern Ideen, die wohl kritisieren, die auch abbauen können, die aber keinen Hinweis auf einen Aufbau geben. Besonders deutlich zeigt sich dem Unbefangenen dieses, wenn er bedenkt, wozu mit Bezug auf den wirtschaftlichen Auslandsverkehr ein Staatsgebiet geführt werden müßte, das sich im Sinne solcher bloß abbauenden Prinzipien gestalten wollte. Zu den Abbautendenzen im Innern kämen auch noch die das Leben untergrabenden Mißverhältnisse zum Ausland.

Man kann wohl nicht zweifeln, daß die wirtschaftlichen Verhältnisse eines einzelnen dreigliedrigen sozialen Organismus vorbildlich auf das Ausland wirken müßten. Die an einer sozial gerechten Güterverteilung beteiligten Kreise werden in ihrem Lande die Dreigliederung anstreben, wenn sie deren Zweckmäßigkeit bei anderen sehen. Und mit dieser Ausbreitung der Idee der Dreigliederung wird immer mehr das erreicht werden, wonach das Wirtschaftsleben der neueren Zeit nach in ihm selbst liegenden Tendenzen strebt. Daß diesen Tendenzen abgünstige Staatsinteressen heute in vielen Erdgebieten noch mächtig sind, braucht die Menschen eines Wirtschaftsgebietes, die Verständnis für diese Dreigliederung haben, nicht abzuhalten, sie einzuführen. Das hier Gesagte zeigt, daß ihnen internationale Schwierigkeiten im Wirtschaftsleben nicht erwachsen können. (Ende des Steiner-Textes.)

NOCHMALS ERZIEHUNGSFRAGE

Hiermit dürfte so ziemlich der ganze Umkreis möglicher (und notwendiger) gedanklicher Inbezugsetzung der Dreigliederungs-Idee sowohl zu dem mit schweren Hypotheken belasteten Erbe des Kapitalismus wie zu den überlieferten Sozialtheorien und zeitüblichen experimentellen oder parteipolitisch zementierten Sozialpraktiken ausgeschritten sein. Er schließt sich aber erst, indem die Betrachtung dahin zurückkehrt, von wo sie ausgegangen war: zur Erziehungsfrage. Sie ist – auch das kann nicht oft und nicht nachdrücklich genug betont werden – die Zentralfrage aller Lebensgestaltung, aller sozialen Ordnung, aller Befriedungs- und Befreiungsmöglichkeiten des Menschen; die menschliche und menschheitliche Schlüsselfrage, von der allein es am Ende abhängen wird, ob die düsteren Voraussagen der illusionslosen Wirklichkeitsbeobachter und nüchternen Wahrscheinlichkeitsrechner in Erfüllung gehen werden oder ob Menschlichkeit, Menschenwürde und Menschenwert doch noch zu retten sind, ehe es endgültig zu spät ist.

Auch die zusammenfassende Darstellung des Erziehungswesens in seiner Beziehung zum sozialen Ganzen und seinen anderen Gliedern wirft noch einmal kritische Schlaglichter auf gewisse »sozialistische« Irrtümer und Selbsttäuschungen, die es einzusehen und abzubauen gilt, um Bewegungsraum für die Aufbaukräfte eines wirklich freien Geisteslebens zu gewinnen. So wird diese Schlußbetrachtung noch einmal zu einem Resümee alles dessen, »was not tut« und was, wenn es begriffen und ergriffen würde, dem ungeheuren Fallgewicht der entgeisteten und entseelten modernen Vergewaltigungszivilisation entgegenzuwirken vermöchte. Und es ist auch durchaus sinnvoll, daß bei der hier vorgelegten knappen Überschau seiner sozialreformerischen Einsichten und Gedanken der *Erzieher* Rudolf Steiner das letzte Wort hat, wie er in der versuchten Darstellung seines *lebenspraktischen* Wirkens und Wollens das erste hatte.

Rudolf Steiner:
Freie Schule und Dreigliederung *

Die öffentliche Pflege des Geisteslebens in Erziehung und Schule ist in der neueren Zeit immer mehr zur Staatssache geworden. Daß das Schulwesen eine vom Staat zu besorgende Angelegenheit sei, wurzelt gegenwärtig so tief im Bewußtsein der Menschen, daß, wer an diesem Urteil rütteln zu müssen vermeint, als ein weltfremder »Ideologe« angesehen wird. Und doch liegt gerade in diesem Lebensgebiete etwas vor, das der allerernstesten Erwägung bedarf. Denn diejenigen, die in der angedeuteten Art über »Weltfremdheit« denken, ahnen gar nicht, welch eine weltfremde Sache sie selber verteidigen. Unser Schulwesen trägt ganz besonders die Charakterzüge an sich, die ein Abbild sind der niedergehenden Strömungen im Kulturleben der gegenwärtigen Menschheit. Die neueren Staatsgebilde sind mit ihrer Struktur den Anforderungen des Lebens nicht gefolgt. Sie zeigen zum Beispiel eine Gestaltung, die den wirtschaftlichen Forderungen der neueren Menschheit nicht genügt. Sie haben diese Rückständigkeit auch dem Schulwesen aufgedrückt, das sie, nachdem sie es den Religionsgemeinschaften entrissen, ganz in Abhängigkeit von sich gebracht haben. Die Schule auf allen ihren Stufen bildet die Menschen so aus, wie sie der Staat für die Leistungen braucht, die er für notwendig hält. In den Einrichtungen der Schulen spiegeln sich die Bedürfnisse des Staates. Man redet zwar viel von allgemeiner Menschenbildung und ähnlichem, das man anstreben will; aber der neuere Mensch fühlt sich unbewußt so stark als ein Glied der staatlichen Ordnung, daß er gar nicht bemerkt, wie er von der allgemeinen Menschenbildung redet und eigentlich die Ausbildung zum brauchbaren Staatsdiener meint.

In dieser Beziehung verspricht die Gesinnung der sozialistisch Denkenden von heute nichts Gutes. Man will den alten Staat umwandeln in eine große Wirtschaftsorganisation. In diese hinein soll sich fortsetzen die Staatsschule. Diese Fortsetzung würde alle Fehler der gegenwärtigen Schule in bedenklichster Art vergrößern. Bisher steckte in dieser Schule noch manches, was Zeiten entstammte, in denen der Staat noch nicht Beherrscher des Unterrichtswesens war. Man kann natürlich die Herrschaft des Geistes nicht zurückwünschen, der aus diesen alten Zeiten stammt. Aber man müßte bestrebt sein, den neuen Geist der fortentwickelten Menschheit in die Schule hineinzutragen. Dieser Geist wird nicht darinnen sein, wenn man den Staat in eine Wirtschaftsorganisation umwandelt und die Schule so umgestaltet, daß aus ihr Menschen hervorgehen, die die brauchbarsten Arbeitsmaschinen in dieser Wirtschaftsorganisation sein können. Man spricht heute viel von einer »Einheitsschule«. Daß man sich theoretisch unter dieser Einheitsschule etwas sehr Schönes vorstellt, darauf kommt es nicht an. Denn, wenn man die Schule als ein organisches Glied einer Wirtschaftsorganisation ausgestaltet, so kann sie nicht etwas Schönes sein.

Worauf es der Gegenwart ankommen muß, das ist, die Schule ganz in einem freien Geistesleben zu verankern. Was gelehrt und erzogen werden soll, das soll nur aus der Erkenntnis des werdenden Menschen und seiner individuellen Anlagen entnommen sein. Wahrhaftige Anthropologie soll die Grundlage der Erziehung und des Unterrichts sein. Nicht gefragt soll werden: Was braucht der Mensch zu wissen und zu können für die soziale Ordnung, die besteht; sondern: Was ist im Menschen veranlagt und was kann in ihm entwickelt werden? Dann wird es möglich sein, der sozialen Ordnung immer neue Kräfte aus der heranwachsenden Generation zuzuführen. Dann wird in dieser Ordnung immer das leben, was die in sie eintretenden Vollmenschen aus ihr machen; nicht aber wird aus der heranwachsenden Generation das gemacht werden, was die bestehende soziale Organisation aus ihr machen will.

Ein gesundes Verhältnis zwischen Schule und sozialer Organisation besteht nur, wenn der letzteren immer die in ungehemmter Entwicklung herangebildeten neuen individuellen Menschheitsanlagen zugeführt werden. Das kann nur geschehen, wenn die Schule und das Erziehungswesen innerhalb des sozialen Organismus auf den Boden ihrer Selbstverwaltung gestellt werden. Das Staats- und Wirtschaftsleben sollen die von dem selbständigen Geistesleben herangebildeten Menschen empfangen; nicht aber sollen sie, nach ihren Bedürfnissen, deren Bildungsgang vorschreiben können. Was ein Mensch in einem bestimmten Lebensalter wissen und können soll, das muß sich aus der Menschennatur heraus ergeben. Staat und Wirtschaft werden sich so gestalten müssen, daß sie den Forderungen der Menschennatur entsprechen. Nicht der Staat oder das Wirtschaftsleben haben zu sagen: So brauchen wir den Menschen für ein bestimmtes Amt; also *prüft* uns die Menschen, die wir brauchen, und sorgt zuerst dafür, daß sie wissen und können, was wir brauchen; sondern das geistige Glied des sozialen Organismus soll aus seiner Selbstverwaltung heraus die entsprechend begabten Menschen zu einem gewissen Grade der Ausbildung bringen, und Staat und Wirtschaft sollen sich gemäß den Ergebnissen der Arbeit im geistigen Gliede einrichten.

Da das Leben des Staates und der Wirtschaft nichts von der Menschennatur Abgesondertes ist, sondern das Ergebnis dieser Natur, so ist niemals zu befürchten, daß ein wirklich freies, auf sich selbst gestelltes Geistesleben wirklichkeitsfremde Menschen ausbildet. Dagegen entstehen solche lebensfremde Menschen gerade dann, wenn die bestehenden Staats- und Wirtschaftseinrichtungen das Erziehungs- und Schulwesen von sich aus regeln. Denn in Staat und Wirtschaft müssen die Gesichtspunkte innerhalb des Bestehenden, Gewordenen eingenommen werden. Zur Entwicklung des werdenden Menschen braucht man ganz andere Richtlinien des Denkens und Empfindens. Man kommt als Erzieher, als Unterrichtender nur zurecht, wenn man in einer freien, individuellen Weise dem zu Erziehenden, zu Unterrichtenden gegenübersteht. Man muß sich für die Richtlinien des Wirkens nur abhängig wissen von *Erkenntnissen* über die Menschennatur, über das Wesen der sozialen Ordnung und ähnliches, nicht aber von *Vorschriften* oder *Gesetzen*, die von außen gegeben werden. Will man ernstlich die bisherige Gesellschaftsordnung in eine solche nach sozialen Gesichtspunkten überleiten, so wird man nicht davor zurückschrecken dürfen, das geistige Leben – mit dem Erziehungs- und Schulwesen – in seine eigene Verwaltung zu stellen. Denn aus einem solchen selbständigen Gliede des sozialen Organismus werden Menschen hervorgehen mit Eifer und Lust zum Wirken im sozialen Organismus; aus einer vom Staat oder vom Wirtschaftsleben geregelten Schule können aber doch nur Menschen kommen, denen dieser Eifer und diese Lust fehlen, weil sie die Nachwirkung einer Herrschaft wie etwas Ertötendes empfinden, die nicht hätte über sie ausgeübt werden dürfen, bevor sie vollbewußte Mitbürger und Mitarbeiter dieses Staates und dieser Wirtschaft sind. Der werdende Mensch soll erwachsen durch die Kraft des von Staat und Wirtschaft unabhängigen Erziehers und Lehrers, der die individuellen Fähigkeiten frei entwickeln kann, weil die seinigen in Freiheit walten dürfen.

In meinem Buche »Die Kernpunkte der sozialen Frage in den Lebensnotwendigkeiten der Gegenwart und Zukunft« habe ich mich bemüht zu zeigen, daß in der Lebensauffassung der parteimäßig führenden Sozialisten im wesentlichen nur die nach einem gewissen Extrem getriebene Gedankenwelt des Bürgertums der letzten drei bis vier Jahrhunderte weiterlebt. Es ist die Illusion dieser Sozialisten, daß ihre Ideen einen völligen Bruch mit dieser Gedankenwelt darstellen. Nicht ein solcher liegt vor, sondern nur die besondere Färbung der bürgerlichen Lebensauffassung aus dem Fühlen und Empfinden des Proletariats heraus. Dies zeigt sich ganz besonders stark in der Stellung, welche diese sozialistischen Führer zum Geistesleben und seiner Eingliederung in den gesellschaftlichen Organismus einnehmen. Durch die hervorragende Bedeutung des Wirtschaftslebens in der bürgerlichen Gesellschaftsorganisation der letzten Jahrhunderte ist das Geistesleben in eine starke Abhängigkeit von dem Wirtschaftsleben gekommen. Das Bewußtsein von einem in sich selbst gegründeten Geisteslebens an dem die Menschenseele Anteil hat, ist verlorengegangen. Naturanschauung und Industrialismus haben diesen Verlust mitbewirkt. Damit hängt zusammen, wie man in der neueren Zeit die Schule in den gesellschaftlichen Organismus eingliederte. Den Menschen für das äußere Leben in Staat und Wirtschaft brauchbar zu machen wurde die Hauptsache. Daß er in erster Linie als seelisches Wesen erfüllt sein solle mit dem Bewußtsein seines Zusammenhanges mit einer Geistesordnung der Dinge und daß er durch dieses *sein Bewußtsein* dem Staate und der Wirtschaft, in denen er lebt, einen Sinn gibt, daran wurde immer weniger gedacht. Die Köpfe richteten sich immer weniger nach der geistigen Weltordnung und immer mehr nach den wirtschaftlichen Produktionsverhältnissen. Beim Bürgertum wurde dieses zu einer empfindungsgemäßen Richtung des Seelenlebens. Die proletarischen Führer machten daraus eine theoretische Lebensauffassung, ein Lebensdogma.

Verheerend würde dieses Lebensdogma werden, wenn es grundlegend sein wollte für den Aufbau des Schulwesens in die Zukunft hinein. Da in Wirklichkeit ja doch aus einer noch so vortrefflichen wirtschaftlichen Gestaltung des sozialen Organismus sich keine Pflege eines wahren Geisteslebens, insbesondere auch keine produktive Einrichtung des Schulwesens ergeben kann, so müßte zunächst diese Einrichtung durch die Fortführung der alten Gedankenwelt herbeigeführt werden. Die Parteien, die Träger einer neuen Lebensgestaltung sein wollen, müßten das Geistige in den Schulen von den Trägern der alten Weltanschauungen fortpflegen lassen. Da aber unter solchen Verhältnissen ein innerer Zusammenhang der heranwachsenden Generation zu dem fortgepflegten Alten doch nicht aufkommen kann, müßte das geistige Leben immer mehr versumpfen. Die Seelen dieser Generation würden veröden durch das unwahrhaftige Stehen in einer Lebensauffassung, die ihnen nicht innerer Kraftquell werden könnte. Die Menschen würden seelenleere Wesen innerhalb der aus dem Industrialismus hervorgehenden Gesellschaftsordnung.

Damit dieses nicht geschehe, erstrebt die Bewegung nach dem dreigliedrigen sozialen Organismus die völlige Loslösung des Unterrichtswesens von dem Staats- und Wirtschaftsleben. Die soziale Gliederung der am Unterrichtswesen beteiligten Persönlichkeiten soll von keinen anderen Mächten abhängen als nur von dem an diesem Wesen mitbeschäftigten Menschen. Die Verwaltung der Unterrichtsanstalten, die Einrichtung der Lehrgänge und Lehrziele soll nur von Personen besorgt werden, die *zugleich* lehren oder sonst produktiv im Geistesleben sich betätigen. Jede solche Person würde ihre Zeit teilen zwischen Unterrichten oder sonstigem geistigen Schaffen und Verwalten des Unterrichtswesens. Wer sich vorurteilslos in eine Beurteilung des geistigen Lebens einzulassen vermag, der kann einsehen, daß die lebendige Kraft, die man zum Organisieren und Verwalten des Erziehungs- und Unterrichtswesens braucht, nur in der Seele wachsen kann, wenn man tätig im Unterrichten oder in sonstigem geistigen Hervorbringen drinnen steht.

Voll zugeben wird dieses für unsere Gegenwart wohl nur derjenige, der unbefangen sieht, wie eine neue Quelle des Geisteslebens sich eröffnen muß zum Aufbau unserer zusammengebrochenen Gesellschaftsordnung. Im Aufsatz »Marxismus und Dreigliederung« habe ich auf den richtigen, aber einseitigen Gedanken Engels' hingewiesen: »An die Stelle der Regierung über Personen tritt die Verwaltung von Sachen und die Leitung von Produktionsprozessen.« So richtig das ist, so wahr ist das andere, daß in den gesellschaftlichen Ordnungen der Vergangenheit das Leben der Menschen nur möglich war, weil mit der Leitung der wirtschaftlichen Produktionsprozesse zugleich die Menschen mitregiert wurden. Hört dieses Mitregieren auf, so müssen die Menschen aus dem frei auf sich gestellten Geistesleben die Lebensantriebe empfangen, welche durch die bisherigen Regierungsimpulse in ihnen wirkten.

Zu alledem kommt noch ein anderes. Das Geistesleben gedeiht nur, wenn es als Einheit sich entfalten kann. Aus derselben Entwicklung der Seelenkräfte, aus der eine befriedigende, den Menschen tragende Weltauffassung stammt, muß auch die produktive Kraft kommen, die den Menschen zum rechten Mitarbeiter im Wirtschaftsleben macht. Praktische Menschen für das äußere Leben werden doch nur aus einem solchen Unterrichtswesen hervorgehen, das in gesunder Art auch die höheren Weltanschauungstriebe zu entwikkeln vermag. Eine Gesellschaftsordnung, die nur Sachen verwaltet und Produktionsprozesse leitet, müßte nach und nach auf ganz schiefe Wege kommen, wenn ihr nicht Menschen mit gesund entwickelten Seelen zugeführt würden.

Ein Neuaufbau unseres gesellschaftlichen Lebens muß daher die Kraft gewinnen, das selbständige Unterrichtswesen einzurichten. Wenn nicht mehr Menschen über Menschen in der alten Art »regieren« sollen, so muß die Möglichkeit geschaffen werden, daß der freie Geist in jeder Menschenseele so kraftvoll, als es in den menschlichen Individualitäten jeweilig möglich ist, zum Lenker des Lebens wird. Dieser Geist läßt sich aber nicht unterdrücken. Einrichtungen, die aus den bloßen Gesichtspunkten einer wirtschaftlichen Ordnung das Schulwesen regeln wollten, wären der Versuch einer solchen Unterdrückung. Sie würde dazu führen, daß der freie Geist aus seinen Naturgrundlagen heraus fortdauernd revoltieren würde. Die kontinuierliche Erschütterung des Gesellschaftsbaues wäre die notwendige Folge einer Ordnung, die aus der Leitung der Produktionsprozesse zugleich das Schulwesen organisieren wollte.

Wer diese Dinge überschaut, für den wird die Begründung einer Menschengemeinschaft, welche die Freiheit und Selbstverwaltung des Erziehungs- und Schulwesens energisch erstrebt, zu einer der wichtigsten Zeitforderungen. Alle anderen notwendigen Zeitbedürfnisse werden ihre Befriedigung nicht finden können, wenn auf diesem Gebiete das Rechte nicht eingesehen wird. Und es bedarf eigentlich nur des unbefangenen Blickes auf die Gestalt unseres gegenwärtigen Geisteslebens mit seiner Zerrissenheit, mit seiner geringen Tragkraft für die menschlichen Seelen, um dieses Rechte einzusehen. (Ende des Steiner-Textes.)

DIE ALTEN UND DIE NEUEN HINDERNISSE

Der Zeitgenosse unserer Jahre, der im vorletzten Absatz dieser Abhandlung die Hinweise auf das »fortlaufende Revoltieren« und die »kontinuierliche Erschütterung des Gesellschaftsbaues« liest, hat wohl alle Ursache, den Scharfblick und die Weitsicht eines Denkers zu bewundern, der mit exakter Treffsicherheit die Zustände voraussagte, welche heute wie ein nicht mehr zu erstickender Steppenbrand die ganze Welt in Aufregung erhalten und deren Urheber allerorten die unmittelbaren Objekte des modernen Erziehungswesens sind – Studenten und Schüler. Sie fühlen instinktiv, daß sie auf falsche Wege und in eine durch und durch fehlgeleitete Welt geführt werden sollen; ohne daß sie freilich darum auch die wahren Gründe dieser Irreführung erkennen und daraus die zutreffenden Folgerungen ziehen, die richtigen Forderungen erheben könnten. Offensichtlich ist allein die weltweit um * sich greifende Verwirrung, die allgemeine Verstörtheit der jugendlichen Gemüter und ihre ohnmächtige Anstrengung, sich gegen die Zumutungen zu empören, denen sie sich ausgeliefert fühlen. Dieser Anschauungsunterricht beweist aber auch, daß Rudolf Steiners so erstaunliche Prognosen nicht aus der Quelle dubioser »Wahrsagerei« entsprungen sind, sondern aus einem höheren Realismus, als er den vermeintlichen Realisten des gängigen Wissenschaftler-Formats staatlich privilegierten Gepräges erreichbar ist. Und in der Anschaulichkeit einer solchergestalt durch greifbarste Wirklichkeiten bestätigten Hell-Sichtigkeit dürfte ruhig einmal einer jener »Beweise« anerkannt werden, die der Geisteswissenschaft Steiners so gern abverlangt werden, die indessen im experimentellen Verfahren – dem Wesen der Sache nach – nicht zu erbringen sind. Vertrauen in die * Verläßlichkeit einer »anschauenden Urteilskraft« oder eines (aus jener entwickelten) »schauenden Bewußtseins« sollten derartige Bestätigungen hervorrufen können.

An einem gewissen, ihm bereitwillig gewährten Vertrauensvorschuß fehlte es übrigens Steiner keineswegs, als er die Dreigliederungsbewegung ins Leben rief. Daß seine zunächst mit unerwartet weitem und starkem Widerhall aufgenommenen Bemühungen um ein Vordringen der Idee in die politische Wirklichkeit – die Arbeitervorträge in verschiedenen großen Industriewerken, die Gründung eines *Bundes für Dreigliederung des sozialen Organismus* – verhältnismäßig bald von ihm selbst wieder eingestellt wurden, hatte seinen einfachen Grund in der Ungunst der Situation. Obwohl nämlich diese durch den politischen Zusammenbruch Deutschlands und die damit geschaffene tabula rasa alle Voraussetzungen für eine radikale Umordnung des Gesellschaftssystems zu bieten schien, erwies sich, daß von einem allgemeinen Verständnis für die Lehren der Geschichte und einer allgemeinen Einsicht in die Notwendigkeit, ungewohnten Vorstellungen Raum zu geben, keine Rede sein konnte. Was gerade jetzt hätte überwunden sein sollen: die Prävalenz des *Machtdenkens*, welches die Völker in die mörderische Barberei des massenhaften Blutvergießens gesteuert hatte – sie zeigte sich auf keiner Seite erschüttert, sondern erst recht versteift. Nicht nur, daß die diktierte Friedensordnung kaum * andere Absichten erkennen ließ, als eine mehr oder minder

gewaltsame Verlagerung der Machtgewichte und die möglichst vollständige Entmachtung der Besiegten; auch unter den Besiegten gab es anscheinend nichts Wichtigeres zu bedenken als Machtfragen: Die konservativen Kräfte, insbesondere das von ihnen übriggebliebene wirtschaftliche Unternehmertum, begaben sich in Verteidigungsstellung zur Wahrung oder Wiedererstarkung ihrer alten, auf unbeschnittener Gewinnsucht beruhenden Machtpositionen gegen die Ansprüche der parteipolitisch organisierten revolutionären Kräfte. Revolutionär waren diese indessen allein, sofern sie, im Sinne der Klassenkampftheorie, als neue Herrschaftsschicht die alte Herrschaftsschicht aus eben jenen Positionen vollends zu verdrängen trachteten, um selbst über alle anderen Schichten Macht auszuüben. Es ging ihnen darum, an die Stelle der früheren politischen und wirtschaftlichen Autoritäten neue, um nichts weniger herrschsüchtige, zu setzen; und in diesem Bestreben dokumentierte sich eine Geistesverfassung, in welcher kein Funke wahrhaft revolutionärer Gesinnung zu spüren war, vielmehr lediglich der Wille, sich das Erbe des alten Machttheaters in personeller Umbesetzung und veränderter Kostümierung anzueignen. Der Logik dieses Ganges der Dinge entsprach es durchaus, daß die Dreigliederungs-Idee *beiden* Fronten – der defensiven wie der offensiven – gleich unerwünscht sein mußte. Und so wiederholte sich an Rudolf Steiner im großen Maßstabe, was er schon einmal im kleinen zu erfahren gehabt hatte. Um die Jahrhundertwende, als er in der Berliner Arbeiterbildungsschule für sein geist- und kulturbewußtes, um den Menschen besorgtes Sozialdenken bei der proletarischen Hörerschaft »zuviel« Aufgeschlossenheit gefunden hatte, waren ihm die Hüter des Marx-Evangeliums in den Arm gefallen und hatten erreicht, daß er, gegen den Wunsch seiner Schüler, zurücktrat. Jetzt waren es wiederum insbesondere die Funktionäre der sozialistischen Parteien, die seinen Anstrengungen um Verwirklichung eines wirklich freiheitlichen Sozialkonzepts entgegenwirkten und die anfänglich weitgehend für den neuen Gedanken gewonnenen Arbeiter umzustimmen verstanden. Damals, in Berlin, war aus dem Munde eines solchen
* parteiamtlichen Gesinnungswächters das Wort gefallen: »Wir wollen nicht Freiheit in der proletarischen Bewegung; wir wollen vernünftigen Zwang!« Dem Sinn dieses Ausspruchs getreu erwies sich jetzt, angesichts der Bedrohung gewisser

altbackener und neugebackener Autoritäten durch den sich ankündigenden neuen Geist, daß – wie sich ja inzwischen allerorten, in diktaturbedrückten wie in demokratiebeglückten Landen tausendfach immer von neuem gezeigt hat – im gesellschaftlichen Leben der modernen Zivilisation die Organisationen nicht in erster Linie für die Organisierten da sind, sondern in erster Linie für die Organisatoren. Denen kann gar nichts daran gelegen sein, daß die Probleme, von deren Ungelöstheit sie ja ihr Ansehen, ihre Geltung, ihre Macht und schließlich auch allerlei materielle Vorteile beziehen, jemals – obendrein abseits der von ihnen beeidigten Heilslehre – bewältigt würden...

Leider besteht kein überzeugender Grund zu der Annahme, daß die zugespitzte, die nachgerade alarmierend gesteigerte Problematik der gesamtmenschheitlichen Situation von heute an diesem Zustande etwas zu ändern vermöchte. Um so weniger, da in unserer wirtschaftswunderlichen Bundesrepublik (aber auch sonst hier und da) Regierungen, Parteien und Gewerkschaften mit scheinbar berechtigtem Stolz sich rühmen können, der »arbeitenden Bevölkerung«, den »Arbeitnehmern«, den »organisierten Massen« eine ganze Reihe ehedem für unerreichbar gehaltener Rechte erkämpft zu haben; unleugbare Fortschritte in der Richtung bürgerlicher Konsolidierung. Nur ist es eben dieser Gewinn an Sicherheit, Wohlsituiertheit und Reputation, der alle daran Beteiligten blind macht dafür, daß in dem Wie und Was solcher unaufhaltsamen Jagd nach gehobenem »Lebensstandard« (denn schon längst handelt es sich nicht mehr um Abstellung sozialer Mißstände, um das berechtigte Ringen einer grundsätzlich benachteiligten Klasse um gerechte Entlohnung ihrer Leistungen) – daß in dem Wie und Was dieser unaufhörlichen Anstachelung von Unzufriedenheit, Begehrlichkeit und Nimmersattheit genau derselbe Ungeist wirksam ist, dem alle Menschlichkeitskatastrophen unseres Jahrhunderts zu verdanken waren. Derselbe Un- und Anti-Geist. Und das tritt auch in der Tatsache zutage, daß es in unserem Wirtschaftswunderland nur *eine* wirklich benachteiligte, eine von allen Seiten gleich bedenkenlos ausgebeutete, von keiner Macht gestützte Menschenklasse gibt; das faktische Proletariat des zwanzigsten Jahrhunderts, mindestens hierzulande: die selbständigen, auf Unabhängigkeit bedachten Geistesarbeiter aller »un-nützlichen« Fakultäten. Sie werden zwischen den

Mahlsteinen der staatlichen, parteipolitischen und wirtschaftlichen Kollektivinteressen zerrieben, durch ihren Mangel an immer wacher Profitbedachtheit nicht nur jenen agilen Mächten gegenüber wehrlos, sondern durch den kurzen Atem ihrer Dispositionsmöglichkeiten und durch ihre scheinbar offenkundige, jedenfalls allseitig beglaubigte Entbehrlichkeit (man stelle sich vor, welchen Heiterkeitserfolg ein »Streik der freien Geister« zur Durchsetzung ihrer berechtigten Lebensansprüche bei den Industriegewaltigen wie bei den Vorkämpfern des irdischen Paradieses ernten würde!) praktisch auch
* rechtlos. Doch wie sollte es anders sein können in einer Welt – und das gilt nun nicht mehr speziell für deutsche Verhältnisse, es betrifft die gesamte kapitalistische Hemisphäre –, deren Existenzform sogar ein Gewerkschaftsvorsitzender (freilich in machtkämpferischer Polemik gegen eine andere Gewerkschaft, doch zweifellos aus bester Sachkenntnis) beschreiben
* konnte mit dem lapidaren Satz: »Aber diese unsere Gesellschaft lebt ja nicht von Vernunft, sondern von *Gewinn durch Verschwendung und Vergeudung!*« Auf den Nenner dieses Wahrspruchs, der das Wesen der sogenannten »Industriegesellschaft« unübertrefflich darstellt, läßt sich in der Tat die existenzielle Realität in denjenigen Gebieten unseres Planeten bringen, welche sich mit dem hochtrabenden Titel »Freie Welt« zu schmücken lieben.

Krise der Lügen und Illusionen

»Freie Welt« = Westen; »Unfreie Welt« = Osten. So einfach ist im zeitüblichen Sprachgebrauch das Schema der demokratischen Illusionsfreudigkeit! Es umfaßt die ebenso gewagte Gleichung: Kapitalismus = Freiheit; Sozialismus = Unfreiheit. Aber der Kapitalismus (auch der nicht radikal unsoziale) enthält in sich ein diktatorisches Element; und der Sozialismus (auch der diktatorisch erzwungene) ein demokratisches. Daher sich das Bild- und Begriffsklischee denn auch mühelos umkehren läßt, wie es der wiederum zeitübliche Sprachgebrauch der »marxistisch-leninistischen« Propaganda tut. Was beiden Seiten gemeinsam ist, ist der materialistische Wahn, mit dem wissenschaftlichen und technischen Fortschritt sei alles getan, um die Menschheit herrlichen Zeiten entgegenzuführen, an deren Ende der *homo faber* zum *homo omnipotens* aufgestiegen sein werde – wie groß oder wie klein man sich auch die Schicht, die Rasse oder die Klasse vorstellen möge, die es durch die famose »natürliche Auslese« oder durch manipulierte biologische, pharmazeutische, elektronische Zuchtwahl oder wie sonst schließlich zu diesem triumphalen Grad gebracht haben werde. Soviel scheint sicher: daß dabei der einseitig auf Kosten sämtlicher anderen menschlichen Anlagen (vornehmlich der geistigen und sittlichen) entwickelten funktionellen Intellektualität die allein entscheidende Rolle zufallen wird. Dazu sei das dankenswert offene Wort eines Zeitgenossen zitiert, wobei den rückständigen, noch nicht gänzlich fühllos gewordenen (sozusagen: noch »falsch programmierten«) Zuhörer allerdings ein Schaudern überlaufen mußte. Es lautete: »Die Dummen werden künftig wirklich die Dummen sein!« Im gegebenen Zusammenhange waren mit den »Dummen« die an ihrer Arbeit Hängenden, die nicht fix genug auf Berufswechsel Eingestellten, die ihr Tun noch ernst Nehmenden, die Schwerblütigen, Schwerfälligen, Schwerentschlossenen gemeint. Immerhin. Auch diese gibt es doch, und sie haben das gleiche Recht dazusein wie die Gewitzten, Fixen, Wandlungsfähigen, die »ihr Sach' auf nichts gestellt« haben. Niemand bietet ihnen, den »Dummen«, einen Ersatzwert an für das Nichtmitkommenkönnen mit dem Tempo der Mechanisierung, der Automation, der – Entseelung; sie werden alleingelassen in der unermeßlichen Öde des sinnentleerten Industrietermitendaseins, weil ihnen nicht gegeben ist, so emsig zu sein wie jene tüchtigen, nutzbringenden Insekten. Das Rad des Fortschritts wird über sie zermalmend hinwegrollen; sie – »werden die Dummen sein«! *Das* ist es, was die »Freie Welt« ihren Menschen als Zukunftsparole zu verkünden hat! Ausgesprochen wurde sie ganz »harmlos« im »freien Teil Deutschlands« der damals noch nicht den »Vereinten Nationen« angehörte (zu welchen andererseits auch einige »unfreie« und sehr veruneinigte zählen), im sogenannten »Jahr der Menschenrechte«. Einem Jahre, das überhaupt seltsame Illustrationen zu dieser Parole lieferte, ganz besonders von seiten derselben Völker, in deren Namen das schöne Schlagwort ausgegeben wurde. Worauf, als wäre er darauf gemünzt gewesen, ein Ausspruch Rudolf Steiners aus dem Jahre 1912 paßt, von dem heute noch kein Jota abzustreichen ist:

* »Es ist schon tatsächlich so, daß wir heute aus der Sphäre der Wahrheit, vom wirklichen aus der Natur des Menschen kommenden Recht und aus demjenigen, was im Menschen sich entwickeln muß, wenn er für seine Mitmenschen Wert haben soll, aus der Lebenspraxis allmählich herausgekommen sind; und zwar aus dem Wahrheitswort in die Phrase, aus dem Rechtsempfinden in das Konventionelle und aus der Lebenspraxis in die bloße Lebensroutine hinein. Und wir kommen aus dieser dreifachen Unwahrhaftigkeit, aus Phrase, Konvention und Routine nicht heraus, wenn wir nicht den Willen entwickeln, unterzutauchen in die Dinge, hinzuschauen, wie sie sich eigentlich in der Wirklichkeit gestalten.«

Im Sinne dieses Sachverhalts wäre es zutreffender gewesen, anstatt ein »Jahr der Menschenrechte« ein »Jahr der fortgeschrittenen Begriffsverwirrung« zu proklamieren; welches ein Wahrhaftigkeitsfanatiker im Rückblick dann noch ohne zu große Übertreibung als »Jahr der triumphierenden Lüge« hätte charakterisieren können...

Vielleicht mag der eine oder andere Leser finden, daß im Vorstehenden von einem gewissen Punkte an deutsche Verhältnisse und Ereignisse zu sehr in den Vordergrund der Betrachtung getreten seien, obwohl der Gegenstand dieses

Buches doch die Weltsituation sein sollte. Jedoch wurden lediglich solche deutschen Angelegenheiten zur Sprache gebracht, die für eben jene Welt- und Menschheitssituation exemplarische Bedeutung haben. Zudem aber darf und muß sogar einmal gesagt werden, daß Deutschland – oder sprechen wir lieber von Mitteleuropa – entgegen allem äußeren Anschein nicht aufgehört hat, ein unübersehbarer Faktor der Weltwirklichkeit zu sein. Europa ohne seine »Mitte« ist keine *Idee*, sondern eine *Konstruktion*; und es wird, wenn überhaupt, sich nur als Zweckverband zusammenfinden, dem keine geistige Bindekraft innewohnt und der unweigerlich wieder zerfällt, sobald der gemeinsame »Zweck« nicht mehr stark genug ist, die einzelnen Sonderzwecke zu überspielen. Indem jetzt von »Mitteleuropa« gesprochen wird, ist damit zugleich ausgedrückt, daß es sich um keinen der beiden Teile Deutschlands handelt, sondern um beide; vielmehr um das sie beide um- und übergreifende mitteleuropäische Ganze, das gegenwärtig nur noch als Erinnerung, Vorstellung und Zukunftserwägung existiert. Sein Wesen ist von jeher ideeller Art gewesen, und eben um dieses Ideelle geht es hier. Gerade darum ist aber das Faktum der Teilung in zwei Staaten *
gegensätzlicher Abhängigkeit von schicksalhafter Bedeutsamkeit: Durch sie vollzog die Geschichte auch äußerlich sichtbar die Wesensentfremdung, die innerlich längst vollzogen worden war dadurch, daß jenes ideelle Wesen sich selbst preisgegeben und an den politischen Machtwahn verloren hatte. Indem es heute ein zum »Westen« und ein zum »Osten« gehöriges Deutschland gibt, besteht im Sinne der ideellen Wahrheit überhaupt kein als »Mitteleuropa« zu verstehendes Deutschland mehr. Die eigentliche geistige Unterschiedenheit Mitteleuropas sowohl vom Westen wie vom Osten und seine dadurch mögliche, sehr wohl als historischer Auftrag zu deutende Mittlerrolle in der großen Auseinandersetzung zwischen westlichem und östlichem Denken hat Rudolf Steiner immer wieder hervorgehoben. Demgemäß betrachtete er natürlich auch die aus den deutschen Gegebenheiten entwickelte Dreigliederungs-Idee nicht als ein aller Welt und jeder Zeitlage zur gleichartigen Praktizierung anzuempfehlendes Rezept, sondern als ein zwar allgemeingültiges Prinzip, dessen Durchführung indessen nach den jeweiligen Voraussetzungen zu modifizieren und zu differenzieren sei.

Was Mitteleuropa – von Rudolf Steiners Persönlichkeit

und Wirken einmal abgesehen – versäumte, beizeiten durch geistige Mittlerschaft zu leisten: die Zusammenführung von Ost und West auf dem Boden einer weltgültigen modernen Spiritualität, das scheint sich nunmehr – ersatzweise – aus ganz anderen Impulsen und auf zugleich vermeintlich »realerer« und zweifellos gefährlicherer, jedenfalls weit niedrigerer Ebene anbahnen zu wollen in Gestalt der noch lange nicht spruchreifen, aber sich in allerlei ideologischen Symptomen ankündigenden Annäherung zwischen modernem Kapitalismus und modernem Sozialismus, zwischen Diktaturen und Demokratien unter dem Zeichen der »Industriegesellschaft«. Hier kommt die im ersten Kapitel erwähnte *Konvergenztheorie* wieder ins Gespräch, doch aus einer neuen Perspektive. Sie rückt (da die »freie Welt« des demokratischen Westens ausreichend beredet worden) jetzt die »unfreie Welt« des sozialistischen Ostens ins engere Blickfeld. Weil es dabei an dieser Stelle vornehmlich um das wechselseitige Verhältnis der gegensätzlichen *ursprünglichen Wesensanlagen* geht – der westlichen mit ihrem wissenschaftlichen Denken in Richtung materialistischer Welterklärung und technisch-wirtschaftlicher Weltbeherrschung, der östlichen mit ihrer religiösen Weltvertiefung und dem Ziele mystisch-metaphysischer Welterlösung – so bedarf es vorerst noch einer Verteidigung dieser Ansicht der Dinge gegen das scheinbare Gegenzeugnis der heutigen Wirklichkeit. Nach deren Aussage liegt ja die Behauptung nahe, jene Gegensätzlichkeit sei eine Sache der Vergangenheit; heute hingegen sei über den ganzen Erdball hin die religiöse, geisterfüllte Weltbetrachtung von der positivistisch-intellektuellen, die idealistische Gesinnung von der materialistisch-utilitaristischen verdrängt, der Industrialismus hier wie dort das alles Leben regulierende Gesetz, der Wille zur Macht – ob offen oder geheim – die hier wie dort wirksame allgemeine Triebkraft nicht nur bei den Herrschenden, sondern bei den Völkern. So sieht es aus. Doch dieser Oberflächeneindruck trügt.

Was dem flüchtigen Hinblick und der gedankenlosen Beobachtung als gleich erscheint, ist durchaus ungleich. Die Ungleichartigkeit wird freilich erst wahrnehmbar, wo die registrierbaren peripherischen Tatsachen enden und das törichte Schattenspiel der Statistik keine Daten mehr vorfindet. Übrigens ist es auch gar nicht so, daß die Unterschiedlichkeit nicht empfunden würde: Die phantasielose Intellektualität des Westens spürt sehr wohl, und mit erheblichem Unbehagen, in dem Verkündigungsfanatismus des »Dialektischen Materialismus« das irrationale Element, das die durch und durch »westliche« Importe »Marxismus« zur faktischen Religion erhebt und den Staat zur Kirche macht, welche das entmaterialisierte, verabsolutierte Dogma verwaltet, den freiwilligen oder unfreiwilligen Gläubigen bedingungslosen Gehorsam aufzwingt, ihnen das Recht zur eigenen Interpretation des Glaubensinhaltes aberkennt, alles Urteil und alle Entscheidung dem unfehlbaren Parteipriestertum vorbehält, streng über die Einhaltung der rituellen Bräuche wacht und Ketzerei mit Folter, Feuer und Schwert verfolgt. Nicht einmal die religionsgeschichtlich unentbehrliche Glaubensspaltung fehlt, die mit der marxistischen Bekehrung Chinas und seinem gegenpäpstlichen Vormachtsanspruch in Asien Ereignis wurde. So formten die pervertierten uralten Transzendierungskräfte des Ostens das ideologische Danaergeschenk des Westens um, nach welchem die Revolutionäre des Zarenreichs jahrzehntelang hoffnungsfreudig ausgeschaut, das ihnen der deutsche Generalstab arglistig zugeschoben hatte und das vom russischen Volke teils gierig, teils widerstrebend ergriffen worden war. Es sollte das Geschenk der *Freiheit* sein und dazu dienen, ein Jahrhundert – oder mehrere – versäumter intellektueller, politischer, wirtschaftlicher und technischer Entwicklung nachzuholen. Bis gerade auf die Freiheit und einige funktionelle Schönheitsfehler, die sich aus der Unübertragbarkeit von abstrakten Theoremen westlichen Ursprungs auf östliche Realitäten ergaben, hatte es damit seine Richtigkeit – in der Sowjetunion wie bei allen übrigen Völkern, die das neue Evangelium annahmen oder aufgezwungen bekamen.

Erinnern wir uns jetzt an Rudolf Steiners Prognose eines dereinstigen Hervorgehens »einer ganz anderen Art von Denken über den Menschen«, einer »ungeheuren Hochachtung vor dem, was man Genialität nennt«, eines »Suchens nach der Genialität« aus den östlichen Völkern! Dies war noch vor dem russischen Umsturz gesagt worden, und doch mit der Einschränkung, daß jene Bewegung »nicht aus den führenden Kreisen« des Ostens kommen werde. Das konnte natürlich ebenso die monarchische wie die spätere marxistisch-leninistische Führerschaft betreffen. Es zog die Tatsache in Betracht, daß im Osten, insbesondere in Rußland, zwischen Volk und Regierung stets eine Kluft bestand und besteht; während der Zarenherrschaft dergestalt, daß von der intellektuellen Bildung der kleinen Oberschicht keine Brücke, außer der einer konventionellen Kirchenfrömmigkeit, zu der tief eingewurzelten, geistoffenen Religiosität der breiten Unterschichten führte; unter dem bolschewistischen Regime derart, daß die Geist- und Gottesgläubigkeit dem Volke als rückständige Unwissenheit denunziert wird zugunsten des modernen Götzenbildes »Dialektischer Materialismus«. Könnte dieser geistfeindliche Fetischismus jemals die echten religiösen Wesenskräfte jener Völker wirklich überwältigen und ertöten, so nur durch seine eigene Pseudoreligiosität, durch die Magie seines irrationalen Fanatismus. Dieser Möglichkeit galt Rudolf Steiners ernsteste Sorge; die Sorge um den Verlust des letzten tragenden Bodens für ein elementares Geistbewußtsein auf dieser Erde. Nicht um Werte der Intellektualität geht es dabei; sondern um »etwas, was noch kindlich ist« (im Russentum), was »die führenden Leute im Osten« selbst nicht mehr verstehen, was aber – trotz allem – »nach vorwärts« weist. Um ein letztes Reservat unverbogener, unverbildeter, in einem höheren Sinne noch wachstumsfähiger *Vollmenschlichkeit* geht es bei dieser tiefen Besorgnis.

Sind aber diese Überlegungen nicht hoffnungslos überholt? Scheinen nicht auch die Gedanken, mit denen ein Richard Wagner seine Voraussage auf ein künftiges, von den slawischen Völkern getragenes Kulturzeitalter verbunden haben mag, durch eine Wirklichkeit entkräftet, die alles andere verspricht als eine noch mögliche Blüte lebensvoller, lebenspendender geistiger Impulse? Und droht nicht aus dem noch ferneren Osten ein noch hemmungsloser fanatisiertes Machtstreben, die verderbliche Krankheit gewalttätiger Unduldsamkeit mit allen Mitteln organisierter Massenlenkung ins räumlich und zeitlich Unbegrenzte fortwüten zu lassen? Allein es gibt auch Zeichen dafür, daß der Geist sich doch nicht so widerstandslos aus dem Weltplan hinausmanövrieren läßt; daß das Freiheitsbedürfnis im Menschen sich immer einmal von Zeit zu Zeit dessen bewußt wird, auf keine andere Weise Erfüllung finden zu können als in der Wiedererweckung und Stärkung des *geistigen* Lebens. Seitdem die östlichen »sozialistischen Republiken« bestehen, wiederholen sich in ihnen abwechselnd Perioden des normalen Ablaufs der Planungsmaschinerie, des zunächst schüchternen, dann lauteren Freiheitsdranges und der verschärften Unterdrückung. Dies sowohl innerhalb der einzelnen Staaten als auch im Verhältnis der kleineren Staaten zu dem Zentralgewalt beanspruchenden Machtkoloß der »Union der sozialistischen Sowjetrepubliken«, in deren politischer Zielsetzung der ideologische Imperialismus der alten allrussischen und panslawistischen Expansionstendenzen weiterlebt, indes ihr Konkurrenzkampf mit dem kapitalistischen Westen um den wirtschaftlichen und technischen Vorsprung im globalen Fortschrittswettrennen dem endlichen Siege der kommunistischen Weltrevolution zu dienen hat. Wie es den gelegentlichen Anstrengungen des einen oder anderen östlichen Staates um die Realisation eines (nicht ganz klar vorzustellenden) national begrenzten *Reformkommunismus* ergeht und immer ergehen wird, solange das russische Gewaltzentrum in sich selbst gefestigt bleibt, hat das »Jahr der Menschenrechte« damals drastisch gezeigt. Die mit Brutalität gepaarte Nervosität allerdings, mit welcher die Sowjetunion in diesem Falle zu Werke ging, verriet unverkennbar die Furcht vor einer Kettenreaktion der einmal zum Zuge gekommenen Lockerungsbewegungen.

Und die Furcht ist begründet! Denn offenbar steht die Führungsspitze der Sowjetmacht nicht mehr so völlig unversehrbar da, daß sie es sich leisten könnte, den bedeutendsten Vertreter der den marxistischen Machthabern so unbequemen Konvergenztheorie zum Schweigen zu bringen. Das * Memorandum des russischen Atomforschers A. D. Sacharow, gewiß die durchdachteste und klarste Dokumentation dieser Theorie, ist von so außerordentlichem Gewicht, daß es unmöglich übergangen werden kann; auf die Dauer auch von denen nicht, die es abzulehnen alle Ursache haben. Sein Ausgangspunkt ist die Feststellung: »Die Teilung der Menschheit in zwei Lager bedroht sie mit Zerstörung. Die Zivilisation wird gefährdet: durch einen allgemeinen thermonuklearen Krieg, durch Hungerkatastrophen, durch die Narkose der ›Massenkultur‹ und des bürokratischen Dogmatismus sowie eine Verbreitung von Massenlegenden, die ganze Völker und Kontinente unter die Gewalt grausamer und verlogener Diktatoren bringen, und schließlich durch die Zerstörung und Degeneration, welche die raschen Veränderungen der Lebensbedingungen auf unserem Planeten herbeiführen. Angesichts dieser Gefahren ist jede Handlung, die die Teilung der Menschheit fördert, jedes Predigen der Unvereinbarkeit der Weltideologien und der Nationen Irrsinn und Verbrechen. Nur allgemeine Zusammenarbeit unter den Bedingungen geistiger Freiheit und die hohen moralischen Ideale des Sozialismus werden zusammen mit dem Versuch, den Dogmatismus und den Druck der geheimen Interessen herrschender Klassen zu beseitigen, die Zivilisation bewahren.«

Nun, das sind neue Töne. Unter den Forderungen, welche Sacharow an seine ausführliche Kritik der bestehenden Zustände und seine Warnungen vor den Möglichkeiten der manipulierten Entmenschlichung knüpft, ist die allerbedeutsamste: die entschiedene *Forderung der Geistesfreiheit.* Sie wird mit stärkstem Nachdruck vertreten, und man hat das Gefühl: in diesem Punkte konzentriert sich das hauptsächliche Anliegen der ganzen Verlautbarung. Zugleich aber wird hier auch die schwache Seite des gesamten, an sich großartigen Konzepts deutlich: Die Forderung nach Freiheit des * Geistes zieht nämlich die Frage nach sich, *ob unter dem »freien Geist«* hier das verstanden werde, was die Menschheit zur Heilung von ihren Fehlentwicklungsschäden und zur Rettung vor den sie bedrängenden Gefahren braucht; ob er ein solcher sein soll, der dem Gesetz jener sozusagen »inoffiziellen« Gewaltsamkeit gegenüber, die allem Technischen und damit unserer gesamten Zivilisationsform immanent ist, werde wirksam werden können; das heißt, ein solcher, der nicht nur »frei« im Sinne unbegrenzter intellektueller Verant- * wortungslosigkeit und moralischer »Wertfreiheit« ist, sondern der den Menschen frei macht, ihm die Würde der Persönlichkeit und der Selbstbestimmung wiedergibt und ihn voll verantwortlich, verantwortungsfähig und verantwortungsfreudig in der großen Menschengemeinschaft stehen läßt. Wir wissen nicht, wie weit und wie tief der Atomwissenschaftler Sacharow hierüber nachgedacht hat, wie seine Vorstellungen und Erwartungen zu dieser Frage sind. Aber mit ihrer Beantwortung steht oder fällt letztens der Wert seines mutigen Vorstoßes für das Weltschicksal, welches heute in seiner entscheidenden Phase steht.

Anthroposophische Lebenshilfen

Mit der Darlegung des pädagogischen und des sozialreformerischen Wirkens Rudolf Steiners ist zwar sein Persönlichkeitsbild als das eines Lebenspraktikers, dem es mit seiner geisteswissenschaftlichen Esoterik niemals auf selbstgenügsamen Entwicklungssport, sondern stets allein auf die Förderung einer sinnerfüllten, menschenwürdigen Daseinswirklichkeit ankam, noch lange nicht vollständig gezeichnet. Es sind damit nur diejenigen Seiten seines Denkens und Wollens sichtbar gemacht worden, welche in *unmittelbarer* Beziehung zu den menschheitlichen Gegenwarts- und Zukunftsfragen stehen. Niemand wird in der Lage sein, zu behaupten, es gäbe andere, ernstere oder gar bessere, einleuchtendere und tiefergreifende Versuche, der totalen Lebensbedrohung (die nur noch von gänzlich tatsachenblinden oder böswillig-gleichgültigen Nutznießern des Nichtsehenwollens geleugnet wird) entgegenzuwirken. Und niemand wird glaubhaft machen können, die desperate Weltsituation sei auch ohne radikale Revision der heute geltenden Grundgesinnungen, Denkweisen, Vorstellungen und Maßstäbe, nur mittels zunehmend perfektionierter äußerer Institutionen und Organisationen zu meistern. Sie ist es ganz und gar *nicht* mehr – und das ist eine Feststellung, auf die man sich felsenfest verlassen kann! Eben darum haben die Steinerschen Erziehungsgedanken und Sozialideen eine so gleichgeblieben große, aktuelle Bedeutung. Sie – und sie allein, soweit man sehen kann – *gehen auf das Ganze* der verwickelten Problematik. Daher auch nichts Erstaunliches daran ist, daß diese Erziehungsgedanken und Sozialideen gerade in ihren wesentlichen Punkten das genaue Gegenteil von allem praktiziert sehen wollen, was in diesen Punkten heute gilt, ja, der modernen Schulweisheit letzter Schluß sein soll.

Nicht so direkt ist die Beziehung von Steiners praktischen Arbeiten und Anregungen auf anderen Gebieten zur menschheitlichen Seins- oder Nichtseins-Frage. Indessen dürfen sie hier doch nicht unerwähnt bleiben, weil ihnen dieselben geisteswissenschaftlichen Erkenntnisse als bestimmende Antriebe zugrunde liegen wie der Pädagogik und dem Sozialkonzept; aus welchen Antrieben schlechthin alle Gedanken und Unternehmungen bei Steiner erzieherische Bedeutung gewinnen, insofern als sie auf die Verwirklichung jener schöpfungsgewollten Hochform des Menschen zielen, die von seinen geistig-seelischen Anlagen und seinen natürlichen Möglichkeiten gefordert wird.

Freilich ist auch noch einer Steinerschen Errungenschaft zu gedenken, die gleich eng mit seinem Erziehungsdenken wie mit seiner praktisch ausgeübten Erziehertätigkeit verbunden ist, nämlich: der *Heilpädagogik*. Sie geht auf eigenste Lehrerfahrungen zurück, die Rudolf Steiner sammeln konnte, als ihm – er war damals dreiundzwanzig Jahre alt – in seiner Eigenschaft als Hauslehrer von vier Kindern einer angesehenen Wiener Familie auch ein zehnjähriger Knabe zur vollständigen Erziehung anvertraut worden war, der das Sorgenkind der Familie war. Darüber berichtet Steiner im »Lebensgang«:

* »Er hatte, als ich ins Haus kam, sich kaum die allerersten Elemente des Lesens, Schreibens und Rechnens erworben. Er galt als anormal in seiner körperlichen und seelischen Entwicklung in einem so hohen Grade, daß man in der Familie an seiner Bildungsfähigkeit zweifelte. Sein Denken war langsam und träge. Selbst geringe geistige Anstrengungen bewirkten Kopfschmerz, Herabstimmung der Lebenstätigkeit, Blaßwerden, besorgniserregendes seelisches Verhalten.

Ich mußte den Zugang zu einer Seele finden, die sich zunächst in einem schlafähnlichen Zustande befand und die allmählich dazu zu bringen war, die Herrschaft über die Körperäußerungen zu gewinnen. Man hatte gewissermaßen die Seele erst in den Körper einzuschalten. Ich war von dem Glauben durchdrungen, daß der Knabe zwar verborgene, aber sogar große geistige Fähigkeiten habe. Das gestaltete mir die Aufgabe zu einer tief befriedigenden. Ich konnte das Kind zu einer liebevollen Anhänglichkeit an mich bringen. Das bewirkte, daß der bloße Verkehr mit demselben die schlummernden Seelenfähigkeiten zum Erwachen brachte. Für das Unterrichten mußte ich besondere Methoden ersinnen. Jede Viertelstunde, die über ein gewisses, dem Unterricht zugeteiltes Zeitmaß hinausging, bewirkte eine Beeinträchtigung des Gesundheitszustandes. Zu manchen

Unterrichtsfächern konnte der Knabe nur sehr schwer ein Verhältnis finden.

Diese Erziehungsaufgabe wurde für mich eine reiche Quelle des Lernens. Es eröffnete sich mir durch die Lehrpraxis, die ich anzuwenden hatte, ein Einblick in die Zusammenhänge zwischen Geistig-Seelischem und Körperlichem im Menschen. Da machte ich mein eigentliches Studium in Physiologie und Psychologie durch. Ich wurde gewahr, wie Erziehung und Unterricht zu einer Kunst werden muß, die in wirklicher Menschenkenntnis ihre Grundlage hat. Ein ökonomisches Prinzip hatte ich sorgfältig durchzuführen. Ich mußte mich oft für eine halbe Unterrichtsstunde zwei Stunden lang vorbereiten, um den Unterrichtsstoff so zu gestalten, daß ich dann in der geringsten Zeit, und mit möglichst wenig Anspannung der geistigen und körperlichen Kräfte, ein Höchstmaß der Leistungsfähigkeit des Knaben erreichen konnte. Die Reihenfolge der Unterrichtsfächer mußte sorgfältig erwogen, die ganze Tageseinteilung sachgemäß bestimmt werden. Ich hatte die Befriedigung, daß der Knabe im Verlaufe von zwei Jahren den Volksschulunterricht nachgeholt hatte und die Reifeprüfung in das Gymnasium bestehen konnte. Auch seine Gesundheitsverhältnisse hatten sich wesentlich gebessert. Die vorhandene Hydrocephalie war in starker Rückbildung begriffen. Ich konnte den Eltern den Vorschlag machen, den Knaben in die öffentliche Schule zu schicken. Es schien mir nötig, daß er seine Lebensentwicklung im Verein mit andern Knaben finde. Ich blieb als Erzieher in der Familie für mehrere Jahre und widmete mich besonders diesem Knaben, der ganz darauf angewiesen war, seinen Weg durch die Schule so zu nehmen, daß seine häusliche Betätigung in dem Geiste fortgeführt wurde, in dem sie begonnen war.

Mein Pflegling konnte durch das Gymnasium durchgeführt werden; ich blieb an seiner Seite bis zur Unterprima. Da war er so weit, daß er meiner nicht mehr bedurfte. Er ging nach absolviertem Gymnasium an die medizinische Fakultät, wurde Arzt und ist als solcher ein Opfer des Weltkrieges geworden.«

Erst viele Jahre später, 1924, sah Rudolf Steiner, einer »zufällig« an ihn herantretenden Bitte um entsprechende Beratung folgend, sich veranlaßt, in Verbindung jener alten Erfahrungen mit inzwischen neu hinzugekommenen Erkenntnissen seine *Heilpädagogik* auszuarbeiten. Kernpunkt dieses Sonderzweiges der Menschenbetreuung ist die Einsicht, daß, wie jede sogenannte Schicksalsfügung, so auch jede Krankheit, insbesondere jeder sogenannte psychische * Defekt, karmisch begründet ist und seinen Sinn für die Entwicklung der betreffenden Seele hat (denn deren Krankheitszustand betrifft ja nur die derzeitige, einem bestimmten physischen Mangel ausgesetzte Verkörperlichung). Aus dieser Fundamentaleinsicht geht die Behandlungsweise solcher in erhöhtem Maße liebe- und führungsbedürftigen Menschenkinder hervor. Den Anfang mit der praktischen Erprobung der neuen Heilmethode, in welcher auch eine für den therapeutischen Zweck gefundene Variante der Eurythmie als *Heileurythmie* ihre Aufgabe zugewiesen erhielt, machte ein Institut »Lauenstein«. Auf breiterer Basis folgte diesem ersten Versuch sodann die Gründung der von Dr. med. Ita Wegman geleiteten Pflegeanstalt »Sonnenhof« in Arlesheim bei Basel. Seither entstanden mehr als 100 ähnliche Behandlungsstätten, deren Heil- und Hilfserfolge in der medizinischen Welt Aufsehen erregten und – soweit sich der Korpsgeist psychologischer, psychoanalytischer und psychiatrischer Weisheitspächter nicht dagegen sträubte – auch mehr oder weniger offen anerkannt wurden. In England bildete sich eine eigene Form dieser Heilpädagogik heraus, in deren Rahmen auch die weitere Existenzhilfe für die Gebesserten und Geheilten eine besondere Regelung erfuhr. Initiator dieser (nach dem schottischen Ort ihrer zentralen Niederlassung so be- * nannten) »Camphill-Bewegung« war Dr. med. Karl Koenig. Dieser, übrigens von der englischen Regierung unterstützten Bewegung verdankt sich auch die Einrichtung »heilpädagogischer Dorfsiedlungen«, deren es in England bereits einige gibt und in welchen die Pfleglinge ihren Fähigkeiten gemäße Arbeiten aller Art verrichten können, deren Erzeugnisse in den Handel gebracht werden.

Bedenkt man die beständige Zunahme der psychischen Abnormitäten, Gehirn- und Nervenkrankheiten in der ganzen Welt (wovon bereits an anderer Stelle dieses Buches die Rede war), so braucht es keine weitere Erklärung, wie außerordentlich groß die Bedeutung gerade dieser Leistung Rudolf Steiners als einer denkbar »praktischen« Lebenshilfe für die Heimgesuchten und Schwerstgeprüften unserer Niedergangszivilisation sein könnte. Es bedürfte, um ihre Segnungen über ihre bisherige örtliche Begrenztheit hinaus der weitesten menschlichen Allgemeinheit zuteil werden zu lassen, einzig und allein der Schleifung jener aus akademischem Dünkel und »fachidiotischer« Verbohrtheit zusammengemauerten Prestige-Bollwerke, welche verhindern, daß jemals innerhalb der vier Wände des diplomierten Wissens zu offizieller Geltung gelangen dürfte, was nicht auch innerhalb dieser Wände ins Nest gelegt und ausgebrütet wurde. Und so wäre zu befürchten, daß auf diesem so besonders empfindlichen Forschungs- und Arbeitsfelde in alle Ewigkeit fortgefahren würde mit der Wünschelrutenmethode nichts erklärender und nichts fruchtender »Tests« und mit Behandlungsexperimenten, die den Kranken zumeist nichts nützen – verrieten die erwähnten ehrlichen Stimmen mutiger Wahrheitsfreunde nicht, daß die Steinerschen Ideen, durch die vielen sichtbaren Erfolge längst legitimiert, eben doch auch in jenen Kreisen ihre unwiderstehliche Wirkung tun; und verrieten nicht mancherlei Anzeichen von Nachahmung in dieser oder jener Einzelheit, daß diese Wirkung allmählich das geheiligte Diplomwissen selbst durchsäuert und wahrscheinlich zu immer entschiedenerer Annäherung der psychotherapeutischen und psychiatrischen Praxis an die Methoden der anthroposophischen Heilpädagogik führen wird. Wie es die Würde der Wissenschaft gebietet: natürlich auch hier unter möglichster Verschweigung der Quelle; und vor allem: in dem Glauben, mit der »unwissenschaftlichen« Esoterik Rudolf Steiners habe das alles nichts zu tun...

Von der Heilpädagogik ist es nicht weit zum Gebiet der allgemeinen Heilkunst, zur eigentlichen *Medizin.* Daß die geisteswissenschaftlichen Erkenntnisse über den Menschen und das Zusammenwirken seiner verschiedenen Wesensglieder auch die ärztliche Kunst vor neuartige Aufgaben stellen und ihren Praktikern neuartige Heilmittel und Heilmethoden nahelegen mußten, ist leicht einzusehen. Genau wie der Erzieher nur sachgemäß handelt, wenn er alle Tatsachen der geistig-seelisch-leiblichen Menschennatur und ihrer Entwicklungsgesetze in Betracht zieht und sie systematisch berücksichtigt, so handelt auch der Arzt nur sachgemäß, wenn er dieselben Gegebenheiten seiner Diagnose und seiner Therapeutik zugrunde legt. Was Steiner diesbezüglich in seinen verschiedenen medizinischen Lehrgängen während der Jahre 1920 bis 1924 an Winken und Anregungen gab, wollte er keinesfalls als Gegnerschaft gegen die bewährten Methoden der medizinischen Wissenschaft aufgefaßt wissen, sondern als *Ergänzung* dazu (entsprechend der Ergänzung – nicht der vermeintlichen Verdrängung – der Naturwissenschaft durch die Geisteswissenschaft). Deshalb legte er Wert darauf, bei seinen Kursen nur studierte oder studierende Berufsmediziner als Zuhörer zu haben. Seine engere praktische Mitarbeiterin auf diesem Forschungsterrain war die bereits genannte Ärztin Dr. Wegman. Mit ihr zusammen verfaßte er die * (posthum erschienene) Schrift *Grundlegendes für eine Erweiterung der Heilkunst nach geisteswissenschaftlichen Erkenntnissen.* Nach den darin dargelegten Gesichtspunkten wird in der von Dr. Wegman gegründeten anthroposophischen Klinik zu Arlesheim, in der medizinischen Sektion der Freien * Hochschule »Goetheanum« zu Dornach sowie in verschiedenen Krankenhäusern und Sanatorien an anderen Orten gearbeitet. Die Zahl der im gleichen Sinne wirkenden Ärzte hat inzwischen das Tausend überschritten. Ein besonderer »Verein für Krebsforschung« ist mit der Verfolgung diesbezüglicher Anregungen Steiners befaßt. Auch die seinen Angaben folgende *Heilmittelkunde* wird beständig weiterentwickelt und angewandt (»Weleda«- und »Wala«-Medikamente).

Die Tatsache, daß ein großer Teil der sogenannten Zivilisationskrankheiten – das sind nicht die Krankheiten, mit denen unsere Zivilisation selbst behaftet ist, sondern diejenigen, welche durch deren Gebrechen am Leben der Erde, des Wassers, der Luft, der Pflanzen, Tiere und Menschen hervorgerufen werden und denen die Verantwortlichen bislang nahezu tatenlos gegenüberstehen –, die Tatsache, daß ein wesentlicher Teil dieser Krankheiten mit der modernen Art der Nahrungserzeugung zusammenhängt, macht auch die *Landwirtschaft* zu einem zukunftsentscheidenden Problem. Rudolf Steiner hat auch ihr gründliche Überlegungen gewidmet, die das Welternährungsproblem weniger in quantitativer als in qualitativer Hinsicht anfaßten, also die möglichste Reinheit, Gesundheit und Aufbaukraft der landwirtschaftlichen Produkte zum Ziele hatten. Nach seinen Weisungen arbeiteten eine Reihe eigens darauf eingestellter landwirtschaftlicher Betriebe mit erfreulichen Resultaten. In die Breite auswirken konnten sich diese Bestrebungen noch nicht, da sie durch die besonderen Verhältnisse des Zweiten Weltkrieges und seiner Nachwirkungen zurückgeworfen wurden und seither nur in kleinerem Maßstabe fortgeführt werden konnten. Immerhin hat der gute Ruf der »biologisch-dynamisch« erzeugten Nahrungsmittel (»Demeter«-Produkte) sich weit genug herumgesprochen, und auch hier bietet sich eine weitere Chance an, Erneuerungsideen fruchtbar zu machen für die eines Tages unausbleiblichen, wirklich ernsthaften Anstrengungen der Verantwortlichen, um eine nicht nur die Mengenfrage, sondern auch die gesundheitliche Wertfrage der Welternährung, nicht nur für den Augenblick, sondern auf lange Sicht zu lösen.

Was Rudolf Steiner als Lebenspraktiker der Mit- und Nachwelt an Fingerzeigen, Aufklärungen und zukunftsfähigen Regulativen angeboten und teilweise schon in neuartige Tatsachen umzusetzen begonnen hat, ist nunmehr beschrieben worden. Nicht mehr in den Kreis dieser Aspekte gehört die andere Seite seiner aus dem geisteswissenschaftlichen Denken und Schauen abgeleiteten Lebenstätigkeit, die rein *künstlerische.* Zwar gibt es eine Sicht, aus welcher auch künstlerisches Wirken als etwas eminent »Praktisches«, weil Wirklichkeitgestaltendes, anerkannt werden muß (wie ja sogar ein Standpunkt denkbar ist, von welchem aus mit Fug und Recht behauptet werden dürfte, daß ein Gedicht von Mörike ein größeres Menschenwerk sei als ein perfekt funktionierender Touristenverkehr zwischen Erde und Mond). * Doch nicht im Rahmen dieses Buches, wo nichts Geringeres zur Erörterung steht als die totale Existenzkrise der Menschheit und wo es nur um solche Gedanken, Bemühungen und Möglichkeiten geht, die als (mindestens theoretisch) jedermann sichtbare, »praktikable« Wegweiser aus dem Dunkel der chaotischen Weltzustände gelten können. Höchstens mag, als einer immerhin auch einigermaßen ins Alltäglich-Tatsächliche wirkenden Sache, noch der von Steiner ausgegangenen, zur Zeit ihrer Erfindung schlechthin revolutionären *Formgebung* gedacht werden, wie sie in seinen *architektonischen* * Leistungen (erster und zweiter Bau des Dornacher »Goetheanums«, weitere Zweck- und Wohnbauten usw.) zutage getreten ist und in manchen Zügen heutigen modernen Bauens, soweit es nicht den einheitlich phantasie-, form-, trost- und talentlosen Vierkantkastenstil bevorzugt, fortlebt. Den »Lebenshilfen« sind die wandlungsfähige, fließende Formgebung Steinerscher Provenienz und der ihr entsprechende Baustil beizuzählen, weil sie helfen, das Lebensgefühl der Menschen zu lockern und zu beschwingen, das infolge der Fehlentwicklung zur allgemeinen Geprägtheit der modernen baulichen Umwelt durch Ungeist und Stil des Industrieheiligtums »Fabrik« schon vom Optischen her konstanter Verkrustung und Verödung ausgeliefert ist. Wie überhaupt auch hinsichtlich des Behaustseins und der Behausung der Lebenslauf des Industriegesellschaftsmenschen immer mehr der Durchschleusung durch einen permanenten Fabrikationsprozeß gleicht. Indem die serienmäßig hergestellte und komforttechnisch genormte »Wohnmaschine« sowohl als Ort der einschneidenden, akzentesetzenden Familienereignisse wie als Stätte innerer Sammlung und besinnlicher Zurückgezogenheit für ihn ständig an substanzieller Bedeutung verliert, durchläuft er in seinem Erdendasein die Stationen: Geburtsfabrik (Klinik), Entkindlichungsfabrik (Hort), Eintrichterungsfabrik (Schule), Erwerbsfabrik (Betrieb) – dazwischen gelegentliche Ausflüge in die Reparaturfabrik (Krankenhaus, Kur) – und endlich Sterbefabrik (Altersheim). Ein circulus wohlorganisierten, lieb- und lustlosen Verbrauchens und Verbrauchtwerdens zugunsten jenes ominösen »Gewinns durch Verschwendung und Vergeudung«. Selbst noch die Bauten, mit welchen dieser Gewinn gewissermaßen greifbare Beweise seiner Allgemeinnützlichkeit erbringt und sich steinerne, stählerne oder gläserne Denkmäler seiner moralischen Rechtfertigung errichtet – als wie Gotteshäuser, Theater, Musiksäle, Gemäldegalerien – tragen noch die architektonische Physiognomie der Allmutter Fabrik. Es möchte einleuchten, daß Menschen, die noch ein anderes Daseinszentrum kennen, auch eine andersgesichtige Bauwelt um sich zu sehen wünschen. Sie werden sich, da ja auch sie darum mit ihrem Formempfinden nicht mehr in irgendeiner ästhetischen Vergangenheit zu Hause sind, nach Bauformen umsehen, die neu und trotzdem nicht stumpfsinnig sind, nicht auf jede Gliederung, jedes künstlerische Element, jede »unnütze« Schönheit verzichten. Es gibt tatsächlich mancherlei Ansätze auch dazu in unserer Zeit. In ihnen, wie gesagt, wirkt vieles von Steiners Intentionen nach, wenn auch nicht das eigentümliche, gleichsam vegetative Leben seiner Bauten.

Nur in einem sehr weitherzig gedeuteten Begriffssinne als lebenspraktische Leistung von allgemeiner Auswirkung hinzunehmen ist es, daß Rudolf Steiner auf Ersuchen christlicher

Theologen anthroposophischer Weltanschauung neue Formen gottesdienstlicher Gemeinschaftsfeiern erfand, wie sie der geisteswissenschaftlichen *Christologie* kultischen Ausdruck zu geben geeignet sind. * Sie sollen denjenigen Menschen, welche in den traditionellen Kultformen der verschiedenen Konfessionen kein Genüge mehr finden, aber auf die religöse Übung »praktizierten« kirchlichen Lebens nicht verzichten wollen, eine ihren Bedürfnissen gemäße Möglichkeit dazu bieten. Aus diesen Absichten wuchs zu Anfang der zwanziger Jahre unter Vorantritt des evangelischen Pfarrers Dr. Friedrich Rittelmeyer die nach der Zeit der politischen Unterdrückung heute um so weiter verbreitete *Christengemeinschaft,* in welcher Lehre und Bekenntnis keinerlei Dogmatik unterworfen sind.

Zusammenfassender Rück- und Ausblick

Seit einigen Jahren gibt es einen Wissenschaftszweig, der sich * als *Zukunftsforschung* bezeichnet. Es handelt sich dabei um eine Art systematisch betriebener und automatisch perfektionierter Wahrscheinlichkeitsberechnung. Natürlich wird die Glaubwürdigkeit solcher, wenn auch noch so exakten Kalkulationen ihre Grenze in der Tatsache finden, daß die Daten, von denen sie ausgehen, keinen unverrückbaren Wert haben und die einkalkulierbaren Eventualitäten ebenfalls fließend sind. Selbst Computerintelligenz – und wir hüten uns, sie zu verachten – vermag nur *die* »Informationen« weiterzuverarbeiten, mit denen der Apparat »gefüttert« wurde (übrigens ja die menschlichen Rechner nicht anders...). Uns will scheinen, die klugen Beobachter unter den Menschen, die unabhängigen Denker und erlauchten Geister hätten schon immer mehr von der Zukunft vorausgesehen und -gedacht, als die Menge der anderen (jeglichen Grades rechnerischer Schlauheit) ihnen abzunehmen bereit war. Einige von jenen wirklich Sehenden sind in diesem Buche zu Wort gekommen. Die Zukunftsbilder, welche sie, in weitestgehender Übereinstimmung, entworfen haben, werden nicht gern zur Kenntnis genommen. Das Zeitalter des unbegrenzten Fortschrittsoptimismus duldet keine Schwarzseher, mögen diese ihre Prognosen auch noch so sachlich nüchtern und leidenschaftslos begründen. In Wahrheit kann aber doch nur entschlossenes Nichtsehenwollen und Nichtwahrhabenwollen der aufdringlichsten Wirklichkeit noch Optimismus möglich erscheinen lassen (wie der tiefsinnige Komiker Karl Valentin formulierte: »Ein Optimist ist ein Mensch, der die Dinge nicht so tragisch nimmt, wie sie sind«).

Im Grunde genommen und im profundesten Ernst ist im Rahmen materialistischer Weltdeutung »Zukunft«, zumal wenn »optimistisch« als zu erstrebendes erfreuliches Erreichnis gedacht, ein selbstbetrügerischer Begriff, ein recht eigentliches Phantasma. Denn für den Einzelmenschen ist die Zukunft der Tod, und für die Menschheit ihr Erlöschen in der

ferneren Erdgeschichte, welche ihrerseits ein Ende haben wird. Der Tod macht alles Tun des Einzelmenschen sinnlos; das Erdenende macht alles Tun der gesamten Menschheit sinnlos. Zukunft und damit Sinn kann das ganze Erdengetriebe nur haben, wenn es als jene Goethesche »Pflanzschule für eine Welt von Geistern« begriffen wird. Heute ist es einzig und allein die geisteswissenschaftliche Sicht, die von einer wirklich sinngebenden, über Tod und Erdenende hinausreichenden menschlichen und menschheitlichen Zukunft weiß. Und unter allen Prognostikern sind es nur die Pessimisten, welche etwas von der höheren Bestimmung und den entsprechenden Möglichkeiten des Menschen ahnen und, indem sie die gegenwärtige Menschheitssituation nach den Maßstäben dieser Ahnung beurteilen, auch erkennen, daß ganz und gar *nichts* mehr die Zukunft für den Menschen retten kann als nur ein Akt der inneren Andersentscheidung. Sie, und nicht die frisch-fröhlichen Fortschrittsoptimisten, sind heute die »höheren Naturen«, in denen »Gott wirksam ist«, auch wenn sie nur sehen und warnen, aber ein noch unverbrauchtes, heilkräftiges Mittel zur Durchführung jenes rettenden Aktes nicht nennen können. Von diesen warnenden guten Geistern, die jedenfalls eine ungefähre Vorstellung von dem haben, was zu geschehen hätte, sei hier noch einer beschworen, der Rudolf Steiner in dessen Weimarer Jahren als verehrter überlebender Nachfahre des vergangenen idealistisch-humanistischen Zeitalters besonders nahestand: Herman Grimm. *
Er – der noch nichts wußte von den modernen satanischen Früchten der »wertfreien« Intelligenz, von nuklearen Kampfmitteln, Giftgasen und chemischen, biologischen, bakteriologischen Waffen, mit denen Lähmung, Blindheit, Wahnsinn und Pest in die Reihen der Feinde getragen werden –, er schrieb im Jahre 1888: Wer die Geschichte nur auf der Karte von Europa verfolge, »könnte glauben, ein gegenseitiger allgemeiner Mord müsse unsere nächste Zukunft sein«. Und er erklärte als Ziel: »die gesamte Menschheit in ihrer letzten Gestaltung zu einem Reiche von Brüdern zu machen, die, nur den edelsten Beweggründen nachgehend, gemeinsam sich weiter bewegen«. Dieser Gedanke, sowenig er auch mit den »ungeheueren kriegerischen Rüstungen und denen unserer Nachbarn« im Einklange zu stehen scheine, müsse uns erleuchten, »wenn es nicht überhaupt besser sein sollte, das menschliche Leben durch einen Gemeinbeschluß abzuschaf-

fen und einen offiziellen Tag des Selbstmordes anzuberaumen«. Dies, wie gesagt, schrieb ein wahrer, kluger und gütiger Menschenfreund schon 1888. Dabei ließ er sich noch nichts träumen von dem »friedlichen« Alternativ-Weg der Menschenzerstörung, von dessen reichhaltigem Ausführungspotential wir mehr als ausführlich genug gesprochen haben.

Wahrscheinlich werden viele Leser dieses Buch nun aus der Hand legen mit der Feststellung: Wenn die Rettung der Menschen vor den Gefahren, die sie selbst heraufbeschworen haben, davon abhängt, daß sie das materialistische Denken (dessen entwicklungsgeschichtliche Mission erfüllt ist) ablegen, ihre schlechten Instinkte überwinden und ihre Gesinnungen verbessern, daß sie also insofern andere werden, als sie – wie man meint – »nun einmal sind«, dann muß man alle Hoffnungen fahren lassen, denn die menschliche Natur ist unveränderlich. Aber wer diesen Standpunkt vertritt, der muß sich sagen lassen: Es stimmt nicht ganz, daß die Menschennatur unveränderlich sei; für die Tatsache, was alles Ideen und Ideale über den Menschen vermögen, gibt es zahlreiche gute und böse Beispiele in der Geschichte. Sodann aber: der Mensch ist das einzige Naturwesen, das – darauf wurde schon hingedeutet – in seinen Geisteskräften ein Mittel besitzt, sich über die Möglichkeiten, die ihm die Natur gegeben hat, zu erheben, die Grenzen, welche sie seinem Sein und Wirken setzte, zu dehnen. Tue er also dem Geiste die Ehre an, ihn anzuerkennen als eine Macht, die *über* der Natur steht in voller Wirklichkeit und Wirksamkeit als *ihr schöpferischer Wesenskern.* Wird er dem Geiste diese Vormacht und Vollmacht nicht einzuräumen bereit sein, so wird der intellektuelle Geistesmißbrauch ihn nicht *über,* sondern *unter* die Natur führen. Eine endgültig geistentfremdete und entsittlichte Menschheit mit der Verfügung über die von ihr geschaffenen Verheerungsmittel wird gar nicht anders können, als von diesen Mitteln auch Gebrauch zu machen und daran zugrunde zu gehen. Diesem Schicksal zu entgehen, bietet die Geisteswissenschaft jedenfalls eine Chance.

* »Durch sie kann der Mensch erfahren, daß er nicht zufällig an irgendeinem Orte und zu irgendeiner Zeit geboren ist, sondern daß er durch das geistige Ursachengesetz (das Karma) mit Notwendigkeit an den Ort hingestellt ist, an dem er sich befindet. Er kann einsehen, daß ihn sein wohlbegründetes Schicksal in die Menschengemeinschaft hineingestellt hat,

innerhalb welcher er ist. Auch von seinen Fähigkeiten kann er gewahr werden, daß sie ihm nicht durch ein blindes Ohngefähr zugefallen sind, sondern daß sie einen Sinn haben innerhalb des Ursachengesetzes. Und er kann das alles so einsehen, daß diese Einsicht nicht eine bloße nüchterne Vernunftsache bleibt, sondern daß sie allmählich seine ganze Seele mit innerem Leben erfüllt.«

Auch der kürzeste Verstand sollte doch begreifen, welche unermeßliche Wandlungskraft von dieser Weltanschauung ausgehen müßte, wenn ihr einmal Raum gegeben würde. Rudolf Steiner, der diese Weltanschauung begründet und verkündet hat, war weit davon entfernt, sich damit als eine Art Erlöser aufspielen zu wollen. Alle seine praktischen Unternehmungen hat er erst auf entsprechende Fragen und Bitten von anderer Seite ins Werk gesetzt. Die unkontrollierbare Autorität eines neuen Glaubensstifters, welche ihm manche Anhänger allerdings oft geradezu aufdrängen, lehnte er stets auf das entschiedenste ab und appellierte hingegen immer wieder an das gesunde Urteil und an die Bestätigung durch eigene Erfahrung. Sogar die Form seiner Mitteilungen wollte er nicht als etwas hingenommen wissen, woran nicht zu rütteln wäre. Dazu äußerte er sich vielmehr:

»Nur jemand, der durchaus fertige starre Dogmen haben * will, kann glauben, daß die gegenwärtige Form der geisteswissenschaftlichen Verkündigung eine bleibende, oder etwa gar die einzig mögliche sei.«

Man kann, um auch dem härtestgesottenen Skeptiker die Möglichkeit offenzulassen, die hier zur Erörterung gestellte »letzte Chance« wenigstens mit Ernst zu prüfen, sogar noch weitergehen und sagen: Wenngleich niemand im Sinne experimenteller Wahrheitserhärtung zu beweisen vermag, daß Rudolf Steiners geisteswissenschaftliche Lehre mehr ist als eine bloße interessante Theorie, so gilt auf jeden Fall das Wort eines bekannten Gelehrten, der zugleich ein erfolgreicher Praktiker war:

»Es gibt nichts Praktischeres als eine gute Theorie.« *

Wer sich jedoch einmal ernstlich auf die Steinerschen »Theorien« einläßt, wird bald zu der Überzeugung gelangen, daß mehr »dahintersteckt«, als die Vorurteile unserer Zeit und die von ihnen getragenen Autoritäten dahinter zu mutmaßen gestatten.

Einem letzten Einwand ist noch zu begegnen; einem

scheinbar »schlagenden«. Man könnte sagen: Wenn die Menschen zur »Umkehr« bewogen, wenn ihnen bestimmte Gedanken und Gesinnungen, gar Vorstellungen wie die von Reinkarnation und Karma nahegelegt werden sollen, dann setzt das ja *auch* eine bewußte und gelenkte Beeinflussung voraus; dann werden sie ja wiederum »programmiert« und manipuliert! Wo bleibt da die so hochgepriesene Freiheit? Darauf indessen gibt es eine sehr beruhigende Antwort:

Jene Gedanken, Gesinnungen und Vorstellungen, auf welche soviel ankommt, haben in sich so starke Überzeugungskraft, daß sie, um einzuleuchten und angenommen zu werden, kaum der Nachhilfe besonderer Beeinflussungsmittel bedürfen, sobald nur einmal das allgemeine Denken, Fühlen und Wollen wieder zu einem Bewußtsein des geistigen Urgrundes alles Seins und Werdens zurückgefunden hätte. Damit aber dieses eintreten könnte, wäre nicht *mehr* nötig, als daß die ungeheuer suggestive *Gegen*beeinflussung mittels der ständigen Programmierung und Manipulierung im materialistisch-mechanistischen Sinne entfiele. Denn in Wahrheit sind die Menschen des Geistes bedürftig und dürsten nach seiner unerschöpflichen Erneuerungskraft; in ihnen lebt, ob sie es wissen, ob sie es wahrhaben wollen oder nicht, ein angeborenes Verlangen nach Verbindung mit den übersinnlichen Daseinsgründen; das »metaphysische Bedürfnis«, von welchem Arthur Schopenhauer spricht und ohne das die Kirchen und Tempel sämtlicher Religionen längst in guten wie in schlechten Zeiten völlig leer ständen, da, was in ihnen gesprochen und gelehrt wird – käme es nur auf die Worte und Begriffe an –, den Herzen und Hirnen unseres Zeitalters schon lange ungemäß erscheinen muß. Aber das metaphysische Bedürfnis läßt sich auf die Dauer nicht ersticken. Und wer den Menschen durch den Panzer ihres so forsch zur Schau getragenen vermeintlichen »Realismus« hindurch in ihr geheimstes Innere zu blicken vermöchte, würde entdecken, daß es vielleicht nicht einen einzigen seines obligatorischen Unglaubens wirklich bis zur äußersten Konsequenz sicheren Atheisten gibt.

Darin liegt eine Hoffnung. Auf eine andere wird man, das steht fest, vergeblich warten.

Nachwort

Seit dem ersten Erscheinen dieses Buches im Jahre 1969 haben die Gründe, aus welchen es für notwendig erachtet, geschrieben und herausgegeben wurde, von ihrer Dringlichkeit nicht nur nichts eingebüßt; ihre Unabweisbarkeit ist vielmehr inzwischen noch viel deutlicher geworden, und die Tatsachen, um die es sich dabei handelt, ergeben heute ein noch weit bedrohlicheres Situationsbild.

Was in den ersten Kapiteln über den »Schichtwechsel der Autoritäten« festgestellt, was dort an »Fakten, Diagnosen und Prognosen« aufgezählt und erläutert wurde, ist alles seither zu so greifbarer Offenkundigkeit gediehen, daß es nicht mehr allein die schärfer sehenden, genauer informierten und folgerichtiger denkenden Köpfe beschäftigt, sondern immer mehr auch die Allgemeinheit zu beunruhigen scheint. Doch müssen jene Wenigen gesteigerte Besorgnis darüber empfinden, wie ungeneigt sich die große Mehrheit der Menschen auch jetzt noch zeigt, die Gefährlichkeit der stetig krasser hervortretenden Zeittendenzen und Entwicklungsvorgänge in ihrem ganzen Umfange wahrzunehmen, geschweige denn ihre durchaus katastrophalen Konsequenzen einzusehen. Und das, obwohl sich nachgerade die Publikationen häufen, in denen berufene Sachkenner, seriöse Wissenschaftler, denkbar nüchterne Urteiler, wie von einem jäh erwachenden Verantwortungsbewußtsein aufgeschreckt, mit den Mitteln statistischer Erhebungen, trockener Berechnungen und leidenschaftsloser Schlüsse nachweisen, daß die Weltuhr wirklich und wahrhaftig auf fünf Minuten vor Zwölf steht, und daß, wenn nichts dagegen geschieht, die letzte Stunde der Lebensmöglichkeiten auf diesem Planeten in bereits absehbarer Frist geschlagen haben kann.

Damit der Leser sich von der Stichhaltigkeit dieser Behauptung überzeugen möge, seien hier zu den in jenen ersten Kapiteln herangezogenen Kronzeugen dieser Art noch drei weitere, besonders gewichtige genannt und ernsthaftester Beachtung empfohlen: der Psychiater, Philosoph und Zivilisationskritiker *Joachim Bodamer* mit den Schriften »Gesundheit und technische Welt«, »Der Mensch ohne Ich«, »Sind wir überhaupt noch Menschen?«, »Der Mann von heute«, »Wege zu einem neuen Ich«, »Der gefährdete Mensch« (sämtlich Herder-Bücherei, Freiburg/Br.); der Schriftsteller und Kulturkritiker *Jules Romains* mit dem Buch »Offener Brief gegen eine weltweite Verschwörung« (Originaltitel »Lettre ouverte contre une vaste conspiration«, Editions Albin Michel, deutsch im Verlag Fritz Molden, Wien/München) und der Biologe *Gordon Rattray Taylor* mit der ausführlichen Studie »Die biologische Zeitbombe. Revolution der modernen Biologie« (deutsch im Fischer Taschenbuch Verlag; Originaltitel »The biological time-bomb«, Thames and Hudson, London) und der umfangreichen Untersuchung »Das Selbstmordprogramm. Zukunft oder Untergang der Menschheit« (Originaltitel »The Doomsdaybook«, Thames and Hudson, London, deutsch bei S. Fischer, Frankfurt a.M.). Ob gewollt oder ungewollt, ob ausgesprochen oder unausgesprochen nötigen alle diese Schriften geradezu zwanghaft zu der Einsicht, daß nur eine rigorose Korrektur unserer Lebensauffassung, unserer Fortschrittsbesessenheit, unserer »wertfreien« Wissenschaftlichkeit, unseres Nützlichkeitsdenkes überhaupt und unserer entsprechenden Zielvorstellungen – dieser durchaus logischen Folgerungen aus der materialistischen Weltanschauung – den andernfalls unausbleiblichen endgültigen Freiheitsverlust des Menschenwesens noch aufhalten und die globale Existenzkatastrophe noch verhindern kann. Eine Korrektur, die einen grundlegenden Bewußtseins- und Gesinnungswandel voraussetzt. Einen Wandel, dem aber nichts so radikal entgegenwirkt wie die teils unsinnigen, teils verworrenen, teils schlechthin gewissenlosen, in jedem Fall widernatürlichen Erziehungsexperimente, welchen die werdenden Menschen heute schon von klein auf ausgesetzt sind, und die gedankenarmen Konstruktionen gleichmacherischer, ebenfalls natur- und geistwidriger Gesellschaftsordnungen, von denen die modernen Sozialtheoretiker und zugehörigen »...ologen« aller Sparten träumen.

Daß aber jetzt schon fast täglich Gelehrte der Spitzenklasse bekennen, die Wissenschaft selbst könne das bislang von ihr vertretene mechanistisch-geistfeindliche Weltbild nicht mehr aufrechterhalten, sie sei bei all ihren staunenswerten Erfolgen dennoch dem Menschen eine wirklich einleuchtende Erklärung seines eigenen Wesens wie des Lebensrätsels überhaupt schuldig geblieben und gewähre ihm keinerlei Hilfe zu einer Sinndeutung und damit Bewältigung des irdischen Seins – das gibt dem der vorliegenden Darstellung zugrunde gelegten Tatsachenbild eine nicht mehr anzufechtende Bestätigung.

Darum aber auch darf heute mehr denn je, was dieses Buch zur sachlichen Klärung der fortlaufend so beklemmend zugespitzten Zukunftsfragen beitragen möchte, beanspruchen, zur Kenntnis genommen und mit Bedacht geprüft zu werden.

Fischbachau, im Sommer 1972 *Walter Abendroth*

Hinweise

GA – Gesamtausgabe der Schriften und Vorträge Rudolf Steiners im Rudolf Steiner-Verlag, Dornach, Schweiz.

Seite 9: schon einmal einem Buche als Motto mitgegeben –: Walter Abendroth, Deutsche Musik der Zeitwende. Eine kulturphilosophische Persönlichkeitsstudie über Anton Bruckner und Hans Pfitzner, Hanseatische Verlagsanstalt, Hamburg, 1937.

Seite 15: Alexis de Tocqueville (1805–1859), *De la démocratie en Amérique.*

Carl Jacob Burckhardt, *Bildnisse.* S. Fischer-Verlag, Frankfurt a. M., 1958.

Egon Friedell, *Kulturgeschichte der Neuzeit. Die Krisis der europäischen Seele von der schwarzen Pest bis zum Weltkrieg,* C. H. Beck'sche Verlagsbuchhandlung, München, 1927, 1928, 1931.

»Verachtung der Ideologie« –: Friedell versteht hier unter dem Begriff »Ideologie« nicht die politische Doktrin (entsprechend der weiter unten apostrophierten »offiziellen Sowjetphilosophie«), sondern ein ideell fundiertes Menschen- und Weltverständnis.

Seite 16: Wilhelm Röpke, *Jenseits von Angebot und Nachfrage,* Eugen Rentsch Verlag, Erlenbach-Zürich und Stuttgart, 1961.

Seite 18: Aldous Huxley, *Brave new world revisited,* Verlag Chatto & Windus, London, 1959; deutsch: »Dreißig Jahre danach oder Wiedersehen mit der wackeren neuen Welt«, R. Piper & Co. Verlag, München, 1962.

George Orwell, *1984,* utopischer Zukunftsroman.

Seite 19: Clive Staples Lewis, *The Abolition of Man,* Oxford University Press, 1943; später bei Geoffrey Bles.

Seite 20: Vermassung –: Wilhelm Röpke, »Civitas Humana. Grundfragen der Gesellschafts- und Wirtschaftsreform«, Eugen Rentsch Verlag, 1949; und »Jenseits von Angebot und Nachfrage«.

Gustave le Bon (1841–1931), *Psychologie des foules,* 1895.

Seite 21: Konvergenztheorie –: vergl. Bericht über den »Philosophenkongreß«, Ost-Berlin, »SED-Attacke auf ›modernen Marxismus‹«, Süddeutsche Zeitung 27. III. 1968.

Seite 23: Zur »gezielten politischen Information« auch in der demokratischen Welt: In einem Fernsehinterview mit bundesdeutschen Parteipolitikern (Deutsches Fernsehen 22. XII. 1968) wurde ausgeplaudert, daß die Parteien für den Wahlkampf Werbeagenturen einzuspannen pflegen! Ein Beweis für die Suggestivbeeinflussung

der Wähler. Wo bleibt da die »freie Entscheidung« aus begründeter Überzeugung?
Theo Löbsack. Das genannte Buch ist erschienen im Econ-Verlag, Düsseldorf–Wien, 1967.

Seite 24: Bevölkerungsmodell –: Bericht über den 20. Weltkongreß der Werbefachleute in Berlin. Süddeutsche Zeitung 22./23. VI. 1968.

Seite 25: Caspar Schrenck-Notzing, *Charakterwäsche. Die amerikanische Besatzung in Deutschland und ihre Folgen,* Seewald-Verlag, Stuttgart-Degerloch, 1965.

Seite 26: Eugeniker und *Genetiker –*: zum Folgenden vergl. die Möglichkeitserwägungen des Sitzungsprotokolls über das Symposion »Man and his Future« 1962 der Ciba-Foundation, Churchill-Verlag, London, 1963.

Seite 29: Miserabilität der Deutschen Philosophie –: Karl Steinbuch, »Falsch programmiert. Über das Versagen unserer Gesellschaft in der Gegenwart und vor der Zukunft und was eigentlich geschehen müßte«, Deutsche Verlagsanstalt, Stuttgart, 1968.

Seite 30: Man sieht... –: Die Unbereitschaft zum philosophischen Denken macht diesen Autor unzugänglich für die einfache Einsicht, daß die bislang grundsätzlich überall in der Welt anerkannten Wertbegriffe ihre Gültigkeit aus dem Willen zu einem geistig und sittlich höher entwickelten Menschentum beziehen, während seine unklar erträumten »zukünftigen Wertsysteme« offensichtlich identisch sind mit bloßen Zweckmäßigkeitsbestimmungen von flüchtiger Geltungsdauer und sittlicher Kraftlosigkeit.
Marshall McLuhan, *Understanding Media,* Verlag McGraw-Hill, 1964; deutsch »Die magischen Kanäle«, Econ-Verlag, Düsseldorf–Wien, 1968.

Seite 31: in die Lernarbeit und in das Programmieren von elektronischen Rechnern einbezogen –: Der Unterschied zwischen »Mechanisierung« und »Automation« wird präzis wie folgt gekennzeichnet: »Während die Mechanisierung bestrebt war, die Muskelkraft durch Maschinen zu ersetzen, zielt die Automation darauf ab, den Menschen die Denkarbeit abzunehmen.« (Nach dem Referat »Die Automation« in der Programmschrift des Bayerischen Rundfunks »Schulfernsehen«, B 3360 E, November 1968, 3) – Da bekanntlich jedes Körperglied verkümmert, das nicht genug geübt wird, läßt sich voraussehen, was aus dem menschlichen Gehirn werden wird, wenn ihm immer mehr Denkarbeit abgenommen wird. (Wogegen hoffentlich niemand einwenden wird, die Masse der Durchschnittsmenschen würde dann eben mehr anderweitige, selbständige, freie Gedankenarbeit verrichten...).

Seite 32: Daß der Mensch, so wie er uns in der äußeren physischen Welt entgegentritt... –: zitiert nach dem Vortrag »Die deutsche Seele in ihrer Entwicklung«, Berlin, 13.IV.1916, GA Band »Aus dem mitteleuropäischen Geistesleben«.

Seite 33: sie setzen auf die illusionäre Macht der »Vernunft« –: Hier ist endlich mit allem Nachdruck festzustellen, daß die von den Prognostikern aufgezeigten (jetzigen und künftigen) Zustände vollkommen logische Entwicklungsergebnisse des materialistischen Denkens sind; unlogisch ist es hingegen, von der materialistischen Weltanschauung moralische Hemmungen oder gar den Sieg humanitärer Vernunft zu erwarten. Es ist die Logik der materialistischen Fehlentwicklung, welche auch den alten Wertbegriffen (und neue *echte* gibt es nicht) ihren Kredit genommen hat.

Seite 34: Geradeso wie man... –: Vortrag »Die Menschenseele und das Universum«, Berlin, 6. III. 1917, in: »Bausteine zu einer Erkenntnis des Mysteriums von Golgatha«, GA 175.

Wenn die Menschen sich abwenden... –: Vortrag »Die Metamorphose der Seelenkräfte«, Berlin, 13. II. 1917, GA 175.

Der Moralprediger gleicht... –: Vortrag »Die drei Welten«, Stuttgart, 23. VIII. 1906, in: »Vor dem Tore der Theosophie«, GA 95.

Seite 35: wie rhythmisch auftretende... –: Vortrag »Luziferische Vergangenheit – Ahrimanische Zukunft im Lichte der Gegenwart«, Bern, 4. XI. 1919, in: »Der innere Aspekt des sozialen Rätsels«, GA 193.

Ausrottung ganzer Eingeborenenstämme –: Bericht über Vermischung von Zucker mit Pockenviren seitens brasilianischer Großgrundbesitzer zwecks Ausrottung der Indios und eigenen Landgewinns; »In Brasiliens wildem Westen«, Süddeutsche Zeitung 25./26. V. 1968.

Gefangenenfolterung –: daß übrigens auch diese schon längst kein barbarischer Brauch nur der Diktaturen ist, sondern heute in Krieg und Frieden weltweit praktiziert wird, bezeugte ein grauenerregender Bildbericht in der Sendung »Monitor« des Deutschen Fernsehens vom 18. XI. 1968.

Seite 36: wo man medizinisch... –: Vortrag »Das Physische und das Moralische«, Berlin 12. IV. 1917, GA 175.

Verbot für alles Denken... –: Vortrag »Zeichen, Griff und Wort«, Berlin, 4. IV. 1916, in: »Gegenwärtiges und Vergangenes im Menschengeiste«, GA 167.

Es werde aus den dortigen Völkern –: ebenda.

Seite 37: Äußerung Richard Wagners: »Felix Mottls Tagebuchaufzeichnungen aus den Jahren 1873–1876«, mitgeteilt von Willy Krienitz in »Neue Wagner-Forschungen; Veröffentlichungen der Richard Wagner-Forschungsstätte Bayreuth«, Erste Folge, Herbst 1943. Die betreffende Eintragung Mottls ist vom 9. Juni 1876 datiert.

Wir leben heute noch... –: Vortrag »Zeichen, Griff und Wort«.

Das 12. Jahrhundert –: Vortrag »Zeitprobleme I«, Berlin 30. VII. 1918, in: »Bewußtseins-Notwendigkeiten für Gegenwart und Zukunft«, GA 50. – *Solche Gestalten wie Lenin und Trotzki* –: die etwas abschätzige Formulierung will den Abstand moderner Heilsbringer zu denen der religiös intentiierten Vergangenheit unterstreichen; wie auch mit dem »Animalischen« hier die bloße Körperlichkeit und deren Bedürftigkeit gemeint ist, die der Mensch (als seine niedere Natur) mit dem Tier gemein hat.

Unfruchtbarkeit des Denkens ... –: Vortrag »Das geistig-seelische Wesen des Menschen«, Berlin, 7.III.1916, GA 167.

Homunkulismus: Vortrag »Blut und Nerven«, Berlin, 3.VI.1916, in: »Weltwesen und Ichheit«, GA 169.

Seite 38: Infantilismus: Es ist eine bio- und psychologisch gleich interessante Tatsache, daß mit zunehmender Verallgemeinerung der (simplen) materialistischen Denkweise auch die Infantilität bei den Durchschnittsmenschen ständig zugenommen hat. Zu den vielen Merkmalen dieses kollektiven Infantilismus zählen sowohl die Formen zeitüblicher Oppositionsmache (»Protestsänger«) und manche der vorstehend im Text genannten Darstellungsformen, als auch die Möglichkeit der sogenannten Comics und gewisser Illustriertentexte, die Neigung zum Ernstnehmen des Lächerlichen und Lächerlichmachen des Ernsten, der weitverbreitete PKW-Fetischismus, überhaupt die unverhältnismäßige Freude am Funktionieren der Technik und endlich auch die allgemeine geistige und sittliche Spätreife nebst der progressiven Denkfaulheit und Bildungsfurcht der Normal-Zeitgenossen.

Seite 39: Unfähigkeit, mit sich selbst etwas anzufangen: Schon vor Jahren wurde auf einer Tagung von Reise-Unternehmern berichtet, daß zwar immer mehr Urlauber wirkliche Erholung an einem ruhigen Ferienort suchen, daß diese aber regelmäßig nach nur wenigen Tagen die Ruhe nicht mehr aushalten und an einen anderen »richtigen« Urlaubsbetriebsort reisen, wo »etwas los ist«.

Daß die Menschen, wenn sie ... –: sinngemäß vielfach ausgesprochen.

Seite 40: täglich zunehmende Ratlosigkeit der Erdenbewohner gegenüber ihren eigenen Werken. –: Im Sinne dieser Entfernung »einer vom Menschen erschaffenen Welt, die nicht in der Natur existiert« von ihrem intellektuellen Urheber, dem Menschen, und der Notwendigkeit einer »geistigen Bewegung«, eines »Werkes der Freiheit« als einzigen Ausweges aus dieser desperaten Lage spricht sich auch der russische Philosoph Nicolai Alexandrowitsch Berdjajeff in seinem Buch »Das Reich des Geistes und das Reich des Caesar« (1952) aus. Doch nicht allein philosophisches Denken, sondern auch rein technische Kombinationsgabe bekennt heute, daß die Menschheit an dem Punkte steht, wo die Herstellung von Maschinen denkbar (»und im Prinzip längst erfunden«) sei, »die in direkter Verbindung mit der Außenwelt stehen, auf den Menschen nicht angewiesen sind«, »rasch menschliche Intelligenz erreichen und übertreffen, sich unabhängig vom Menschen höherentwickeln« können. Der Kommentator dieser Tatsachen fügt seiner

Feststellung hinzu: »Was es aber bedeuten würde, wenn es außer den Menschen noch intellektuell überlegene Maschinenwesen auf der Erde gibt, das möge sich der Leser selbst ausmalen.« (Richard Koch, »A–Z aus Wissenschaft und Technik«. List Taschenbücher Nr. 333/34, Paul List Verlag, München, 1968). – Berdjajeff weist darauf hin, daß die Welt sich »durch Finsternis zu einer neuen Geistigkeit« hinbewege, einer »wahren Gnosis«, in welcher alle »quälenden Gegensätze und Spaltungen sich lösen« und die Religionen sich vereinigen werden. Er prophezeit den »Sieg über falsche Formen der sozialen Mystik«, den Sieg »des Geistreiches über das Reich Caesars«, der indessen »eine Umwälzung in der Struktur des menschlichen Bewußtseins« voraussetze.

Daß die Gedanken wiederum groß werden –: Vortrag »Osterbetrachtung«, Berlin, 18. IV. 1916, GA 167.

Seite 41: epochale Erscheinung –: Manche der bedeutendsten modernen Forscher neigen, von dem (sie ehrenden) Staunen über die bleibenden Geheimnisse der Materie bezwungen, schon wieder zu einer gewissen, unklaren Religiosität. Vielleicht werden sie von hier aus eines Tages zu einem bewußteren Verhältnis zur geistigen Wirklichkeit finden. Das Gros der akademischen Wissenschaftler von Durchschnittsrang hingegen beharrt einstweilen unbelehrbar auf dem »kurzen Denken«.

Seite 42: ohne seinen Wunsch in das Leben versetzt ... –: Das Argument, daß man selbst ja ganz unfreiwillig in die Welt gesetzt worden sei, ist, wenn seine sachliche Voraussetzung zutrifft, tatsächlich unwiderleglich als Freibrief für schlechterdings jedes Verhalten, zu welchem man sich aufgelegt fühlt. Dies zu bestreiten wäre – dem Phantom eines »kategorischen Imperativs« zum Trotz – Unlogik oder intellektuelle Unredlichkeit.

Seite 45: Zufälligkeit der einzelmenschlichen Existenz mittels Programmierung überwinden: diese Art von Korrektur der vermeintlichen Zufälligkeit auf Kosten der Lebensfreiheit des Menschen und seines Rechts auf organisches Werden gleicht dem Rezept, unerträgliche Zahnschmerzen durch Abschlagen des Kopfes zu heilen.

Hobby und *Freizeitgestaltung:* Wolfgang de Boér, »Das Problem des Menschen und die Kultur«, Bonn 1958, schreibt über diesen Tatsachenkomplex: »So vollzieht sich, von Soziologen sanktioniert, die Selbstliquidierung des Menschen als Person in der schizophrenen Auflösung seiner Existenz zwischen den Polen ›sachlicher‹, fremdgesteuerter Arbeit einerseits, der Unverbindlichkeit ›privater Hobbies‹ oder ›Freizeitgestaltung‹ andererseits: beide gewährleisten, nur auf verschiedene Weise, die Selbst-Ablenkung, welche zur Voraussetzung modernen ›Wohlbefindens‹ geworden ist«. – Was übrigens (laut Ankündigung des »Motivforschers«, Dr. Ernest Dichter auf dem Münchner Forum »Schöner

Wohnen« Oktober 1968) die Industrie in geschäftstüchtiger Vorausplanung schon heute für den dereinstigen Freizeitüberfluß an Hilfsmitteln zur krampfhaften Ausfüllung der inneren Leere, des großen Hohlraums im Lebensgefühl vorbereitet, zwingt zu der weiteren Prognose, daß alle diese läppischen Zerstreuungshilfen innerhalb berechenbarer Frist ihre Zugkraft eingebüßt haben werden. Worauf dann die verzweifelten Zuvielzeithaber vielleicht aus lauter unstillbarer Langeweile vom Totschlagen der Zeit zum gegenseitigen Totschlagen übergehen könnten. Für diesen Konsequenzfall ist ja, was den Abwechslungsreiz der möglichen Methoden anbetrifft, ohnehin in aller Welt aufs beste vorgesorgt.

Seite 46: Sigismund von Radecki: *Im Gegenteil,* Diogenes-Verlag, Zürich, 1967.

Zur drohenden Übervölkerung der Erde: Die totale Widersprüchlichkeit aller modernen Lebenstatsachen wie der hilflosen Versuche, ihrer Herr zu werden, zeigt sich auch darin, daß mit gleichem Eifer einerseits der drohenden Übervölkerung vorgebeugt werden soll, andererseits, von fast niemandem beanstandet, die permanente sexuelle Provokation immer hemmungsloser vorangetrieben wird (weil nämlich davon eine ganze Anzahl von Geschäftszweigen profitieren). (Auf den Zusammenhang zwischen Frauenmode und Bevölkerungsexplosion hat der britische Gynäkologe Jan Macgillivray auf einer Tagung für Familienplanung in Glasgow hingewiesen. Bericht der »Süddeutschen Zeitung« vom 6. XI. 1968.)

Seite 47: um das Sein oder Nichtsein kommender Generationen: Bisweilen findet sich aber doch ein Mutiger, der dieser Frage nicht ausweicht. So erklärte der amerikanische Botaniker Richard Felger vom Naturkundemuseum Los Angeles in einem Interview, der Mensch werde sich »vielleicht schon in hundert Jahren selbst ausgerottet haben«, und zwar durch die »systematische Vergiftung der Umwelt«. »Der Mensch macht das Wasser untrinkbar, die Luft ungeeignet zum Atmen, und er wandelt die Landschaft von einer Grünfläche in Beton- und Asphalteinöden um.« Die gewaltig zunehmende Verwendung langlebiger Chemikalien zur Ungezieferbekämpfung in der Landwirtschaft werde nicht nur das Grundwasser und die Flüsse, sondern »schließlich auch die Ozeane regelrecht vergiften«. (Bericht der »Süddeutschen Zeitung« vom 26. X. 1968.) Über Erbschäden durch Atomexperimente wurde 1968 in einer Fernsehsendung berichtet, die eine Ergänzung in einer anderen Sendung fand (»Report«, II. XI. 1968), welche die vom Lärm des Überschall-Flugzeugverkehrs zu erwartenden schweren Gesundheitsschädigungen zur Sprache brachte, gegen die es bis jetzt keinerlei Schutzmittel gebe. Übrigens braucht also, wenn bei gleichbleibend weisem Verhalten der Regierungen und gleichbleibendem Vorrang der merkantilen Augenblicksinteressen vor dem Schutz des Lebens und der Gesundheit »vielleicht schon in hundert Jahren« sowieso alles aus sein wird, sich niemand mehr Sorgen um die tausendjährigen Erbschäden zu machen... Solcher Art sind die Trostgründe unseres klugen Zeitalters.

Seite 50: Goethe: seine starke und dauernde Hinneigung zum Wiederverkörperungsgedanken hat merkwürdigerweise nirgends die Gestalt eines öffentlichen Bekenntnisses angenommen, dafür aber ihren Niederschlag in zahlreichen brieflichen Äußerungen und in manchen dichterischen Formulierungen gefunden.

Seite 51: den Seelen schon in frühester Jugend... –: Vortrag »Die spirituellen Hintergründe der äußeren Welt«, Dornach, 1917, GA 177.

Seite 53: »Anthroposophie«: Bei Robert Zimmermann (1824–1898), dessen Hauptwerk den Titel »Anthroposophie im Umriß« (Wien 1882) trägt, hörte Steiner als Student in Wien Vorlesungen über »Praktische Philosophie«. Der Terminus »Anthroposophie« kommt indessen auch bei dem Schweizer Ignaz Paul Vitalis Troxler (1780–1866), bei Immanuel Hermann Fichte (1796–1879), dem Sohn Johann Gottlieb Fichtes, ja, sogar schon in einer Schrift des 16. Jahrhunderts (Arbatel, De Magia Veterum, Basel, 1575) vor. Als Hauptaufgabe der Anthroposophie des 16. Jahrhunderts werden genannt: spirituelle Naturwissenschaft und soziales Leben aus dem Geist. (Vergl. Rudolf Rißmann, »Anthroposophie des 16. Jahrhunderts«; Zeitschrift »Die Drei«, 1964, Heft 1.)

Seite 54: Zu Rudolf Steiners Weltdeutung: Das Verhältnis zwischen Geist und Materie erklärte Steiner mehrfach gleichnisweise mit dem Bilde des Wassers (Geist), das sich zu Eisbrocken (Materie) verdichtet, welche nun in dem Wasser schwimmen. »... und wie Eis wieder zu Wasser werden kann, so kann der Geist wieder seinen Ursprung nehmen aus der Materie, kann wieder aus der Materie hervorgehen oder umgekehrt, die Materie kann sich wieder in Geist auflösen.« (Zitat aus dem Vortrag »Der Ursprung des Leides« Berlin, 8. XI. 1906, GA 55.) – Der Mensch ist nach Steiner kein fertiges, sondern ein noch immerwährend werdendes Wesen; er *ist* nicht so sehr Mensch, wie er es vielmehr zunehmend *wird.* Er ist aber auch das einzige Wesen auf dieser Erde, das sowohl die Welt wie sich selbst erkennen kann, weil es *zugleich Subjekt und Objekt des Erkennens* ist. Auf dieser Identität beruht Steiners Erkenntnistheorie ebenso wie seine Methode der Erweiterung des Erkenntnisvermögens, welches grundsätzlich nicht auf die Erkenntnis der sinnlichen Welt begrenzt ist. In seiner Autobiographie »Mein Lebensgang« (GA 28) sagt Steiner von seiner »Geistanschauung«, daß sie »die Geistwelt genau wie die sinnenfällige im Wahrnehmbaren am Menschen und in der Natur erleben wollte«.

Seite 55: Steiners geistiger Werdegang wurde am aufschlußreichsten von ihm selbst beschrieben in der (fragmentarischen) Autobiographie *Mein Lebensgang* (GA 28).

Intuitive Schau: Diese Erkenntnisweise und die Methode ihrer Entwicklung ist von Steiner von den verschiedensten Seiten dargestellt worden; am genauesten in dem Buch *Wie erlangt man Erkenntnisse der höheren Welten?* Immer wieder und wieder distanziert Steiner diese Art bewußt geweckten und geschulten »Hellsehens« aufs entschiedenste von den unkontrollierbaren atavistischen Anlagen, die der heutige Sprachgebrauch mit diesem Worte meint, und welche einer überholten Entwicklungsstufe des Menschen angehören, anstatt, wie das »schauende Bewußtsein«, einer höheren, zukunftsgemäßen. Überhaupt ist hier klarzustellen, daß die Steinersche »Geistesforschung« sich mit unabweisbaren Gründen dagegen wehrt, mit allen möglichen, zum Teil schwindelhaften und gauklerischen, zum Teil unzeitgemäßen, einem herabgedämpften Bewußtsein entsprungenen oder auf Selbsttäuschung beruhenden, jedenfalls mit dem Willen zu wissenschaftlicher Redlichkeit unvereinbaren, aber immer wieder die Neugier Halbgebildeter anziehenden »okkultistischen« Spielereien zusammengeworfen zu werden. – Da das moderne materialistische Denken die Möglichkeit übersinnlichen Erkennens grundsätzlich bestreitet – für das, was es gar nicht geben soll, kann es logischerweise auch keine Wahrnehmungsmöglichkeit geben –, sei immerhin betont, daß es jederzeit durchaus klare, aber weniger flache Köpfe gegeben hat, die dieses »wissenschaftliche« Vorurteil mit guten Gegengründen zurückgewiesen haben. Hier ist z. B. an die (auf Rudolf Steiner direkt bezogenen) Ausführungen von Egon Friedell in seiner »Kulturgeschichte Ägyptens und des alten Orients« zu erinnern, wo der geistvolle und wissensreiche Kulturhistoriker und -kritiker die Fähigkeit eines »Fernsehens in der Zeit« (voraus wie zurück) in Betracht zieht. Auch wenn Arthur Schopenhauer feststellt, daß jede »physische Erklärung, überhaupt und als solche, noch einer metaphysischen bedarf, welche den Schlüssel zu allen ihren Voraussetzungen lieferte« und daran die Einsicht knüpft, daß diese metaphysische Erklärung »eben deshalb aber auch einen ganz anderen Weg einschlagen müßte«, so kann er bei diesem »ganz anderen Weg« an nichts anderes gedacht haben als an eine – ihm noch nicht deutlich gewordene – Erkenntnisweise, wie eben Steiner sie entwickelt und betätigt hat. Dahingegen gehören die meisten Phänomene, mit denen es die moderne Metapsychologie zu tun hat, oder wie sie Justinus Kerner an der »Seherin von Prevorst« beobachtete, Gérard de Nerval sie kannte und erlebte, Clemens von Brentano von den Visionen der Anna Katherina Emmerich beschrieb, in das weite Gebiet der dem Bewußtsein entzogenen Atavismen. Auch Franz Kafka, der in Prag einen Vortrag Steiners über »Okkulte Physiologie« hörte und danach bei einem Besuch davon sprach, daß er »im literarisch-produktiven Akt Zustände erlebe«, die seiner Meinung nach »den von Ihnen,

Herr Doktor, beschriebenen hellseherischen Zuständen sehr nahestehen«, mag sich über den Unterschied zwischen seinen visionären Erlebnissen und dem Steinerschen »schauenden Bewußtsein« nicht klar gewesen sein (vergl. Wolfgang Rohner, »Franz Kafka«, Stieglitz-Verlag E. Händle, Mühlacker, 1967).

Geboren werden, Sterben und Wiedergeborenwerden ... –: Einschlägige Hauptschriften darüber von Rudolf Steiner: *Reinkarnation und Karma, Wie Karma wirkt* u. a., in: »Luzifer-Gnosis 1903-1908, Grundlegende Aufsätze zur Anthroposophie und Berichte aus der Zeitschrift ›Luzifer‹ und ›Luzifer-Gnosis‹«, GA 34.

Seite 56: ... es wird eine ganz außerordentliche Umgestaltung ... –: Vortrag »Reinkarnation und Karma als die Fundamental-Ideen der anthroposophischen Weltanschauung und ihre moralbegründende Kraft«, Berlin, 5. III. 1912, in: »Wiederverkörperung und Karma und ihre Bedeutung für die Kultur der Gegenwart«, GA 135.

Seite 57: ... sei die Vernichtung ... vorzuziehen ... –: Professor Pelegrion (New York) auf einer internationalen Konferenz im Ökumenischen Institut in Bossey bei Genf; Bericht der »Süddeutschen Zeitung« vom 12. IX. 1968.

Seite 59: umfassendes ... Wissen –: Zwar versteht es sich von selbst, daß auch ein noch so unabhängiger Denker der solidesten intellektuellen Voraussetzungen und vielseitiger Wissensgrundlagen bedarf. Jedoch, sobald es um Rudolf Steiner geht, erübrigt sich ein diesbezüglicher Nachweis zur Zurückweisung verleumderischer Behauptungen keineswegs. Darum seien hier in Ergänzung der eingehenden Darstellungen seines Studienganges wie seiner wissenschaftlichen Beziehungen zu Karl Julius Schröer, Herman Grimm, Bernhard Suphan, Ernst Haeckel, Eduard von Hartmann u. v. a., die in den am Schluß dieses Buches aufgezählten biographischen Quellen nachzulesen sind, noch einige Stimmen vorurteilsloser Zeitgenossen zitiert. – Stefan Zweig, der um die Jahrhundertwende in dem Berliner Kreis »Die Kommenden« oft mit Steiner zusammenkam, schreibt (»Die Welt von Gestern. Erinnerungen eines Europäers«, Berman-Fischer Verlag, Stockholm, 1942): »Rudolf Steiner war in jener Zeit noch nicht seiner eigenen Lehre nahegekommen, sondern selber noch ein Suchender und Lernender; gelegentlich trug er uns Kommentare zur Farbenlehre Goethes vor, dessen Bild in seiner Darstellung faustischer, paracelsischer wurde. Es war aufregend ihm zuzuhören, denn seine Bildung war stupend und vor allem gegenüber der unseren, die sich allein auf Literatur beschränkte, großartig vielseitig; von seinen Vorträgen und manchem guten privaten Gespräch kehrte ich immer zugleich begeistert und etwas niedergedrückt nach Hause zurück. Trotzdem – wenn ich mich heute frage, ob ich damals diesem jungen Manne eine derartige philosophische und ethische Massenwirkung prophezeit hätte, muß ich es zu meiner Beschämung verneinen. Ich habe von seinem sucherischen Geiste Großes erwartet in der Wissenschaft, und es hätte mich keineswegs verwundert, von einer großen biologischen Entdeckung zu hören, die seinem intuitiven Geiste gelungen wäre« ... »An seinem phantastischen und zugleich profunden Wissen erkannte ich, daß die wahre Universalität, derer wir uns mit gymnasiastischer Überhebung schon bemächtigt zu haben meinten, nicht durch flüchtiges Lesen und Diskutieren, sondern nur in jahrelanger brennender Bemühung erarbeitet werden kann.« – Die Schriftstellerin Gabriele Reuter (»Vom Kinde zum Menschen. Die Geschichte meiner Jugend«, S. Fischer Verlag, Berlin, 1921) berichtet: »... ich verdanke diesem hervorragenden Geiste und seinem unglaublich ausgebreiteten Wissen eine Fülle von Gedanken und Anregungen auf philosophischem Gebiete. Besonders lehrte er mich Goethe in einer ganz neuen Weise kennen. Von dem naturwissenschaftlichen Propheten im Dichter hatte ich bisher noch nichts gewußt. Ein Gedanke Steiners ist mir viel nachgegangen: die Forderung von moralischer und religiöser Phantasie – an der es unserem heutigen Geschlecht so sehr mangele.« Dies sind Eindrücke aus der Zeit von Steiners Arbeit in Weimar am Goethe- und Schiller-Archiv (Herausgabe der naturwissenschaftlichen Schriften Goethes für die Sophien-Ausgabe) bzw. in Berlin an der Arbeiter-Bildungsschule wie als Herausgeber des »Magazin für Literatur« und der »Dramaturgischen Blätter«. Berichte zweier Persönlichkeiten, die später dem Anthroposophen Steiner mit wohlwollender Zurückhaltung gegenüberstanden. In die Epoche des voll entfalteten anthroposophischen Wirkens (1916/17) aber fallen briefliche Äußerungen von Carl Ludwig Schleich, worin der geniale Gelehrte, Arzt und Erfinder der Lokalanaesthesie nach der Lektüre von Vorträgen Steiners bekennt: »Ich habe dieselben sehr aufmerksam gelesen und vertiefe mich immer mehr in Ihre Gedankenkreise. Ich bewundere in Ihnen einen allumfassenden Geist, den tiefen Ernst und die schöne Menschlichkeit.« – Auch Albert Schweitzer, der sich mit Rudolf Steiner befreundet fühlte und, ungeachtet seines ganz anderen eigenen denkerischen Weges, der Anthroposophie die größte Hochachtung zollte, sprach von Steiners »umfassendem Wissen und erstaunlicher Weisheit« (Bericht von Camille Schneider in der Zeitschrift »Das Goetheanum«, Dornach, 19. IX. 1965).

Daher z. B. so richtigen Psychoanalytikern ... –: Hier sind wohl einige Worte am Platze zur Charakteristik dessen, was sich »Psychoanalyse« nennt und was von weiten Kreisen in der ganzen Welt für den Gipfel menschlichen Scharfsinns gehalten wird. In Wirklichkeit ist es in gewisser Hinsicht ein Gipfel der Absurdität, da diese Wissenschaft darauf ausgeht, die Sexualität, deren Impulse und Komplikationen, zur Quelle so ziemlich aller seelischen und geistigen Lebensäußerungen zu erheben. Das Verfahren, mit dem sie diese abenteuerliche Hypothese erhärten will, geht von einer Vorstellung des Unbewußten aus, welche dieses rein mechanischer Kausalität unterworfen glaubt. Der Kulturphilosoph Wladimir Weidlé trifft den Nagel auf den Kopf, wenn er sagt: »Die Psychoanalyse hat das Unbewußte nicht befreit; sie hat im Gegenteil versucht, seine Art zu funktionieren und seine Struktur zu erklären, bei völliger Verwerfung der Freiheitsidee. In diesem Punkte bleibt Freud eindeutig in dem Positivismus des 19. Jahrhunderts stecken (und in diesem wie in anderen Punkten stellt sich die Lehre von C. G. Jung nicht als Psychoanalyse, sondern als ein im Gegensatz zu ihr stehendes Geistesgebäude dar). Die anspornende Triebkraft seines Denkens wird nirgends anders zu finden sein als in dem Willen, das deterministische Prinzip, ohne das, wie er immer noch glaubt, keine Wissenschaft bestehen kann, auf das gesamte Gebiet psychischen Lebens auszudehnen...« (»Die Sterblichkeit der Musen. Betrachtungen über Dichtung und Kunst in unserer Zeit«, Deutsche Verlagsanstalt, Stuttgart, 1958.) Und Weidlés Feststellung, die Psychoanalyse sei außerstande, »auch nur eine Spur von dem zu erfassen, was in der eigentlichen künstlerischen Schöpfung vor sich geht«, gilt um nichts weniger vom Erkenntniswert der Freudschen Theorie überhaupt: auch von dem, was im geistigen und seelischen Wesenskern des Menschen, im eigentlichen Beheimatungsgebiet seines »Unbewußen« vor sich geht, erfaßt sie keine Spur. Freuds bedauerliche Verstricktheit in die Gedankenfesseln eines verjährten Positivismus vermerkt auch Egon Friedell (»Kulturgeschichte der Neuzeit«).

Seite 60: willkürliche weltanschauliche Folgerungen... –: vergl. die Abschweifungen zu S. 84, Stichwort: »Die geistigen Wahrheiten«.

Die Menschheit wird sich eben dazu bekennen müssen...–: Aufsatz »Anthroposophie, Erziehung, Schule«, in: »Der Goetheanumsgedanke«, GA 36.

Seite 61: Die Erziehung des Kindes vom Gesichtspunkte der Geisteswissenschaft –: Die Schrift ist hier, ihrer durchaus grundlegenden Bedeutung für Rudolf Steiners Pädagogik wegen, nahezu vollständig wiedergegeben. Ausgelassen wurden lediglich einige Stellen, welche im großen Zusammenhang dieses Buches entbehrlich erscheinen und den mit der Anthroposophie noch nicht vertrauten Leser von der Verfolgung der hauptsächlichen Gedankenkette, auf deren Verständnis es hier ankommt, eher ablenken könnten als seine Aufmerksamkeit fördern würden (GA 34).

Seite 66: Der Ätherleib ist eine Kraftgestalt... –: Wen diese Aussage über die unmateriellen Wesensglieder des Menschen befremdet, versuche, sich eine Vorstellung davon zu bilden mit Hilfe folgender

Betrachtung. Zunächst mache man sich klar, daß man – vergleichsweise – auch beim physischen Körper etwa von einem »Wasserleib« sprechen könnte, da bekanntlich der Körper zu einem sehr hohen Prozentsatz aus Wasser besteht, welches jedoch keineswegs nur in den ausgesprochen flüssigen Körperbestandteilen in Erscheinung tritt, sondern von welchem der gesamte Körper sozusagen »imprägniert« ist. Auch von einem »Luftleib« (denn wir atmen ja nicht nur durch die Lungen, sondern durch die ganze Haut) oder von einem »Säureleib« zu sprechen hätte, so verstanden, seine Berechtigung. In ähnlichem Sinne ist die menschliche Gesamtkörperlichkeit von jenen unmateriellen »Kräfte«- und »Empfindungsleib« gleichsam »imprägniert«. Die naturwissenschaftliche Betrachtungsweise kann freilich mit den ihrem Zuständigkeitsbereich angemessenen Methoden nicht zur Erkenntnis dieser höheren Wesensglieder kommen; sie kann sie aber ebensowenig bestreiten. Müßte sie doch, ernstlich darüber zur Rede gestellt, einräumen, daß ihr bei allen tiefen Einblicken z. B. in die Gehirntätigkeit oder die Nervenreaktionen nur immer das »Wie« der Wachstums-, Denk- oder Empfindungsprozesse innerhalb des leiblichen Menschenwesens anschaubar geworden ist, hingegen durchaus nicht das »Was«. Noch kein Anatom hat im sezierten Körper einen »Geist« oder eine »Seele« entdecken können; nicht nur, weil gerade deren Abwesenheit ja den Leib zum Leichnam macht; sondern weil sie überhaupt sinnlich unwahrnehmbar sind; wie auch, bei aller »Erklärung« des Denkprozesses und der Nervenreaktionen, noch kein Gelehrter einen *Gedanken* oder einen *Gedächtnisinhalt,* ein *Gefühl* oder gar eine *Charaktereigenschaft* gesehen hat, sondern lediglich bestimmte Reflexe in bestimmten Organen der Körperlichkeit. Mit dem *Was* aber, zu welchem die naturwissenschaftliche Forschung niemals wird durchdringen können, hat es eben die Geistesforschung zu tun. Wer sich übrigens an der Verbindung eines räumlichen Begriffs wie »Gestalt« mit etwas Immateriellem stößt, versuche die Statthaftigkeit solcher Vergleichssprache (eine andere kann es ja für diese Dinge nicht geben) einzusehen, indem er bedenkt, daß z. B. auch der menschliche Gedanke eine »geistige Gestalt« ist. Zwar an sich rein geistiger Natur, aber dem denkenden Individuum in bestimmten Umrissen aufleuchtend und ihm originär zugehörig; sofern er einem anderen Gedanken Platz macht, auch zeitlicher Begrenzung unterworfen. Indem Geistiges sich individualisiert, geht es insoweit in die zeit-räumliche Vorstellungswelt ein.

Seite 84: Die geistigen Wahrheiten... –: Hier scheint eine grundsätzliche Bemerkung zur Frage der »Wissenschaftlichkeit« überhaupt und der behaupteten »Unwissenschaftlichkeit« der Steinerschen Geistesforschung angebracht. Nämlich: die Geistesforschung setzt ja erst an dem Punkt ein, wo die naturwissenschaftliche Forschung notgedrungen aufhört. Die akademische Wissenschaft stellt nun das Dogma auf: über ihren Zuständigkeitsbereich hinaus sei *keinerlei* Erkenntnis möglich und könne es höchstens willkürliche Gedankenspekulation geben. Trotzdem erlaubt sie sich selbst aber, mit gedanklichen Spekulationen über die von ihr selbst gezogenen Erkenntnisgrenzen hinauszulangen, indem sie aus ihren faktischen Ergebnissen willkürliche Folgerungen zieht wie diese: daß es außerhalb der Materie keinerlei Wirklichkeit gebe; daß die »geistigen« und »seelischen« Äußerungen des Menschen bloße Produkte seiner Leiblichkeit seien; daß mit dem Tode das Menschenwesen in seiner Gänze erlösche usw. usw. Für diese willkürlichen Folgerungen kann, da sie keineswegs unausweichlich aus den von der naturwissenschaftlichen Forschung festgestellten Tatsachen hervorgehen, durchaus auch kein Anspruch auf »Wissenschaftlichkeit« erhoben werden. Insofern also stände der behaupteten Unwissenschaftlichkeit der Geistesforschung die tatsächliche Unwissenschaftlichkeit der unbefugt über ihren Gültigkeitsbereich hinausgreifenden Naturforschung gegenüber. Mit ihrer aggressiven Intoleranz, die nur dem experimentell kontrollierbaren Wissen um Wesen und Funktionsweise der Materie (nicht einmal auch der systematischen philosophischen Denkarbeit) ernstzunehmende »Wissenschaftlichkeit« zuerkennen will, gleicht die akademisch akkreditierte Naturforschung einem Kundigen des Instrumentenbaus, der aufs gründlichste die Zusammensetzung und das Funktionieren eines Klaviermechanismus zu analysieren vermag, genauestens den Vorgang der Hervorbringung eines Musikstücks durch ebendieses Klavier zu beschreiben weiß, und, weil er dies alles so scharfsinnig durchschaut, entschieden bestreitet, daß jenes Musikwerk auch an und für sich noch etwas ist, daß es eine eigene Realität besitzt, sogar eine – ungreifbare – formale Existenz und vor allem ein geistiges Sein, dessen Aussage sich keiner klaviertechnischen Analyse erschließt, nichtsdestoweniger aber auf höherer Ebene erlebbar und beschreibbar ist. Mit diesem Vergleichsbild möge hier eine Äußerung Rudolf Steiners illustriert werden, welche besagt: die Geisteswissenschaft verlange von sich und von andern, »daß zu Ende gedacht wird«; womit er die Feststellung verbindet: das Zuendedenken der Erkenntnisse über den Stoff und seine Erscheinungen müsse unweigerlich zum Geiste hinführen; und das Zuendedenken der Einsichten über die geistige Wirklichkeit müsse unweigerlich auch zum Erfassen der »Offenbarungen des Geistes im Stofflichen« führen. (Vergl. Vortrag »Menschenwelt und Tierwelt nach Ursprung und Entwicklung dargestellt im Lichte der Geisteswissenschaft«, in: »Das Ewige in der Menschenseele, Unsterblichkeit und Freiheit«, GA 67.) Im übrigen ist als erkenntnisheoretisches Fundament der Geistesforschung Steiners seine *Philosophie der Freiheit* (Berlin, 1894; GA 4) zu nennen.

Seite 86: auf die Dauer ohne sie nicht bleiben können ... –: Ist nach allen vorstehenden Ausführungen Steiners das erstens und letztens entscheidende Prinzip seiner Pädagogik die gewissenhafteste Berücksichtigung der einander ablösenden Entwicklungsstadien des heranwachsenden Menschen, so beweist die von der modernen Psychologie konstatierte zunehmende allgemeine Rückentwicklung der Reizbarkeit und stetige »Rückverlagerung der Reaktionsschwelle« bei immer früherer Aktivität des Intellekts keineswegs, daß infolge dieser Verschiebung der psychischen Sachverhalte die Berücksichtigungsansprüche der beschriebenen unterschiedlichen Entwicklungsstadien immer gegenstandsloser würden. Im Gegenteil ist jene Rückentwicklung der Sensibilität in allen Menschen und verfrühte Anreizung der Intellektualität in den Kindern bereits Folge einer die gesunde menschliche Gesamtkonstitution wie alles höhere Leben überhaupt bedrohenden zivilisatorischen und pädagogischen Rücksichtslosigkeit gegen die natürlichen Bedingungen menschlicher Wesensentfaltung. Hier gälte es also eher, verhängnisvolle Fehlentwicklungen zu korrigieren, mindestens zu regulieren, als jene pädagogischen Prinzipien für hinfällig zu halten.

Seite 87: Erkenntnis und Kunst aus einer Wurzel ... –: Dieses und die nachfolgenden direkten und indirekten Zitate sind entnommen dem Vortrag »Die Verbindung von Erkenntnis, Kunst, Religion und Sittlichkeit durch Imagination, Inspiration und Intuition«, »Gegenwärtiges Geistesleben und Erziehung«, GA 307.

Seite 91: irgend etwas Unbestimmtes ... –: Vortrag »Wie wollte der Grieche den Menschen zu einer gewissen Vollkommenheit bringen? – Die Überwindung der Doktorerziehung«, GA 307.

Das wahre Wohl der kommenden Menschengenerationen ... –: Es beweist nichts gegen die entscheidungsvolle Bedeutung der Steinerschen Erziehungsideen und der »Waldorf-Pädagogik«, daß in jüngerer Zeit manche Eltern feststellen mußten, mit der »Steiner-Schule« keine guten Erfahrungen gemacht zu haben. Denn einerseits leuchtet ein, daß der bekannte allgemeine Mangel an Lehrernachwuchs nicht ohne Auswirkung auch auf die Lehrernachwuchsfrage an den Steiner-Schulen sein konnte, zumal sich aus der steigenden Zahl von Schul-Neugründungen ein entsprechend erhöhter Bedarf auch hier ergab. Andererseits aber wurde die Steiner-Schule auch immer wieder von solchen Eltern mißverstanden, welche glaubten, es handle sich um eine Art karitativer Institution zur bequemen Weiterschiebung notorischer Sitzenbleiber aus anderen Schulen; eine Art Auffangstation für hartnäckige Versager. Daraus resultierten falsche Erwartungen und verständnislose Ansinnen seitens solcher an der Steiner-Pädagogik durchaus uninteressierten Eltern und Schüler betreffs »Angleichung« an die üblichen Schultypen. Hauptsächlich diese beiderlei Entwicklungen verursachten hier und da ernsthafte Störungen des Schulbetriebs und gelegentliche Durchkreuzungen der gemeinten Erziehungsmethode. Solche zeitlich bedingten und örtlich begrenzten Defekte berühren indessen das Wesen der Sache nicht.

Seite 92: Zu dieser Angelegenheit... –: Die folgenden Zitate entstammen einem Referat von Professor Dr. Walter Schultze (Universität Frankfurt a.M.) in der »Pädagogischen Rundschau« (Ratingen, 1966). Die schweizerische Stimme: »Programmierter Unterricht – schon überholt?« (Badener Tagblatt« vom 1. II. 1968; Bericht über einen Vortrag von Robert Pfister, ehemaligem Lehrbeauftragten an der Universität Bern.)

Seite 94: Wirtschaftsinteresse, Staatsinteresse und Recht: schon der biedere Jeremias Gotthelf meinte vor mehr als hundert Jahren, ein »Rechtsstaat« sei kein Staat, wo Recht und Gerechtigkeit herrschen, sondern »ein Staat voll Rechtsgelehrter und Rechtshändel«. Es ist kein heutiger Staat bekannt, wo es sich anders verhielte.

Parteidiktatorisch regierte Staaten des Ostens –: Wenn hier und an anderen Stellen dieses Buches als parteidiktatorisch regierte Staaten zwar nicht ausschließlich, doch immerhin vornehmlich die »bolschewistischen« angesprochen werden, so sollen damit die »faschistischen« keineswegs grundsätzlich aus dem Spiel gelassen werden. Aber obwohl beide Richtungen diktatorischer Staatsführung einander insofern nichts vorzuwerfen haben, als es eine Geschmacksfrage bleibt, ob man die Vergewaltigung der Menschen im Namen einer sich für auserwählt haltenden *Klasse* oder einer sich für auserwählt haltenden *Rasse* oder auch nur einer machthungrigen *Kaste* zumutbarer findet, so kommt doch der bolschewistischen (marxistisch-leninistischen) Bewegung eine zivilisationsgeschichtliche Bedeutung zu, welche den faschistischen Abenteuern gemeinhin mangelt. Letztere haben so gut wie immer, mindestens der (wirklichen oder vorgeblichen) ursprünglichen Absicht nach, einen reaktionären Charakter: sie treten anfänglich als bloße Statthalterschaften für abgewirtschaftete Monarchien auf (auch Hitler wollte zunächst »nur ein Trommler für die Monarchie« sein); und sofern sie soziale Ziele vortäuschen oder auch faktisch ansteuern, bleiben sie Nachahmer (und Konkurrenten) des Marxismus mit einigen phraseologischen Abweichungen. Jedenfalls entbehren sie in jedem Betracht eigentlicher geschichtlicher Legitimation.

Die soziale Frage wird erst in ihrer vollen Tiefe ergriffen werden... –: Vortrag »Die Verbindung von Erkenntnis, Kunst, Religion und Sittlichkeit durch Imagination, Inspiration und Intuition«, GA 307.

Seite 95: Memoranden –: Zu einer dieser Schriften äußerte sich der schwedische Historiker und Soziologe Professor Rudolf Kjellén in einem Gutachten, datiert »Gothenburg, 18. Sept. 1915«: »Ich habe jetzt Dr. Steiners ›Gedanken während der Zeit des Krieges‹

gelesen und finde sie wohl wert, unserer schwedischen Literatur einverleibt zu werden. Diese Schrift wird ohne Zweifel das Meiste von dem, was in diesen Tagen an Flugschriften über das große Thema geboten wird, überleben. Sie liegt nämlich mehrere Fuß tiefer im Wasser, als die gewöhnlichen Kriegsbroschüren. Sie ist, um einen speziell deutschen Begriff zu gebrauchen, eine vornehme Arbeit. Ich glaube nicht, daß man in der entsprechenden Literatur aus den Ententeländern ein einziges Gegenstück zu der erhabenen Ruhe, leidenschaftslosen Sachlichkeit, womit der Verfasser hier die Antwort sucht auf die Frage ›wer hat den Krieg gewollt?‹ aufzuweisen vermag. Daß er sich bei diesem Suchen Zeugen aus dem anderen Lager – Renan, Solowieff, Emerson – holt, macht die Wirkung nur um soviel größer und das Resultat unwidersprechlicher.« (Der genaue Titel der hier gemeinten Schrift lautet: »Gedanken während der Zeit des Krieges. Für Deutsche und solche, die nicht glauben sie hassen zu müssen.« Sie ging den verschiedenen Fassungen des »Memorandums« von 1917 um zwei Jahre voraus. Alle diese Publikationen finden sich in »Aufsätze über die Dreigliederung des sozialen Organismus und zur Zeitlage«, GA 24. Als Mitunterzeichner des »Aufrufs an das deutsche Volk und an die Kulturwelt« nennt *Johannes Hemleben* in seiner Rudolf Steiner-Bild-Monographie (Hamburg 1963, Rowohlt): Prof. Dr. Hans Driesch, Heidelberg; Prof. Dr. Hans Ehrenberg, Heidelberg; Prof. Dr. R. Gaupp, Tübingen; Prof. Dr. Goldstein, Frankfurt; Prof. Dr. Hugo von Habermann, München; Hermann Hesse, Schriftsteller, Berlin; W.J. Hilger, Direktor der Hansa-Lloyd-Werke, Bremen; Theodor Kappstein, Schriftsteller, Charlottenburg; Prof. Kärcher, Karlsruhe; Prof. Dr. Kippenberg, Bremen; Prof. Dr. Theodor Landau, Charlottenburg; Wilhelm Lehmbruck, Bildhauer, Zürich; Le Seur, Pfarrer, Berlin-Lichterfelde; Prof. Dr. Friedrich Lienhard, Schriftsteller, Weimar; Prof. Dr. Paul Natorp, Geheimrat, Magdeburg; Prof. Dr. Ludwig Oehninger, Berlin; Dr. Alfons Paquet, Schriftsteller, Frankfurt; Max von Pauer, Direktor des Konservatoriums Stuttgart; Dr. von Pechmann, Direktor der Handelsbank, München; Dr. theol. Martin Rade, Marburg; Gabriele Reuter, Schriftstellerin, Berlin; Prof. Dr. Schauinsland, Direktor des Völkermuseums, Bremen; Prof. Dr. med. E. Schlegel, Tübingen; Dr. Wilhelm von Scholz, Schriftsteller, Dramaturg, Stuttgart; Sigmund Schulze, Direktor des städt. Jugendamtes, Berlin; Richard Seebohm, Major a.D., Kassel; Traugott von Stackelberg, München; Dr. Hans Hasso von Veltheim, Direktor, München; Dr. H. Voith, Fabrikant, Heidenheim; Prof. Dr. Kurt Wolzendorff, Königsberg; Dr. Hugo Sinzheimer, Mitglied der Nationalversammlung, Frankfurt; Prof. Dr. Otto, Frankfurt.

Seite 96: Die Kernpunkte der sozialen Frage, GA 23.

Seite 98: Was nottut, GA 24.

Seite 100: Erkrankung des Nervensystems und moderner Amüsier- und Zerstreuungsbetrieb –: Daß zwischen den modernen Amüsierformen und nervösen Erkrankungen sogar ein Kausalverhältnis besteht, bestätigte ein Zeitungsbericht (»Süddeutsche Zeitung« vom 9. XII. 1968) aus Bournemouth, Südengland, worin gemeldet wird, daß bei einer Tanzveranstaltung »die angeblich bewußtseinerweiternde Wirkung flackernder Lichter und dröhnender Beatmusik« (»psychodelischer Licht- und Lärmrequisiten«) den Nervenzusammenbruch von sechs Jugendlichen herbeigeführt habe, die daraufhin ins Krankenhaus befördert werden mußten. Also: krankhafte Geistlosigkeit treibt die Leute in die akustische und optische Lärmorgie, und aus dieser stürzen sie in die Nervenkrankheit. Welch ein circulus!

Seite 101: Ganz gleichgültig ist es... –: Vortrag »Luther, der Januskopf«, GA 34. »Das Karma des Materialismus.«

In der hier abgedruckten Betrachtung... –: Das anschließende längere Zitat ist dem zweiten Teil der dreiteiligen Aufsatzfolge *Geisteswissenschaft und soziale Frage* entnommen, deren um einige Seiten gekürzter dritter Teil sodann unter jenem Gesamt-Titel hier das Ganze vertreten darf, da er die eigentliche Pointe der Aufsatzserie in sich faßt, GA 34.

Seite 102: Robert Owen 1771–1858.

Seite 103: Owens Erfahrung... –: Diese ganzen Ausführungen sind an die Adresse aller jener heutigen Theoretiker (Sozialreformer, Sozialisten und Soziologen) gerichtet, welche unbeirrbar der Meinung anhängen, der Mensch sei das Produkt der Verhältnisse; anstatt daß endlich einmal bewußt würde, daß genau umgekehrt ein Schuh daraus wird: die nicht naturgegebenen Verhältnisse sind das Produkt des Menschen, der erst in zweiter Linie dann wieder durch sie beeinflußt wird.

Seite 109: Marxismus und Dreigliederung, GA 24.

Seite 112: Sozialer Geist und sozialistischer Aberglaube: Marxismus und Dreigliederung, GA 24. – Es besteht nicht der geringste Anlaß, Steiners Ausführungen über den doktrinär gehandhabten oder machtpolitisch entarteten Marxismus etwa durch den inzwischen erfolgten Gang der Dinge überholt zu wähnen. Die Entwicklung der – gleichviel ob auf falsch oder richtig interpretierter Lehre beruhenden – marxistischen Praxis, welche die Marxschen Theoreme aus einem ursprünglich Wohlgemeinten zuerst in ein »Unzulänglich Wahres« und schließlich in ein »Blendend Falsches« verwandelte, ist seither folgerichtig fortgeschritten und hat eine klare Gegensätzlichkeit zwischen »Sozialem Geist« und »Sozialistischem Aberglauben« ergeben. Eine Rosa Luxemburg (für die Rudolf Steiner viel Hochachtung übrig hatte) mit ihren humanen Vorstellungen von einer kommunistischen Ordnung wäre früher oder später in der Sowjetunion dem gleichen Schicksal verfallen, das ihr (aus anderen Gründen) in Deutschland bereitet war. Und auch heute noch würde sie sich bei den unentwegten Vertretern des »Dialektischen Materialismus« kaum sonderlicher Beliebtheit erfreuen. Man darf sagen: einstweilen unterscheiden sich marxistisch gelenkte Staaten von nichtmarxistischen lediglich durch die *Art*, nicht durch das *Maß* ihrer Vorzüge und Gebrechen.

Internationale Lebensnotwendigkeiten und soziale Dreigliederung: Marxismus und Dreigliederung, GA 24.

Seite 119: Freie Schule und Dreigliederung: Marxismus und Dreigliederung, GA 24.

Seite 122: Einstellung der bürgerlichen und proletarischen Lebensauffassung zum Geistesleben: Sie ist dadurch gekennzeichnet, daß dem Geistesleben gegenüber dem politischen und wirtschaftlichen Leben eine durchaus untergeordnete Bedeutung zugewiesen wird. Daher denn auch der Wert der erleuchtetsten Geister der Menschheitsgeschichte immer wieder danach bestimmt wird, was ihre Gedanken und ihre Schöpfungen der jeweiligen Gegenwart, und zwar deren gewöhnlichsten Durchschnittsköpfen »zu sagen haben«. Man fragt also etwa: »Wie nimmt sich Goethe aus, am Maßstab unserer Zeit gemessen?« Während es nicht nur angemessener, sondern auch lehrreicher wäre, zu fragen: »Wie nimmt sich unsere Zeit, am Maßstab ›Goethe‹ gemessen aus?«

Seite 125: weltweit um sich greifende Verwirrung ... –: Freunde der »permanenten Revolution« (d.h.: verewigter Unordung, von welcher sie mehr zu profitieren hoffen als von geregelten Verhältnissen) haben die Mode aufgebracht, das Bedürfnis nach »Ruhe und Ordnung« als ein Merkmal bloß der satten und bequemen Spießbürger zu diffamieren. Dem entgegen ist festzustellen, daß jeder Mensch, der seine Arbeit liebt und sie so gut und verantwortbar wie möglich zu leisten wünscht, auf die Erhaltung von Ruhe und Ordnung angewiesen ist.

Vertrauen in die Verläßlichkeit einer »anschauenden Urteils-Kraft« ... –: Zur weiteren Charakterisierung des »Schauenden Bewußtseins«, auf welches alle Mitteilungen und Äußerungen Rudolf Steiners (soweit sie offensichtlich aus dem, von Sinneseindrücken und logischen Folgerungen bestimmten, normalen Urteilsvermögen nicht hinreichend erklärbar sind) sich berufen, möge hier – da es sich abermals um eine Sache handelt, die nicht oft und nachdrücklich genug geklärt werden kann – noch ein Passus aus dem »Lebensgang« zitiert werden, worin Steiner erläutert, wie seine Art der Naturbetrachtung ihn zur »geistigen Anschauung« geführt hat: »Ich konnte die rechte Methode des Forschens in der Natur nur darin anerkennen, daß man die Gedanken dazu verwendet, um die Erscheinungen der Sinne in ihren gegenseitigen Verhältnissen zu durchschauen; nicht aber konnte ich zugeben, daß man durch die Gedanken, über das Gebiet der Sinnesanschauung hinaus, Hypothesen bilde, die dann auf eine außersinnliche Wirklichkeit deuten wollen, die in Wahrheit aber nur ein Gespinst von abstrakten Gedanken bilden. Ich wollte in dem Augenblicke, wo der Gedanke an der Feststellung dessen, was die Sinneserscheinungen, recht angeschaut, durch sich selbst aufklären, genug getan hat, nicht mit einer Hypothesenbildung, sondern mit der Anschauung, mit der Erfahrung des Geistigen beginnen, das in der Sinneswelt und im wahren Sinne nicht hinter der Sinnesanschauung wesenhaft lebt.« Hiermit ist gesagt, daß das »Schauende Bewußtsein« wohl aus der Denkkraft entwickelt, doch nicht mehr an deren gewöhnliche Verfahrensweise gebunden ist. (Der von Schopenhauer geahnte »ganz andere Weg«; vergl. Abschweifung zu S. 55 Stichwort »intuitive Schau«.) Übrigens aber bedürfen Voraussagen, wie die in diesen Dreigliederungs-Aufsätzen enthaltenen, wohl kaum eines »höheren Ursprungs« solcher Art; vielmehr bezeugen sie lediglich Steiners schärfere Beobachtungsgabe und seine außergewöhnliche Fähigkeit des Weiter- und Zuendedenkens. Zwischen diesen Kräften und denen, aus welchen das »Schauende Bewußtsein« sich nähert, gibt es freilich Zusammenhänge.

diktierte Friedensordnung –: bei diesem Stichwort sei allerdings an eine Tatsache erinnert, die in Deutschland seither völlig in Vergessenheit geraten ist: daß nämlich »Versailles« ein würdiges Vorbild in »Brest-Litowsk« gehabt hatte!

Seite 126: Wir wollen nicht Freiheit... –: diese Vorgänge sind im »Lebensgang«, Kapitel XXVIII eingehend geschildert.

Seite 128: Zur Rechtlosigkeit der »unabhängigen Geistesarbeiter«... –: Rechtlos ist nicht nur derjenige, dessen berechtigte Interessen durch kein Gesetz geschützt sind; sondern faktisch und praktisch auch derjenige, dem bei dem Versuch, sein gesetzliches Recht wahrzunehmen, die Mittel für gewisse finanzielle Vorleistungen (z. B. Anwaltsvorschüsse) und für die Durchhaltung langer Wartezeiten fehlen, welche ihm zugemutet sind, bevor endlich die seinem Anspruch gerecht werdenden Maßnahmen getroffen oder Entscheidungen gefällt werden. Dagegen gibt es nun nicht allein erfahrene Rechtsbrecher, die in Wahrnehmung unberechtigter Interessen von dem Wissen um diese Ungleichheit der Durchhaltechancen ausgehen und damit »Recht behalten«. Die Industriegesellschaft kennt sogar gewisse Berufsstände, die sich Rechtsbrüche gewissermaßen kaufen: Unternehmer, welche zur Durchführung bestimmter Planungen gegen die Rechtsordnung, gegen Gesetze oder Verordnungen verstoßen müssen, und die dafür fälligen Geldstrafen a priori in ihre Kalkulation einbeziehen. Die Rechtsverstöße laufen hier einfach als »Geschäftsunkosten«. Das ist allgemein bekannt, und niemand stößt sich daran...

Aber diese unsre Gesellschaft... –: Philipp Seibert, Vorsitzender der Gewerkschaft der Eisenbahner Deutschlands und SPD-Bundestagsabgeordneter auf dem Bundeskongreß seiner Organisation in Bremen, Oktober 1968.

Seite 129: Freie Welt –: Was heute in den demokratischen Ländern, insbesondere aber in der diesbezüglich so dilettantisch-übereifrigen »Bundesrepublik Deutschland« zumeist unter »persönlicher Freiheit« mißverstanden wird, ist jene absolute Bindungs-, Verantwortungs- und Hemmungslosigkeit, für die der schweizerische Dichter Gotthelf den ebenso unfeinen wie treffenden Ausdruck »Freiheit der Sau« geprägt hat.

Die Dummen werden künftig wirklich ... –: Sendung des Deutschen Fernsehens über zukünftige Berufsprogrammierung, 18. IX. 1968.

Seite 130: Es ist schon tatsächlich so ... –: Vierzehnter Vortrag des »Nationalökonomischen Kursus«, GA 340.

Seite 131: Zum Faktum der Teilung Deutschlands: Daß die Deutschen selbst den geschichtlichen Sinn dieses Faktums nicht im geringsten begriffen haben, beweist der insbesondere in der Bundesrepublik gepflegte Sprachgebrauch, welcher die Teilung als ein ihnen widerfahrenes *Unrecht* bezeichnet. Als wenn man von Unrecht reden könnte, wenn ein mit Mordabsicht Überfallener in der Verteidigung seinen Angreifer zum Krüppel geschlagen hat! (Es ist ja dokumentarisch verbrieft, daß Hitler Deutschland die von ihm eroberten Gebiete dauernd besetzt und versklavt halten wollte; Rußland bis zum Ural! Und man versuche nicht, sich darauf herauszureden, das hätten nur die Nationalsozialisten gewollt, nicht das deutsche Volk; das deutsche Volk war in seiner erdrükkenden Mehrheit mit den Raubkriegen einverstanden, solange sie erfolgreich waren; wer nicht damit einverstanden war, mußte die Mehrheit fürchten. Schließlich belehrte damals sogar ein Theodor Heuss die Leser der »Neuen Rundschau« vom November 1940 darüber, daß es sich bei den großen gewaltsamen Umsiedlungen, die Hitler mit Stalin ausgehandelt und durch seinen Polen-Überfall realisiert hatte, um einen »nationalen Sicherungsvorgang« handle, den man als einen »Kraftgewinn vor allem für den Boden werten wird, der im preußischen Osten zurück- und neugewonnen wurde« ...) Nein, die Teilung, deren Ursache in der Selbstverleugnung des tieferen deutschen Wesens, im Selbstverrat des »Deutschen Geistes« liegt, und nirgendwo anders zu suchen ist, darf wohl als ein Un*glück* – und nicht allein für die Deutschen, sondern für Europa – empfunden werden; ein Un*recht* kann nur verstockte Einsichtslosigkeit daraus machen. Die verlorene Substanz der Mitte, zusammen mit den vielen anderen Tatsachen politischer und kultureller Uneinheit, deren Benennung sich hier erübrigt, macht es unmöglich, noch von einer bindenden und verbindenden *Europa-Idee* zu sprechen, wie es etwa einmal die Idee des »Christlichen Abendlandes« gewesen ist. Eine solche könnte einzig neu erstehen als Idee einer Zone der ernstgemeinten Gewaltlosigkeit, einer Zone der strikten politischen und militärischen Neutralität zwischen den Supermachtblöcken, die sich an der Grenze der beiden deutschen Staaten, im Herzen des Territoriums »Europa« gegenüberstehen. Aber das ist, wie die Dinge liegen, eine Phantasmagorie. Im übrigen verdient erwähnt zu werden, daß nicht irgendein chauvinistischer Flachkopf, sondern der wissensreiche kritische Weltbetrachter Egon Friedell in seiner »Kulturgeschichte der Neuzeit« (1927/28) die Sätze niederschrieb: »Deutschland soll nicht über die anderen Völker herrschen, denn das könnte es nur um den Preis seiner Seele. Aber die geistige und moralische Zukunft Europas, wenn es noch eine hat, ruht in der Tat bei Deutschland.« Eine freilich überholte Diagnose, deren Prämissen schon hinfällig waren, als sie formuliert wurde...

Seite 134: ... etwas, was noch kindlich ist...–: Vortrag »Luther«, GA 34.

Seite 135: Memorandum von Andrej D. Sacharow: vollständiger Abdruck des umfangreichen Schriftstückes, datiert »Juni 1968« in der »New York Times«; sodann im »Spiegel« No. 31, 1968, danach in der Hamburger Wochenzeitung »Die Zeit« No. 32, 1968. Deutschsprachige Buchausgabe unter dem Titel »Wie ich mir die Zukunft vorstelle« (mit Vorwort von Max Frisch) im Diogenes-Verlag, Zürich 1969.

Seite 136: Zur Frage, welcher Art der »freie Geist« in Sacharoffs, Vorstellung sein soll–: Was Sacharow selbst an Vorstellungsbildern von der Lösung künftig andrängender Existenzprobleme der »explodierenden« Erdbevölkerung ausmalt, hält sich ganz im Rahmen ausschließlich technischer Berechenbarkeit und läßt keine Schlüsse auf die geistige Seite der Problematik zu. Inzwischen begegnet man in der Sowjetunion den gefährlichen Gedankengespinsten solcher Freiheitspropagandisten mit dem Versuch, alle Problematik des mechanisierten, hochorganisierten, hochindustrialisierten und programmierten Lebens den Menschen auf medikamentösem Wege *unfühlbar* zu machen. (Bericht der »Süddeutschen Zeitung« vom 23. X. 1968 über das Euphorie erzeugende Präparat »Phenigama« des Leningrader Professors Wsewolod Perekalin.) Wenn auch zunächst wohl ein bescheidenes Experiment, so doch: ein Schritt in Richtung der von Huxley vorausgesagten künftigen »Zufriedenheit« der manipulierten Menschheit mit ihrem Lose aufgrund vermeintlicher »Freiwilligkeit«.

Wertfreiheit: zu diesem Schlagwort hier noch eine nicht ganz überflüssige Bemerkung: daß die wissenschaftliche Forschung, wenn sie reine Tatsachen erkennen will, nicht mit wertenden Vorstellungen, also vorgefaßten Urteilen an die Dinge herangehen darf, ist selbstverständlich und wird von niemandem angefochten. Für die Naturwissenschaften hat »Wertfreiheit« einfach die Bedeutung einer Arbeitshypothese. Etwas ganz anderes ist jedoch die falsche Folgerung aus diesem Sachverhalt: der Mensch solle und dürfe überhaupt die gegebene Wirklichkeit nicht wertend betrachten, sie nicht bewerten, sich nicht nach Wertunterscheidungen zu ihr verhalten. Diese Folgerung entzieht – das will sie allerdings auch – jeglicher Moral den Boden. Aber sie irrt, indem sie von der Scheinlogik ausgeht, sittliche Werte beruhten lediglich auf Willkür, da sie der Natur nicht innewohnten und von Menschen erst hineingedichtet würden. Gegen ein so oberflächliches Dafürhalten ist einzuwenden, daß es eben der Auftrag des Menschen sein dürfte, in der ihm zum Sein, Wirken und Wachsen zugeteilten Welt Werte zu setzen und zu unterscheiden und an ihnen seine eigene Entwicklung wie das von ihm der Welt bereitete Schicksal zu messen. Denn dem Menschen ist als Ziel gesetzt, über die Natur hinauszuschreiten. Als homo faber hält er sich längst nicht mehr an die Grenze der Naturgegebenheit. Warum tut er es als homo sapiens – wenn er dies auch sein will? Daß übrigens bei der menschlichen Wertsetzung von bloßer Willkür schon gar nicht die Rede sein kann, wird durch die Tatsache bewiesen, daß zwischen allen Völkern, Rassen, Kulturen und natürlich reagierenden wie geistig höherentwickelten Individuen weitgehende Übereinstimmung in den sittlichen Fundamentalbegriffen besteht. Das allein spricht für objektive Sachverhalte als tiefere Ursachen der Wertsetzung.

Seite 138: Er hatte, als ich ins Haus kam . . . –: Es handelt sich um die Familie des Geschäftsmannes Ladislaus Specht. Der bekannte Musikschriftsteller Richard Specht, der sich mit viel gelesenen Biographien einen geachteten Namen machte, war einer von Steiners damaligen vier Zöglingen. Im ganzen dauerte Steiners Hauslehrerzeit in dieser Familie von 1884 bis 1890.

Seite 140: Zur »karmischen Begründung« und zum »Entwicklungssinn« der Krankheit: Man würde das »Karma« durchaus mißverstehen, wollte man einen Widerspruch darin finden, daß karmisch begründete Krankheit andererseits geheilt oder auch nur gemildert werden könnte und sollte. Es handelt sich bei der karmischen Kausalität nicht um gewissermaßen mechanische, starr und stur vorgeformte Schicksalsabläufe, an denen niemand etwas zu ändern vermöchte; sondern um lebensvolle Vorgänge, in welche sehr wohl auch die menschlichen Wechselbeziehungen – die ja ebenfalls ihre karmischen Zusammenhänge haben – modifizierend hineinspielen. Jedenfalls gibt es kein Motiv und kein sophistisches Argument, welche den Menschen zur Ausflucht dienen dürften, um ihren Mitmenschen diejenige Hilfsbereitschaft vorzuenthalten, auf die sie alle angewiesen sind und die ein entscheidend wichtiger Bestandteil jeglichen Erdenpensums bleibt. Übrigens auch wiederum: eine Grundvoraussetzung jeglicher ernst zu nehmenden Art von *Erziehung* wie von *Sozialismus*. Ein sehr ernstes Problem aber muß sich daraus ergeben, daß das moderne materialistisch-mechanistische Denken nicht einmal von dem grundsätzlich möglichen positiven Sinn der Krankheiten für den Menschen etwas wissen will, geschweige denn von der karmischen Bedeutung dieser Frage etwas ahnt und in seinem Fortschrittswahn ein großes Werk zu vollbringen glauben wird, wenn es einmal das Kranksein überhaupt aus dem Leben hinausprogrammieren kann.

Camphill-Bewegung: die hier darüber mitgeteilten Tatsachen sind dem Buch von Wilhelm zur Linden »Blick durchs Prisma. Lebensbericht eines Arztes« (Verlag Vittorio Klostermann, Frankfurt a. M., 1964) entnommen. Das Buch, dessen Verfasser die anthroposophische Heilkunst erst nach Überwindung vieler Bedenken, Mißtrauensgründe und gewohnter zünftlerischen Vorurteile für sich entdeckte, bringt außerdem zahlreiche wertvolle und fachwissenschaftlich lehrreiche Aufschlüsse über die Gewinne der Medizin überhaupt aus den Anregungen Rudolf Steiners. – Als Beispiel für die Anerkennung speziell der Heilpädagogik seitens eines namhaften Fachmannes zitiert *Johannes Hemleben* (a.a.O.) einen Passus aus dem Lehrbuch »Kinderpsychiatrie« (1961) von Professor Dr. med. Jakob Lutz von der Universität Zürich, der, nach Würdigung der von ihm nachgeprüften Behandlungsresultate in den anthroposophischen Heimen, mit den Worten schließt: »Ich verdanke dem Studium der Menschenkunde, der Pädagogik und Heilpädagogik Rudolf Steiners entscheidende grundlegende Vorstellungen über die Problematik der in diesem Buche zu schildernden Kinder.« – Übrigens hat sich die Camphill-Bewegung mit ihren heilpädagogischen Siedlungen auch auf Deutschland, die Schweiz, Südafrika und die USA ausgedehnt.

Seite 142: Grundlegendes für eine Erweiterung der Heilkunst ... –: Als Stimme eines von Berufs wegen eher voreingenommenen als wohlwollend eingestellten Zeitbetrachters zu den hier immer wieder im Gespräch stehenden Zusammenhängen sei die des Theologen Ernst Benz mit einem Satz aus einem Brief an den Philosophen Leopold Ziegler vom 8. XI. 1944 (also 19 Jahre nach dem Tode Rudolf Steiners) zitiert: »Seltsam ist, wie stark gerade Steiner doch die moderne Naturwissenschaft angeregt und zur Überwindung des Positivismus und Mechanismus auch in der Medizin beigetragen hat.« – Jedoch: das ist es eben, daß man dies »seltsam« findet, anstatt die eigenen Scheuklappen abzulegen und den wahren Ursachen solcher Wirkung nachzugehen.

Goetheanum: Das Aufgabengebiet der »Freien Hochschule für Geisteswissenschaft« umfaßt sowohl die Pflege des anthroposophischen Geistesgutes an sich als auch, in verschiedenen »Sektionen«, die künstlerische Weiterarbeit und die wissenschaftliche Forschung auf der Grundlage anthroposophischer Erkenntnisse.

Seite 143: »Touristenverkehr zwischen Erde und Mond«: Zum Thema »Erschließung des Weltraumes« sei hier eine kleine Bemerkung erlaubt. Man glaube ja nicht, ein »Weltraumverkehr« werde die Menschen sozusagen automatisch weitsichtiger und einsichtiger machen. Vielmehr werden sie, einmal daran gewöhnt, genau so stumpf und unbeeindruckt aus dem Beglotzen der äußeren Tatsachen des Kosmos hervorgehen, wie die heutigen Teilnehmer am irdischen Welt- und Lufttourismus aus ihrer vermeintlichen Weltkenntnis. Sie werden lediglich ihre Banalität eine Station weiter tragen und im übrigen bleiben, was und wie sie nach dem Stand ihrer inneren Entwicklungsstufe sind. Erneuerung, Weitsicht und Einsicht werden immer nur im eigenen Bewußtsein gewonnen werden können, sonst nirgendwo.

Zu Steiners Formschöpfung und neuem Baustil: Was diese Formschöpfung und diesen Baustil insbesondere auszeichnet, ist – im vollsten Gegensatz zur Sterilität des heutigen uniformen Kastenstils – die unbegrenzte Variabilität und damit unversiegliche Lebendigkeit. In dem ersten aus Holz errichteten Dornacher Bau (1915/16, durch Brandstiftung 1922 zerstört) dokumentierte sich dieser Baustil noch als eine Überhöhung des abklingenden Jugendstils ins zeitlos Geistig-Repräsentative. Wie sehr schon dieses Bauwerk und Steiners Kunstdenken überhaupt das Interesse außenstehender Architekten weckte, mag folgender Brief eines der führenden Vertreter neuer Bauweise, Richard Neutra, an Rudolf Steiner vom 5. März 1923 bezeugen:

Sehr geehrter Herr!

Als ich Sie vor Jahren in Wien über die Zusammenhänge künftiger Kunstentwicklung mit der geistigen Erneuerung unserer gegenwärtigen Menschheit sprechen hörte, hatte ich den Wunsch, unsere Sache, als die der wirklich gegenwärtigen Baukunst, die Pfeil und Wegweiser auf zukünftige hin sein muß, mit Ihrer gewünschten, allgemeinen geistigen Bewegung in Beziehung zu bringen.

Das traurige Brandunglück, das Ihre bauliche Schöpfung in Dornach vor kurzer Zeit betraf, erneuerte in mir den Gedanken, Ihnen persönlich näherzutreten.

Ich bin der Mitarbeiter und leitende Architekt Erich Mendelssohns, der gegenwärtig in Palästina weilt. Ich denke, daß Ihnen – sehr geehrter Herr – einige der zahlreichen, uns selbst zum großen Teil unerwünschten Publikationen des Einstein-Turmspektographen vor Augen gekommen und auch, daß Sie von unserer Arbeit vielleicht durch die bilderreichen Veröffentlichungen holländischer und amerikanischer Kunstzeitschriften (The Dial – New York, Wendingen – Amsterdam) Nachricht besitzen.

Ich würde mich herzlich freuen, Sie bei Ihrem nächsten Aufenthalt in Berlin in unserer Werkstatt empfangen zu können und Ihnen an unseren Modellen ausgeführter großer Industrieanlagen und

menschlicher Wohn- und Arbeitsstätten die Richtung unseres Strebens zu erläutern.
Ich bin auch gern bereit, Sie durch die wissenschaftlichen Laboratorien des Turmspektographen im Observatoriumshain in Potsdam zu geleiten. –
Mit ergebenster Begrüßung, gez: Ing. Richard Neutra

Der in diesem Briefe erwähnte Einstein-Turm ist als unakademischer origineller Betonbau aus freilich andersartigem Geiste und anderem Formempfinden immerhin das einzig mögliche zeitgenössische Vergleichsobjekt zu dem von Steiner vor seinem Tode entworfenen Modell des zweiten, jetzigen Goetheanum-Baus (1928). Übrigens zeigt das Beispiel Richard Neutras (wie mancher anderen Persönlichkeit von freierer Denkweise) auch, daß es durchaus möglich ist, die Bedeutung Rudolf Steiners und seiner Lebensleistung respektvoll zu würdigen, ohne deshalb den wohlbegründeten eigenen Standpunkt aufzugeben. Diese Haltung spricht aus einem Schreiben Neutras vom 20. XI. 1968 an den Autor, worin es mit Bezugnahme auf den obigen Brief heißt:
»Als ich zu jener Zeit an den großen Mann schrieb, war mir klargeworden, daß er eine Bewegung vertrat, die sich mit dem individuellen Leben innerhalb einer industrialisierten Zivilisation auseinandersetzte. In diesem Sinne war ich sehr interessiert, seine Meinungen zu hören. In Wirklichkeit scheint und erschien mir auch damals der Fortschritt einer industriellen, standardisierten, normierten Zivilisation unvermeidlich, aber ich dachte immer, daß innerhalb dieses Rahmens große individualisierende, identifizierende Mittel angewandt werden könnten, um Personen und Einzelwesen zu bedienen und die große Bedeutung individueller Abweichung und Mutation für die Entwicklung zu erhalten. Ich möchte hinzusetzen, daß diese Probleme es waren, die mich damals um 1922 veranlaßten, nach Amerika zu gehen, nicht um finanzieller Vorteile willen, sondern in der Absicht, gerade diese besagten Probleme in einem industriell fortgeschrittenen Land großen Konformismuses zu studieren.«

Seite 145: Christologie: Steiners Christologie, die den »Christus-Impuls« als eine Kraft von entscheidender Bedeutung für die Entwicklung der Menschheit in geistige und geistesgeschichtliche Zusammenhänge von kosmischer Weite stellt, hat bereits 1902 ihre erste Darlegung erfahren in der Schrift *»Das Christentum als mystische Tatsache und die Mysterien des Altertums«,* GA 8. Der Titel deutet schon an, daß die Sicht von einem anderen Standort aus gewonnen ist, als von der Ebene der üblichen theologisch-philologischen Auslegungsstreitereien, obwohl sie gerade auch der Unterschiedlichkeit der Evangelienberichte in besonderer Weise gerecht wird.

Seite 146: Zukunftsforschung: Vermutlich werden wir nun auch bald (wenn nicht schon) »Diplom-Futurologen« haben. Und wie schon lange die »Diplom-Psychologen« die Seele fein säuberlich einschachteln und schablonisieren und das »seelische Verhalten« mechanisieren, so werden die »Diplom Futurologen« das Bild der Zukunft fein säuberlich einschachteln und schablonisieren und das *Leben auf die Zukunft hin* mechanisieren. Dafür aber wird eine Menge neuer hochgelehrter termini technici, mit denen sich trefflich streiten, ein System bereiten, testen, gutachten, einander widerlegen und unbedarften Laien imponieren läßt, den Weisheitsschatz des Zeitalters mehren.

Seite 147: Herman Grimm: Literar- und Kunsthistoriker (1828 bis 1901), war der Sohn von Wilhelm, Neffe von Jakob Grimm. Die hier in Erinnerung gebrachten Äußerungen sind seinem Buch »Fünfzehn Essays. Vierte Folge. Aus den letzten fünf Jahren« entnommen. Rudolf Steiner zitiert sie in den »Kernpunkten der sozialen Frage«. Über seinen Verkehr mit Herman Grimm zur Zeit seiner Arbeiten am Weimarer Goethe- und Schiller-Archiv berichtet er ausführlich im »Lebensgang«.

Seite 148: Durch sie kann der Mensch erfahren . . . –: »Geisteswissenschaft und soziale Frage«, in: »Luzifer-Gnosis 1903–1908. Grundlegende Aufsätze zur Anthroposophie . . .«, GA 34.

Seite 149: Nur jemand, der durchaus fertige starre Dogmen haben will . . .: ebenda.

Das Wort eines bekannten Gelehrten . . . –: Justus v. Liebig (1803 bis 1873).

Personenregister